교실 밖, 펄떡이는 경제 이야기

교실 밖,
펄떡이는
경제 이야기

| 이영직 지음 |

스마트주니어

머리말

교실 밖에서 배우는 살아있는 경제학 이야기

경제학적으로 보면 인간의 가장 위대한 발명품은 화폐이다. 화폐가 생겨나면서부터 인간은 교환을 통한 상생의 길(win-win game)을 걸을 수 있게 되었다. 교환이 위대한 이유는 무엇인가? 교환이 없는 사회를 상상해보면 간단해진다. 교환이 없다면 우리는 혼자서 혹은 가족 단위에서 먹고사는 문제를 해결해야 할 것이다. 집을 짓고, 사냥을 하고, 나무 열매를 따고, 물고기를 잡고, 옷을 만드는 일을 혼자서 해결해야 한다는 의미이다.

교환이 이루어지면서 인간은 전문화의 길을 걷게 되었다. 자신이 가장 잘할 수 있는 어느 한 분야에 종사하면서 이의 결과물을 다른 사람이 일해서 얻은 결과물과 교환할 수 있게 된 것이다.

경제학의 아버지격인 애덤 스미스는 핀 제조공정을 예로 들면서 분업에 의한 전문화를 할 경우 생산성은 240배나 증가한다고 밝히고 있다. 이것이 사회의 발전을 가속화시킨 핵심적인 요인이다. 애덤 스미스는 이렇게 말하고 있다.

"일단 분업이 완전히 확립되면, 사람의 욕망 중에서 자기 자신의 노동생산물이 충족시키는 부분은 매우 적어진다. 사람은 자기 자신의 소비를 초과하는 잉여분을 타인의 노동생산물 중 자기가 필요로 하는 부분과 교환함으로써 자기 욕망의 대부분을 만족시킨다. 이리하여 모든 사람은 교환에 의해 생활하면서 어느 정도 상인이 되며, 사회는 이른바 상업 사회가 된다."

경제학에서 가장 중요한 이론 중 하나는 수요와 공급이다. 수요는 재화나 서비스에 대한 욕구를 의미한다. 수요는 '필요'의 다른 말이다. 여름이 되면 에어컨이 필요하고 겨울이면 외투가 필요한 것과 같다.

상품의 가격은 기본적으로는 수요와 공급의 균형에 의해 결정된다. 수요가 늘어나면 가격이 올라가고, 수요가 줄어들면 가격이 내려간다. 에어컨 가격이 여름이면 올라가고 겨울이면 내려가는 것과 마찬가지다. 에어컨을 저렴하게 구입할 수 있는 방법은 수요가 가장 낮은 겨울에 구입하는 것이다. 공급은 수요와는 반대로 움직인다. 공급이 많아지면 가격이 내려가고, 공급이 줄어들면 가격이 올라간다. 농산물 가격이 수확기면 내려가고 제철이 지나면 올라가는 것과 마찬가지이다.

반대로 이렇게 형성된 가격은 다시 수요와 공급을 움직인다. 가격이 오르면 수요는 줄어들지만 공급은 늘어나고, 가격이 내려가면 수요는 늘어나지만 공급은 줄어든다. 그리하여 수요와 공급이 만나는 점에서 새로운 가격이 형성되게 된다. 상품의 가격이 경제를 움직이는 큰 축이 된다는 의미이다.

지난 100년 동안 경제학자들을 곤혹스럽게 했던 테마 중 하나가 '다이아몬드는 왜 물보다 비싼가?' 하는 의문이었다. 그러나 어느 경제학자도 그 이유를 명쾌하게 설명할 수 없었다. 인간은 물이 없으면 하루도 살지 못하지만 다이아몬드는 살아가는데 아무런 도움이 되지 않는다. 그런데도 다이아몬드는 왜 그처럼 비싼 가격에 팔리고 있는가 하는 문제이다. 이것이 다이아몬드의 역설이다.

이 문제는 한계효용 이론이 등장하고서야 풀리게 되었다. 한계효용 이론에 의하면 재화의 가치는 효용가치와 교환가치로 나누어진다. 물은 인간이 살아가는 데에 필수적인 재화이기 때문에 효용가치는 아주 높다. 그러나 인간이 필요로 하는 만큼 얼마든지 얻을 수 있는 재화이기 때문에 한계효용 이론에 의하면 교환가치는 거의 없다는 것이다.

반면 다이아몬드는 효용가치는 거의 없으나 희소성 때문에 높은 교환가치를 가지게 된다. 그것이 다이아몬드가 비싼 가격에 팔리는 이유이다. 만약 우리가 사막을 여행 중인 나그네라면 다이아몬드와 물의 가치는 역전될 것이다. 목마른 사막 여행자에게 한 모금의 물은 다이아몬드의 가치를 능가한다. 이것이 한계효용 이론의 핵심이다.

교환이 일어나는 이유도 재화에서 느끼는 효용의 주관적인 크기가 사람마다 다르기 때문이다. 물고기를 잡는 어부는 곡물의 가치가 훨씬 더 높게 느껴지고, 농사를 짓는 사람은 물고기의 가치가 훨씬 더 높게 느껴진다. 그래서 두 사람 사이에 교환이 이루어진다. 배고픈 사람은 빵의 가치가 높게 보이지만 배부른 사람에게는 한 잔의 커피가 그리운 것이다.

건전한 경제 마인드 확립을 위해서 확실한 부(富)의 철학을 가지고 있는 유태인들의 경제관을 한 번 짚어보는 것도 필요하다.

세계에서 가장 부자가 많은 민족이 유태인들이다. 경제, 금융계를 지배하는 대표적 인물로는 석유재벌 록펠러, 세계 반도체 산업을 좌우하는 인텔의 앤디 그로브, 마이크로소프트의 빌 게이츠와 스티브 발머, 델 컴퓨터의 마이클 델, 오라클의 래리 애릭슨, 금융계의 황제 조지 소로스, 골드만 삭스, JP 모건 등이 있으며 미국의 금융가 월스트리트(Wall Street)를 장악하고 있는 사람들도 유태인들이다.

유태인들을 이해하기 위해서는 이들이 살아온 역사적 배경과 돈에 대한 철학을 알아야 한다. 2천 년 동안 나라 없이 세상을 떠돌면서 살아야 했던 그들이 믿고 살아갈 수 있는 것은 돈뿐이었다. 그래서 유태인의 금전철학에는 남다른 부분이 있다. 그들은 돈이란 인간을 축복해주는 고마운 것이라고 가르치며 부유함은 견고한 요새이고 빈곤은 폐허와 같다고 가르친다.

또 유태인들은 기본적으로 무일푼 철학에서 출발한다. 부모가 돈을 물려주지 않는다는 의미이다. 무일푼에서 지혜를 짜내어 목돈을 만들고 여기에 부가가치를 더하여 각 분야로 나아가 성공을 거두라는 식이다. 우리나라의 경우는 '무일푼의 철학'이 없다는 점에서 유태인들과 크게 다르다. 부모가 이룩한 것을 물려주기만 해서는 절대로 크게 일어서지 못한다는 것이 유태인들의 기본적인 사고방식이다. 새로운 분야, 미래의 성장 분야를 찾을 수 없기 때문이다.

그렇게 하기 위해서는 먼저 꿈을 심어주고, 그 꿈을 이루기에 합당한 교육을 시킬 것이며, 그런 그릇이 된 다음에 그에 필요한 최소한의 지원에 그쳐야 한다는 것이 유태인들의 자녀교육관이다.

이 책은 학생이나 일반인들로 하여금 어려운 경제 이론을 쉽게 이해하는 데에 도움을 주기 위해 사례와 만화를 통해 쉽게 전달하려고 노력하였다. 또 중요한 경제 이론과 사상이 형성되는 과정도 사례를 들어 재구성했기 때문에 공부하는 학생들로서는

어려운 경제 이론을 쉽게 접할 수 있는 기회가 될 수 있을 것으로 믿는다.

또 경제학의 흐름을 짚어볼 수 있도록 중요한 논쟁도 비교적 상세한 사례를 곁들여 놓았다. 애덤 스미스와 리카르도, 맬서스와 리카르도, 노동가치설과 한계효용 학파들 간의 논쟁 등이 그것이다.

이 책이 독자들에게 경제에 대한 기본적인 안목을 열어주고, 현대 사회를 살아가는데 필요한 경제관을 확립하고, 돈에 대한 나름대로의 철학을 가질 수 있는 조그만 계기가 될 수 있다면 필자로서는 더 없는 기쁨일 것이다.

저자 이영직

CONTENTS

머리말 》 교실 밖에서 배우는 살아있는 경제학 이야기 • 04

1장 》 인류 역사를 지배한 '경제학 원리들' • 13
- 인류는 10만 년 동안 무얼 하며 살았을까? _14
- 욕망이라는 이름의 전차 _22
- 경제학이란 무엇인가? _28
- 시장을 움직이는 인간의 선택 _52
- 인간 욕망의 꽃, 자본주의 경제의 태동 _62
- 서로 다른 관점을 가진 경제적 시각들 _91
- 경제학을 지배하는 원칙들 _103

2장 》 길거리 경제로 '경제학에 눈뜨다' • 141
- 세상에서 인센티브보다 위력적인 것은 없다 _142
- 퇴근길 오른편 자리가 가게의 명당자리 _145
- 운동화보다 더 싼 자동차 타이어 _148
- 농부는 왜 좋은 농산물을 먹지 못하나 _150
- 조조할인의 비밀 _152
- 포커판에서는 2등이 제일 불쌍하다 _154

- 지하철에서는 왜 신문을 공짜로 나누어줄까? _156
- 얽히고설킨 경제 문제 _158
- 구두닦이가 주식을 사면? _161
- 대학 학자금의 부익부 빈익빈 _164
- 세상을 움직이는 속설들 _166
- 왜 은행은 가장 좋은 건물의 1층에 있을까? _168
- 쇼핑카트는 왜 자꾸만 커지는가? _171
- 그 많던 공중전화와 우체통은 어디로 간 걸까? _173
- 정부가 시장질서에 지나치게 관여하면 왜 문제가 악화되는가? _177
- 농산물 가격의 딜레마와 그레인 쇼크(Grain Shock) _182
- 휘발유 값은 왜 그리 말이 많은가? _188
- 주문을 많이 받아도 망하나?-비용의 U-커브 _190
- 자동차보다 자동차 등록 허가증이 더 비싼 나라 _194
- 비행기는 공간을 파는 장사 _198
- 동전의 가장자리는 왜 톱니모양으로 만들까? _200
- 된장녀는 우리나라만의 일이 아니다 _202
- 세일의 정체 _204
- 오기로 벌이는 경쟁은 공멸의 길이다 _206
- 교복 값은 왜 그처럼 비싸야 하는가? _208
- 미국은 왜 총기규제를 하지 못하나? _211

3장》 교실 밖에서 배우는 '새로운 경제학' • 215

- 청소년들에게 드리는 인생 마케팅 전략 _216
- 수평 네트워크 시대의 도래 _219
- 21세기는 디자인이 지배한다 _222
- 왜 유태인의 무일푼의 철학은 위대한가? _227
- 미래의 장사는 어떤 형태일까? _233
- 21세기 사라지는 직업, 뜨는 직업 _238
- 미래를 지배하기 위한 마케팅적 발상법 _246
- 신자유주의와 한·미 FTA _258
- 지도자의 비전이 나라를 살리기도 하고 죽이기도 한다 _264
- 성(城)을 쌓는 자는 망하리라 _268
- 다이어트 특효약 같은 경제정책들 _270
- 한심한 청년실업 문제 _272
- 왜 인터넷 콘텐츠 사업인가? _276
- 21세기는 전략적 혁신이 필요하다 _278
- 무형의 부가가치가 미래의 경쟁력 _281

부록》 논술에 자주 나오는 시사·경제 용어 • 287

· 1장 ·

인간의 역사를 지배한 경제학 원리들

인류는 10만 년 동안 무얼 하며 살았을까?

교 실 밖 , 펄 떡 이 는 경 제 이 야 기

지구의 역사는 대략 46억 년으로 추정된다. 그 오랜 기간 중 현 인류의 직접적인 조상이 되는 호모 사피엔스Homo sapiens가 출현한 것은 약 10만 년 전이다.

그 10만 년을 다시 보면, 인류는 9만 년 동안 수렵과 채집을 하며 원시 상태로 살다가 1만 년 전에야 농사를 지으며 정착생활을 시작했다. 농사짓는 법을 터득하는 데에 9만 년이 걸린 셈이다. 그리고 6천 년 전에 비로소 고대 문명을 이룩했으며, 3백년 전에 산업혁명을 일으켜 산업 사회를 열었고, 20세기가 끝날 무렵에 디지털혁명을 기반으로 하는 정보화 시대를 열었다.

그 10만 년을 1년으로 압축해서 본다면 인류는 11개월 동안 수렵과 채집으로 살았고, 농사를 지은 것은 36.5일로 한 달이 조금 넘는다. 그리고 산업혁명이 일어난 것은 1,095일로 하루가 막 지난 시점이다. 그러나 그 하루 동안에 일어난 변화는 364일 동안 이룬 것보다 훨씬 더 놀랄 만한 것이었다.

이런 속도라면 앞으로 한 세대 후에 일어날 변화를 예측한다는 것은 거의 불가능에 가까운 것인지도 모르겠다. 그러나 변화를 미리 예측하고 대비하는 자가 다음 세대의 주인공이 되는 것은 자명한 일이다.

불이 없었다면……

인류의 발전에는 각 단계마다 그것을 가능하게 했던 계기가 있었다. 불을 이용하면서 원시 상태를 벗어났고, 수레의 발명으로 자연의 힘을 이용할 수 있게 되었다.

원시인들에게 있어 불은 신의 사자였으며 경외의 대상이었다. 천둥, 번

개, 화산폭발과 함께 일어나는 불길은 두려움 그 자체였을 것이다. 많은 종교에서 불을 죄에 대한 응징으로 보는 것도 바로 그런 이유 때문이다.

원시인들이 마찰에 의해 불을 일으키고 이를 이용하는 방법을 터득하는 데는 많은 시간이 필요했다. 그러나 일단 불을 갖게 된 원시인들은 다른 동물들과 구별되는 '인간'으로서의 삶을 시작할 수 있었다. 불을 다룰 수 있게 되면서, 맹수를 물리치고 추위를 이길 수 있었으며 잡은 짐승을 익혀 먹음으로써 위생적인 식생활이 가능하게 되었다.

불의 효용은 여기서 그치지 않았다. 불을 이용하여 청동기와 철기를 만들고 이를 도구와 무기로 사용할 수 있었으며 이것이 바로 고대 왕국을 건설하는 계기가 되었다. 이처럼 불이 인류의 진보에 크게 기여한 것에는 틀림없지만 동시에 무기를 만들 수 있게 되어 전쟁이라는 재앙도 함께 가져다주었다.

그리스 신화에서도 불은 희망과 재앙, 2가지 모습으로 그려지고 있다. 신화에 의하면 올림포스의 주신 제우스는 인간의 타락을 못마땅하게 여겨 불을 빼앗아 버렸고 인간은 원시 상태로 돌아갔다. 이를 불쌍하게 여긴 프로메테우스는 회향나무 가지를 들고 하늘로 올라가 몰래 불을 훔쳐 그들에게 돌려주었다. 이에 격노한 제우스는 프로메테우스와 인간을 징벌하기로 마음먹었다. 결국 프로메테우스는 산으로 끌려가 카프카스의 바위에 쇠사슬로 묶인 채 독수리에게 간을 쪼아 먹히는 형벌을 받았다.

한편 제우스는 최초의 여자인 판도라를 만들어, 온갖 재앙이 가득 들어있는 상자와 함께 인간에게 보냈다. 이것이 바로 판도라의 상자이다. 그 상자를 열자 그 안에서 온갖 재앙, 질투, 복수와 같은 고통과 악의가 세상

밖으로 뛰쳐나왔고 그로부터 세상에는 악이 넘쳐나게 되었다. 그러나 상자 바닥에는 '희망'이라는 단어 하나가 미처 빠져나오지 못하고 남아 있었기 때문에 고난과 역경에 부딪혀도 인간은 희망을 가질 수 있다.

불은 그것을 어떻게 이용하느냐에 따라 희망도 될 수 있고 재앙도 될 수 있다는 상징적인 메시지인 셈이다.

수레바퀴, 원 운동을 직선 운동으로 바꾼 혁명

수레는 인류가 동물과 자연의 힘을 이용할 수 있도록 고안된 최초의 수단이었다. 둥근 수레바퀴는 원 운동을 직선 운동으로 바꾸어주는 획기적인 장치로 모든 동력의 효시였다. 수레가 없었다면 고대 문명도, 피라미드의 건설도 불가능했을 것이다.

최초의 바퀴는 둥근 통나무를 잘라 그대로 사용했지만 점차 기술이 발달하면서 바퀴살을 장착한 바퀴가 등장했고 이로 인해 훨씬 더 가볍고 튼튼한 바퀴로 많은 물건을 실어 나를 수 있었다.

바퀴의 흔적은 고대 메소포타미아 문명권과 중국, 그리고 우리나라에서도 발견된다. 고구려 고분인 무용총 벽화에도 바퀴 달린 수레와 금속을 다루는 야철신冶鐵神의 모습이 나오는 것을 보면 고구려 시대에도 이미 철제 바퀴살을 장착한 수레가 존재했을 것이라고 추정된다.

인간에게 상생의 길을 터준 교환

경제학적인 측면에서 본다면 인류의 가장 위대한 발명품은 단연 화폐라고 할 수 있다. 화폐의 발명으로 인류는 처음으로 '교환'이라는 개념을 깨닫게 되었으며 이를 통해 진정한 의미에서의 경제생활이 시작되었다. 교환은 윈-윈 게임$^{Win-Win\ Game}$, 곧 상생의 길이었다.

사냥을 하고 고기를 잡던 획득경제 시대에도 물물거래 형태의 교환은 있었을 것이고, 그것은 내가 사냥한 동물 중 한 마리를 다른 사람이 채집한 과일 일부와 맞바꾸는 형태였을 것이다.

그후 가축, 동물의 가죽, 조개껍질, 옷감 등 물질 화폐의 단계를 거쳐 금·은 등 귀금속이 화폐의 역할을 하다가 지금의 지폐가 등장했다. 금·은 등 귀금속은 자체가 가치를 가지는 것이므로 이를 본원 화폐, 지금 사용되는 지폐는 자체의 가치를 갖지 못하기 때문에 명목 화폐라고 한다. 명목 화폐는 정부의 공권력에 의해 가치가 부여되기 때문에 이를 법화라고도 부른다.

화폐가 등장하면서 물물교환의 번거로움이 사라졌으며 교환은 빠르게 활성화되었다. 화폐가 인류의 가장 위대한 발명품 중 하나인 이유는 교환을 통해서 인류가 원시 상태를 벗어날 수 있었기 때문이다.

교환이 이루어지지 않는 사회, 즉 자급자족 사회를 생각해보자. 움막을 짓고 사냥을 하며 과일을 채취하는 모든 일을 혼자서 해야 한다. 원시인들이 원시 상태를 벗어나지 못한 것도 교환이 이루어지지 않았기 때문이다. 인간은 교환을 통해서 서로가 이익을 얻을 수 있다는 것을 깨달았으며 이것이 빠르게 분업과 전문화의 길로 이어지면서 상생의 길로 접어들게 된 것이다.

# 숫자 '0'과 21세기 디지털 문명의 관계

오늘의 디지털 문명을 가능케 한 가장 중요한 핵심적인 요소는 아라비아 숫자 '0'이다. '0'이 없었다면 숫자표기 자체가 번거롭기 짝이 없는 일이었을 것이다. 이집트에서는 764라는 글자를 쓸 때 100을 나타내는 기호 '✿'를 일곱 개, 그리고 10을 나타내는 기호 '✿'를 여섯 개, 1을 나타내는 기호 '☆'를 네 개로 나타냈다. 중국의 한자라면 七百六拾四로 표기해야 했다. 이렇게 표기는 가능하다 해도 이들 간의 곱셈과 나눗셈은 거의 불가능에 가까웠다.

'0'의 발견이 위대한 것은 이것이 수학을 획기적으로 발전시켰으며 인간의 사고개념 자체를 바꾸어 놓았다는 점이다. '0'이 있었기에 천문학적인 단위의 계산도 가능하게 되었다. 또 '0'은 인간의 사유영역을 획기적으로 넓혔다. '0'이 발견됨으로써 양수의 상대적인 개념인 음수가 나타났고, 소수, 분수, 무리수, 복소수, 제곱근 등의 개념을 생각해낼 수 있었다.

이러한 수학의 발전은 과학의 발전을 거쳐 산업의 발전으로 이어졌다. 보통 수학이 한 단계 발전하면 한 세대 뒤에 과학이 발전하고, 다시 한 세대 뒤에는 산업 발전으로 이어진다. 그래서 숫자 '0'의 발견을 오늘날의 현대 문명을 가능하게 한 획기적인 사건으로 보는 것이다.

'0'은 다분히 인도의 철학적인 사유에서 나온 산물이었다. 아무것도 없는 상태, 비어 있는 상태가 영(零, Zero)이지만 어떤 수에 더하거나 빼도 변하지 않는 항등원(Identity Element)의 의미를 가지고 있었으며, 어떤 수에라도 곱하면 모든 것을 '없음'으로 만들 수 있고 나누면 '무한대'가 되어버리는 개념이었다.

이를 발견한 사람은 인도의 위대한 수학자 브라마굽타(Bramagupta)였다. 인도 철학에서의 무(無)의 개념인 Sunya(空)에서 '0'이 나왔다. 우리가 아라비아 숫자라고 알고 있는 1, 2, 3도 사실은 인도의 발명품이다. 이것이 십자군 전쟁 동안에 '0'과 함께 아라비아, 스페인을 거쳐 유럽으로 전파되었으며 동양에는 불교와 함께 전파되었다.

그러나 서양 철학은 '0'을 쉽게 받아들이지 못했다. '존재하지 않으면서도 존재하는' 그런 모순된 숫자를 서양의 직선적인 사고방식으로서는 인정할 수 없었던 것이다. 아리스토텔레스는 "빈 공간을 하나의 물체라 한다면 거기에 다른 공간을 들여다 놓을 경우 두 개의 물체가 동시에 한 공간을 차지하는 모순이 생긴다"며 반대했다. 그는 또 '0'을 신에 대한 부정으로 생각했으며 후일의 아우구스티누스나 토마스 아퀴나스 같은 스토아 학파도 이를 철저히 부인했다. 후일의 교황이나 사제들이 '0'의 전파를 막으려 했던 것도 바로 그런 이유 때문이었다.

'0'이 현대문명에 기여한 좀 더 획기적인 사건은 오늘날의 디지털에서 찾아야 한다. 알다시피 디지털의 세계는 '0'과 '1'만으로 구성되어 있다. 만일 '0'이 없었더라면 '0'과 '1'로만 전개되는 오늘날의 디지털 문명은 존재할 수 없었을 거라는 의미이다. 아무것도 없다는 '0'의 의미가 인간의 상상력을 무한대로 키운 것이다.

오늘날 인도가 IT 강국으로 떠오르는 이유도 여기서 찾아야 할 것 같다. '0'과 아라비아 숫자를 발명한 나라, 그리고 세계에서 유일하게 구구단을 19단까지 가르치는 나라가 인도이다. 상상력과 숫자만으로 가능한 IT 산업이 인도에서 빠르게 성장하고 있는 이유도 수학에 대한 인도인들의 깊은 사유에서 비롯되었다.

욕망이라는 이름의 전차

교실 밖, 펄떡이는 경제 이야기

미국의 작가 테네시 윌리엄스의 희곡 중에는 「욕망이라는 이름의 전차」가 있다. 비비안 리 주연의 영화로도 만들어진 작품으로 몰락한 지주의 딸인 두 자매가 겪는 갈등과 욕망을 그리고 있다.

이 작품이 유명해진 것은 줄거리에 대한 호기심 때문이 아니라 인간의 이기심과 그에 따라 타락해가는 과정이 욕망을 가진 인간이라면 누구나 공감할 수 있는 내용이기 때문이었다.

만약 인간에게 욕망이 없다면……

경제학은 모든 학문 중에서 인간의 욕망을 가장 긍정적으로, 있는 그대로 받아들이는 학문이다. 인간의 욕망을 긍정적으로 본다는 점에서 윤리학과는 반대이다.

만약 인간에게 욕망이 없다면 세상은 어떻게 되었을까? 아직도 동굴에서 최소한의 의식주로 겨우 연명하고 있었을 것이다.

실제로 사회를 발전시키는 원동력은 욕망에서 비롯된다. 내가 필요로 하는 것을 얻기 위해서는 열심히 일을 하지 않을 수 없고, 그렇게 열심히 일한 결과가 사회 전체의 발전으로 이어진다는 것이다.

농부들은 뜨거운 뙤약볕 아래서 땀을 흘려가며 왜 그리 열심히 일하는가? 욕구충족의 수단인 '돈'을 벌기 위한 노력이다. 옛날의 농부들은 따뜻한 봄이 되어야 채소를 기를 수 있었지만 요즘의 농부들은 한겨울에 들에

나가 비닐하우스를 만들어 채소를 기른다. 한겨울에 그처럼 고생을 하는 이유는 무엇일까? 겨울에 나는 채소는 희소성 때문에 더 많은 돈을 받을 수 있기 때문이다. 더 많은 돈을 벌기 위해 노력하는 농부들의 욕심이 있기 때문에 우리는 겨울에도 싱싱한 야채나 과일을 먹을 수 있다.

애덤 스미스, 인간의 욕심이 사회를 발전시킨다

경제학의 아버지인 애덤 스미스에 의하면 시장 기능이 온전하게 작동할 경우, 이기심에 기초한 경제 주체들의 노력이 사회 전체에 이익이 된다. 이것이 시장 경제의 기초이다. 그는 자신의 저서인 《국부론》에서 이렇게 적고 있다.

> "우리가 맛있는 저녁식사를 할 수 있는 것은 정육점 주인, 양조장 주인, 그리고 빵 굽는 사람들의 호의에 의해서가 아니라 그들이 스스로의 이익을 위해 노력한 결과이다. 각 개인은 공공의 이익을 위해 일할 의사도 없고, 자신의 이기적인 노력이 공공의 이익에 기여하는지 알지도 못한다. 각 개인은 그들의 사적인 이익을 추구하지만, 그 과정에서 보이지 않는 손(Invisible hand)에 이끌려 공공의 이익에 기여한다. 각 개인이 사적인 이익을 추구하려고 노력하는 것이 오히려 사회적인 공익에 효과적으로 기여한다."

조선 시대의 국부론자라고 불릴 만한 사람은 박제가와 정약용이다. 이 두 사람은 애덤 스미스와 거의 같은 시대를 산 인물이다. 스미스가 1723

년생, 박제가는 1750년생, 정약용이 1762년생으로 모두 18세기 중엽을 함께 산 사람들이다. 묘한 일치다.

애덤 스미스의 《국부론》이 자본주의 경제학의 교과서적인 저술이었다면 박제가의 《북학의北學議》나 정약용의 《목민심서牧民心書》는 우리나라의 국부론격인 저술로 손색이 없다.

애덤 스미스가 프랑스 등지를 여행하면서 세상에 대한 눈을 떴듯이 박제가도 청나라를 여행하면서 세상에 대한 눈을 뜨게 되었다.

당시 청나라는 현제로 알려진 건륭제의 치하에서 정치적 안정과 경제적 번영을 누리고 있었다. 수도 연경에서 지식인들과 교류하며 청나라의 발달한 문물을 직접 확인하고 크게 깨달음을 얻은 박제가는 가난하고 뒤떨어진 조선이 나아가야 할 길을 제시하는 저술을 남겼는데, 그것이 바로 《북학의》다.

박제가는 중국이 흥한 이유를 상업의 발달에서 찾았다. 상업을 발전시키려면 선진 기술을 받아들여 산업을 발전시키고, 상업을 진흥시켜 각 지역 간의 물자 교류를 원활하게 함으로써 소비를 촉진하여 생산활동을 부흥해야 한다며 당시로서는 획기적인 주장을 내놓았다.

박제가는 국내의 상업활동뿐 아니라 외국과의 교류도 적극적으로 주장한 인물이었다. 이는 애덤 스미스의 주장과 매우 비슷하다.

"중국의 동주, 내주의 배가 장연에 정박하고, 금부, 해개의 물건을 선천에서 교역하여, 장강, 절강, 천주, 장주 지역의 여러 재화를 우리나라의 은진, 여산 사이에 모이도록 해야 한다. 그렇게 하면 영남 지방의 면과 호남 지방의 모시와 서북 지방의 실과 삼베 등이 중국의 비단, 담요와 교환될 것이고, 각 지방의 산물을 중국의 금, 은, 병갑, 약재 등과 교환할 수 있을 것이다. 또한 선박, 수레, 궁실, 기물의 이로움도 배울 수 있다."

당시로서는 참으로 놀라운 혜안이었다. 애덤 스미스가 《국부론》을 쓴 것이 1776년, 박제가의 《북학의》가 1778년이었으니 둘은 거의 비슷한 시기에 같은 생각을 한 선각자였다. 다만 일찍 그의 사상을 받아들이지 못한 당시의 분위기가 아쉬울 따름이다.

박제가보다 조금 늦은 시기에 태어난 정약용은 《목민심서》에서 이미 분업의 이점을 기술하고 있다. 정약용은 광산업에 적용시킬 화도법을 소개하면서 흙을 파는 인부 100명, 흙을 나르는 인부 50명, 광석에서 금의 함량을 탐색하는 인부 약간 명, 땔나무를 해오는 인부 10명 그리고 인부 15명마다 감독관 1명씩을 두는 형태로 분업을 하는 것이 가장 효과적이라고 권고하였다.

그리고 광산업뿐 아니라 배를 만드는 일이나 집을 지을 때에도 이와 유사한 분업을 권장하였다. 그의 이론은 애덤 스미스의 분업 이론보다 오히려 앞선 감이 있다.

매슬로우의 욕구 5단계 학설

 심리학자 프로이트는 인간의 욕망 자체를 삶의 긍정적인 에너지인 '리비도^{Libido}'로 보고 있다. 만약 인간에게 욕망이 없어지면 살아갈 의욕 또한 생기지 않는다는 것이다.

 인간의 욕망은 무한에 가깝기 때문에 하나가 채워지면 거기에 만족하지 않고 한 단계 더 높은 욕구를 갖게 된다. 심리학자 매슬로우는 인간의 욕구발달 5단계 설을 제기했다.

1. 인간의 가장 기본적인 욕구인 먹고, 자고, 입고, 사랑하고 싶은 생리적 욕구^{Physiological}
2. 일종의 자기 보존의 욕구인 안전^{Safety}의 욕구
3. 사회적인 소속감과 인정을 받고 싶어 하는 애정^{Love}에 대한 욕구
4. 명예, 권력 등과 관련된 자기 존중^{Esteem}의 욕구
5. 나를 완성시키고자 하는 자아실현$^{Self\ Actualization}$의 욕구

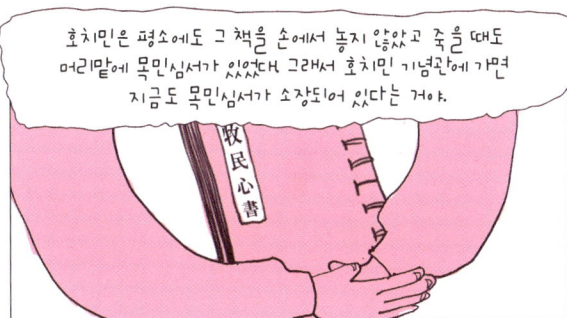

경제학이란 무엇인가?

교실 밖, 펄떡이는 경제 이야기

먹고사는 문제는 왜 생기는가? 인간의 욕구는 무한한 데 반해 인간이 필요로 하는 자원은 한정되어 있기 때문이다. 바로 그 먹고사는 문제를 다루는 학문이 경제학이다.

미시 경제학과 거시 경제학

경제를 보는 눈은 2가지가 있다. 하나는 특정 산업 분야나 기업, 소비자의 경제행위를 개별적으로 분석하는 마이크로^{Micro}적인 관점이고, 다른 하나는 나라 전체의 재화와 용역의 총생산, 총소득, 고용수준, 물가 등을 분석하는 매크로^{Macro}적인 관점이다. 전자를 미시 경제학^{Microeconomics}이라 부르고, 후자를 거시 경제학^{Macroeconomics}이라고 부른다.

경제학이 하나의 사회과학으로 자리 잡은 이후 1930년대까지 200년 동안은 대부분의 경제 분석은 미시적인 접근이었다. 여기서는 가격 형성과 분배 과정을 규명하는 것이 주요 목적이다. 즉, 재화와 용역의 가격 결정 과정이 미시 경제학에서 다루는 가장 중요한 과제이다.

1930년대에 이르러 미국에서 대공황이 일어나자 이를 수습하기 위해 나라 경제 전체를 분석하고 연구하는 데에 관심이 높아지기 시작했다. 나라 경제 전체의 상황을 한눈에 볼 수 있도록 통계가 발달한 것도 거시 경제에 관심을 가진 계기가 되었다.

거시 경제학의 목표는 경제 성장과 물가 안정, 완전 고용 등을 위한 정부 차원에서의 각종 지표관리로 요약된다.

케인스는 《고용, 이자 및 화폐에 관한 일반 이론^{The General Theory of Employment, Interest and Money}》에서 정부도 하나의 경제 주체가 되어 적극적으로 시장에 참여하여 유효수요의 창출을 통해 공황을 수습해야 한다고 역설하였다. 이것이 거시 경제학의 이론적 토대가 된다.

자유재와 경제재 & 재화와 용역

인간이 필요로 하는 것들은 공기나 물 등 일부를 제외하고는 모두가 대가를 치러야 얻을 수 있는 것들이다. 공기나 물처럼 대가를 지불하지 않고도 얻을 수 있는 것을 자유재, 대가를 지불해야만 얻을 수 있는 것을 경제재라고 부른다.

물은 수돗물이나 생수가 상품화된 지는 오래되었지만 이제는 공기도 대가를 지불해야 할 날이 그리 머지않은 듯하다. 가정과 사무실에 이미 공기청정기가 설치되어 있으며 한라산 천아오름(해발 700m) 계곡에서 채집한 공기가 캔에 담겨 상품화되고 있다. 환경오염이 심해지면 공기를 사서 마시는 것도 아주 평범하고 일상적인 경제 행위의 하나가 될 것이다.

경제재 중에서도 형체와 무게를 가진 물리적인 상품을 재화라고 부르고 형체가 없는 상품을 용역이라고 한다. 재화와 용역을 유형의 상품과 무형의 상품으로 구분하기도 한다.

아람이와 슬기의 경제 데이트

수요와 공급만 알면 병아리도 경제학 박사

시장이란 수요와 공급이 만나 거래가 이루어지는 곳이다. 남대문 시장, 동대문 시장 등은 장소적인 개념이고, 곡물 시장, 수산물 시장, 주택 시장 등은 거래되는 상품을 가리키는 개념이다. 좀 더 넓은 의미에서의 시장은 수요와 공급이 만나 정보를 교환하고, 가격이 형성되고 거래가 이루어지는 그 자체를 가리키는 추상적인 경우도 있다. 외환 시장, 자본 시장, 노동 시장, 교육 시장 등이 여기에 해당된다.

수요는 재화나 서비스에 대한 욕구를 의미한다. 수요는 '필요'의 다른 말이다. 여름이 되면 에어컨이 필요하고 겨울이면 외투가 필요한 것과 같다.

상품의 가격은 기본적으로는 수요와 공급의 균형에 의해 결정된다. 수요가 늘어나면 가격이 올라가고, 수요가 줄어들면 가격이 내려간다. 에어컨 가격이 여름이면 올라가고 겨울이면 내려가는 것과 마찬가지다. 에어컨을 가장 싸게 구입하는 방법은 수요가 줄어드는 겨울에 구입하는 것이다.

공급은 수요와는 반대로 움직인다. 공급이 많아지면 가격이 내려가고, 공급이 줄어들면 가격이 올라간다. 농산물 가격이 수확기면 내려가고 제철이 지나면 올라가는 것과 마찬가지다. 가장 신선한 과일을 싸게 먹는 방법은 공급이 많아지는 제철에 먹는 것이다.

상품을 거래할 때, 공급자는 좀 더 비싼 가격에 팔려 하고, 수요자는 좀 더 싼 가격에 사려 한다. 두 세력 간의 팽팽한 줄다리기가 시작되는 것이다. 그러다가 공급자의 힘이 강해지면 가격이 올라가고 수요자의 힘이 강해지면 가격은 내려간다. 이처럼 수요와 공급은 서로 반대 방향으로 움직이다가 엑스(X) 자로 교차하는 점에서 가격과 거래량이 결정된다. 이것이 시장 경제의 핵심적인 내용이다.

상품 가격은 기본적으로는 수요, 공급의 균형에 의해 결정되지만 일단 형성된 가격은 다시 수요와 공급에 영향을 미친다.

가격이 오르면 수요는 줄어들고 가격이 내리면 수요는 늘어난다. 공급은 이와 반대로 가격이 오르면 늘어나고 가격이 내리면 줄어든다.

가격이 오르면 수요는 줄어드는 반면 공급이 늘어나 균형을 이룬다. 반대로 가격이 내려가면 공급이 줄어드는 반면 수요가 늘어나 다시 균형을 이룬다. 이것이 가격의 시장 조절 기능이다. 가격의 시장 조절 기능은 경제학에서 가장 핵심적인 개념이다.

맹목적 질주와 폰지 게임

고원지대에서 풀을 뜯으며 살아가는 동물들에게는 가끔 집단 자살로 보이는 떼죽음이 발생한다고 한다. 초원이 끝나는 지점의 절벽에서 집단으로 뛰어내려 죽는다는 이야기다. 그러나 이런 형상을 정밀 진단한 동물학자들은 집단 자살이 아니라, 집단적인 맹목적 질주$^{\text{Blind Rush}}$라고 결론지었다.

무슨 말인고 하면, 고원지대의 그리 넓지 않은 초원에서 무리를 지어 풀을 뜯는 이들에게는 앞선 자들이 늘 좋은 풀을 뜯게 되고 뒤따르는 자들은 자투리 풀만 뜯을 수밖에 없다. 그러다 풀이 부족해지면 뒤따르던 무리들은 앞으로 내달린다. 좋은 풀을 먼저 차지하기 위해서다. 그러면 앞서 가던 무리들은 맹수라도 나타난 줄 알고 같이 달린다는 것이다. 결국은 무리 전체가 원인 모를 질주를 하다가 마침내 모두가 절벽으로 떨어진다는 것이다.

투기 열풍이 일어나면 사람들의 행동도 이와 같아진다고 한다. 자신이 왜 달리는지 이유도 모른 채로 달리게 된다. 네덜란드에서 불었던 튤립 열풍이나 대공황 직전 미국의 주식 열풍이 바로 맹목적 질주였다. 우리나라의 부동산 투기도 그와 별반 다를 것이 없다.

네덜란드에서 있었던 튤립 광풍을 보자. 튤립은 원래 중앙아시아 고원지대에서 야생으로 자라던 꽃이었다. 이것이 1593년에 터키를 거쳐 네덜란드로 전파되었다. 동양적인 아름다움이 깃든 튤립은 처음에는 귀족들의 고상한 정원용 화초로 각광받았다. 그 중에서도 자주색이나 검은색 등 몇 가지 색깔이 교차하는 특이한 변종들이 특히 인기를 끌었다. 그러나 그런 꽃은 우연의 산물일 뿐 구근을 보고 미리 모양을 알 수는 없었다. 그러자 여유 있는 귀족들은 튤립 구근을 무더기로 매입하기 시작했고 좋은 튤립을 가지는 것이 일종의 신분 과시용이 되어버렸다. 어느 정도 시간이 지나자 튤립 투기 열풍은 서서히 중류층으로, 다시 서민층으로까지 확대되었다.

그러면서 경제학의 가장 기초인 수요와 공급의 균형이 깨져버렸다. 한정된 구근을 두고 수요가 폭등하자 가격은 가파르게 오르기 시작했고, 그럴수록 튤립 구근을 구하려는 사람들은 더욱 늘어났다. 서민들은 집과 땅을 팔아 튤립 투기에 가세했고, 암스테르담 증권거래소에서는 아예 튤립을 거래종목으로 내거는 전무후무한 사태가 연출되었다. 튤립 품귀 현상이 빚어지자 돈을 먼저 주고 물건을 나중에 인도받는 '선물 거래'까지 등장했다. 그러자 신바람 난 상인들은 2중, 3중으로 거래 계약을 맺는가 하면 특이한 변종을 만들어 황제 구근이라며 턱없이 가격을 올렸다.

이 광풍은 1633년에서 1637년까지 이어졌다. 그러다 1637년 2월에 마침내 파국을 맞았다. 최고급 차 1대 가격에 거래되던 튤립이 포도주 1병 정도의 가격으로 폭락한 것이다. 그러자 튤립에 전 재산을 투자했던 사람들은 하루아침에 알거지가 되고 말았다. 이 시기에 전 재산을 날린 사람의 숫자가 대략 60만 명 정도였다고 한다.

이런 과정을 거치긴 했지만 네덜란드 사람들은 여전히 튤립을 좋아한다. 네덜란드는 원래 꽃의 나라라고 불릴 만큼 재배 기술도, 새로운 품종을 만들어내는 브레이킹 기술도 뛰어나다. 지금 네덜란드는 다양한 품종의 튤립을 만들어 이를 전략적 수출 상품으로 육성하고 있다.

이번에는 나라 전체가 다단계에 빠져들어 정권이 교체되는 사태까지 벌어진 알바니아를 보자.

1997년, 알바니아에는 16개의 주요 다단계 회사들이 설립되어 고율의 이자를 보장한다면서 투자자를 끌어들이기 시작했다. 그 몇 해 전 수당비율이 35%를 넘는 다단계 판매를 법적으로 금지하던 조항을 삭제한 것이 화근이 되었다. 어느 다단계 회사는 유전 개발을 통해 수백조 원의 수익을 올릴 수 있다며 250%의 수익 보장으로 투자자들을 모았다.

이들은 또 유명 정치인, 연예인들을 끌어 모아 꼬박꼬박 고율의 이자를 지불함으로써 사기성을 은폐하는 목적에 이용했다. 몇몇 사업자들은 슈퍼마켓을 인수하고 여행사를 설립하거나 부동산을 사들여 주유소를 차리기도 했으며, 어떤 회사는 방송국을 세우거나 은행에 투자자금을 예치하기도 했다. 16개 다단계 회사의 은행 예치금이 GDP의 50%인 12억 달러에 이를 정도였다.

초기 투자자들은 원금과 이자를 다시 이들에게 투자했다. 의심을 품은 사람들도 있었지만 이들은 자신만 빠르게 이익을 챙기고 빠져나간다는 생각으로 발을 빼지 못했다. 이들은 또 정치권에 막대한 자금을 지원하고 있는 터라 정치권으로부터 별다른 견제도 받지 않았다.

그러나 결국 더 이상 투자자를 끌어들이지 못한 다단계 시스템은 무너져 내렸다. 사태가 터지고 정치권이 이들로부터 거액의 정치자금을 받은 것이 확인되자 흥분한 군중들은 해군기지를 장악하여 해군함정을 탈취했고 정부는 공군기를 동원하여 시위대를 폭격하는 내전으로 번졌다. 이는 결국 조기총선을 통해 정권을 교체하는 것으로 일단락되었다. 이것이 신기루를 쫓던 알바니아 다단계 사태였다.

지나고 나서 돌아보면 어떻게 그런 일이 국가적인 차원에서 일어날 수 있었을까 싶지만 하나의 집단이 투기에 미치게 되면 완전히 광란의 도가니가 되고 만다는 사실을 알아야 한다. 자신이 정상인지 아닌지를 판단할 잣대인 '다른 사람'도 미쳐 있기 때문에 모두가 미쳐버리는 것이다. 미국의 작가인 시드니 셸던의 소설에는 이런 말이 나온다.

"일단 미끼를 던지면 욕심에 눈이 멀어 저절로 사기에 걸려들게 마련이다."

1920년대, 미국 플로리다에 폰지라는 이름의 사기꾼이 있었다. 당시는 개발붐이 한창이던 때라 너도나도 투자에 열을 올리고 있을 때였다. 이 청년은 국제적인 쿠폰 사업을 하면 엄청난 돈을 벌 수 있다며 투자자들을 모았고 투자한 돈에 대해서는 90일 만에 1.5배의 수익을 약속했다. 당시 미국의 이자율이 4%였으니 엄청난 수익이었다.

그러나 그렇게 모은 돈으로 그는 아무런 사업도 하지 않았다. 초기 투자자금은 자신의 주머니로, 나중에 들어오는 돈은 앞서 투자한 사람들의 배당금으로 돌려막았다. 이런 식의 고리가 계속 이어지려면 지속적으로 투자자가 나타나야 하는데 결국 투자자들이 멈칫하는 순간 공중분해되고 말았다.

이런 방식의 사기, 어쩐지 우리나라에서도 많이 들어본 것 같은 느낌이 든다. 몇 년 전에 세상을 떠들썩하게 했던 보물선 사업이나 시중보다 턱없이 높은 이자를 준다며 투자자들을 끌어 모았던 금융사기 등이 여기에 해당된다. 공황 직전 미국의 주식 열풍, 1990년대 후반 우리나라의 코스닥 열풍, 부동산 열풍 역시 비슷한 유형의 사례들이다.

이런 열풍이 불고 지나가고 나면 대부분 서민들이 피해를 입는다. 서민들이 집 팔고 은행 돈 빌려서 달려드는 시점이 바로 그 열기가 정점에 달해 곤두박질칠 일만 남은 시점이다. 폰지 게임의 특징은 게임이 진행되는 동안에는 폰지 게임인지 아닌지 잘 알지 못한다는 것이다. 아니, 알아도 인정하고 싶지가 않다. 그러나 일단 당하고 나면 '내가 왜 그리 바보였나' 하고 땅을 치게 된다.

폰지라는 청년, 아마도 최초의 다단계 기획자가 아니었을까. 사기꾼이긴 했지만 경제학에 이름을 올릴 정도가 되었으니 나름대로 성공했다고 봐야 할지도 모르겠다.

 집단의 욕심은 왜 선이 아닌가?

사람이 집단을 이루게 되면 개인은 집단 속에 묻혀버리고 집단 전체의 평균으로만 저울질된다. 사람의 행동을 제어하는 것이 얼굴, 양심, 체면 등인데 집단이 되면 이런 것들이 묻혀버린다는 것이다. 그래서 아무리 선한 사람이라도 집단에 소속되게 되면 그 선은 희석되어 다소 '약하게' 표출된다.

내가 한 행동을 아무도 알지 못한다고 가정해보자. 이런 경우 우리는 이성보다는 감정으로, 충동적으로 행동할 수 있다.

또 집단이 되면 익명성이 보장되기 때문에 이성적이기보다 감성적으로 변한다. 소위 말하는 군중심리가 작용하게 된다는 것이다. 그래서 집단이 되면 인간은 아주 이기적인 행동을 할 수도 있다. 집단이 되면 군중 속에 매몰되기 때문에 나 혼자 고매한 척 해도 표시가 나지 않는다. 나 혼자 도덕적으로 높은 수준을 유지하려 해도 전체적으로 보면 전혀 표시가 나지 않을 뿐더러 자칫하면 집단 따돌림을 당할 우려까지 있다. 그래서 집단은 도덕적으로 높은 수준을 유지하기가 지극히 어려운 것이다.

경제 논리는 사람의 욕심, 이기심을 대전제로 출발한다. 모든 경제 주체들이 자신의 욕망을 채우기 위해 이기적으로 노력한 결과는 사회적인 선이라고 보는 것이다. 그러면 집단 이기주의는 왜 비난을 받는가. 근로자들의 요구가 그러하고 핵물질 폐기장이나 혐오시설 유치에 반대하는 님비 현상이 자주 비난을 받는다. 개인의 욕심은 용인되는데 집단의 욕심은 왜 집단 이기주의니 뭐니 하면서 비난의 대상이 되어야 하는가?

근로자들이라면 나의 노동가치가 내가 받는 보수보다 훨씬 높다고 보고 더 많은 연봉을 요구할 수도 있고, 내가 사는 동네에 혐오시설이 들어서면 집값이 떨어지고 환경이 오염되니 당연히 반대를 할 수 있다.

집단의 요구가 비난받기 쉬운 것은 익명성이라는 안전장치 속에서 자칫 지나칠 수 있다는 점에서다. 개별 경제 주체들의 행위는 양측 모두가 동의하는 선에서 가격을 매개로 평화적으로 이루어지지만 집단행동은 일방적으로, 때로는 폭력적으로 이루어진다는 것이다.

집단의 행동은 보통 그것을 통해서 내가 얻는 이익에 비해 나머지 사람들에게 끼치는 피해가 훨씬 더 크기 때문에 비난을 받는다. 예를 들면 근로자 1000명이 연봉 100만 원의 인상을 요구하면서 파업을 하는 동안 기업에 100억 원의 손실을 끼쳤다면 이들은 회사의 손실 100억 원을 담보로 자신들의 이익 10억 원을 챙겼다는 이야기가 된다.

집단의 행동은 자신들이 얻을 수 있는 이익보다 훨씬 더 큰 전체의 손실을 담보로 하는 경우가 대부분이다. 그래서 집단행동은 대부분 비난의 대상이 되는 경우가 많은 것이다. 물론 정당한 집단행동은 보장되어야 한다는 점을 전제로 하고서 말이다.

수요, 공급의 가격 탄력성

먼저 수요의 측면을 보자. 가격이 오르면 수요는 감소하고 가격이 내리면 수요는 늘어난다. 이것이 수요의 가격 탄력성이다.

특정 상품의 가격이 10% 올랐을 때 수요도 10% 줄어들었다면 수요의 가격 탄력성은 '1'이다. 가격 탄력성이 1보다 크면 탄력적, 1보다 작으면 비탄력적이라고 한다. 만약 10% 올랐을 때 그 수요가 15% 줄어들었다면 가격 탄력성은 1.5(15/10)로 탄력적이며, 5%밖에 줄어들지 않았다면 탄력성은 0.5(5/10)가 되어 비탄력적이 된다.

수요의 가격 탄력성은 상품에 따라 차이가 난다. 일반적으로 생활필수품은 비탄력적이고 공산품이나 사치품은 탄력적이다. 쌀값이 오른다고 해서 세 끼 식사를 두 끼로 줄이지는 않을 것이며 배추값이 올랐다 하여 우리나라 사람들이 김치를 먹지 않을 수는 없기 때문이다. 그러나 의류 등의 공산품은 대부분 탄력적이다. 백화점 세일 기간만 되면 만원을 이루는 이유도 수요가 탄력적이기 때문이다.

공급은 수요와는 반대이다. 가격이 오르면 늘어나고 가격이 내리면 줄어든다. 가격변동에 대해 공급이 늘어나거나 줄어드는 정도가 1보다 크면 탄력적이라고 하고, 1보다 작으면 비탄력적이라고 한다.

수요는 가격 변화에 대해 즉시 반응하지만 공급은 다소 시간이 걸린다. 일반적으로 공산품은 가격 변화에 대해 탄력적으로 움직이는 반면 농산물은 비탄력적이다. 공산품은 가격이 오르면 생산자는 즉시 공장 가동률을 높여 공급을 늘릴 수 있지만 곡물이나 배추 등 농산물은 가격이 아무리 폭등해도 당장 생산을 늘릴 수가 없기 때문이다. 소나 돼지 등 축산물도 가격에 대해 비탄력적인 상품들이다.

농산물처럼 공급이 비탄력적인 상품이 시장 가격에 적응하기 위해서는 최소 1년이라는 시간이 걸린다. 이와 같은 접근과정을 그래프로 그리면 마치 거미집과 같은 모양으로 나타난다 하여 이를 거미집 이론이라고 부른다.

가격 탄력성 개념을 처음 생각한 사람은 케임브리지 대학의 알프레드 마셜이었다. 그에 대해서는 재미있는 일화가 많다.

마셜의 아버지는 아들을 성직자로 키우고 싶어 했다. 그래서 매일 밤

11시까지 아들에게 히브리어와 라틴어를 공부하도록 했다. 그러나 지독한 반항아였던 마셜은 그 시간에 몰래 수학공부를 했다고 한다. 아버지에 대한 반항심 때문이었다. 수학을 공부한 또 다른 이유는 다른 학생들에게 수학을 가르치면서 용돈을 벌기 위해서였다고 한다. 그렇게 공부한 수학이 그를 위대한 경제학자로 만드는 일등공신이 되었다.

케임브리지 대학 학장 시절, 그는 시실리 섬으로 휴양을 갔다. 그가 시실리 섬의 한 숙소에 머물고 있을 때 가게에서 손님과 주인이 흥정을 하는 광경을 목격하게 되었다. 흥정의 내용은 물건 값을 깎아주면 물건을 더 많이 구입하겠다는 제안이었다. 이 광경을 목격한 마셜의 머릿속에는 가격 변화와 수량 변화에 대한 그래프가 스치듯이 지나갔다. 이것이 그 유명한 가격 탄력성 이론의 기초가 되었다.

1924년 그가 죽었을 때 케인스는 지난 100년 동안 가장 위대한 경제학자라고 애도했다.

아람이와 슬기의 경제 데이트

보석은 보석답게 팔아야

　대부분의 상품은 가격에 대해 탄력적이다. 가격이 오르면 수요가 줄어들고 가격이 내리면 수요가 늘어난다. 그러나 그렇지 않은 상품도 있을 수 있다. 상품에는 실용적인 가치가 중시되는 상품이 있는가 하면 상징적인 가치나 이미지 혹은 희소가치가 중시되는 상품도 있다. 일상적으로 구입하는 상품, 반복적으로 구입하는 상품은 전자에 해당되고 보석류나 사치품은 후자에 해당된다.

　고가의 보석이나 사치품은 가격이 내려가면 오히려 수요가 줄어드는 경우도 있다. 비싼 보석이나 사치품을 구입하는 이유는 희소가치를 즐기려는 것인데, 가격이 내려가 주위 사람들이 모두 가진다면 희소가치가 사라지기 때문에 오히려 수요가 줄어드는 경우도 있다는 것이다. 반대로 가격이 올라가면 오히려 수요가 늘어난다는 것이다.

　어느 보석상 이야기를 보자. 한 보석상이 있었다. 장사가 여의치 않자 보석상은 종업원에게 메모를 남기고는 훌쩍 휴가를 떠나버렸다. 메모의 내용은 '가게에 있는 보석들을 모두 1/2 가격에 처분하라!' 는 것이었다. 그러나 메모의 내용 중 '1/2'을 '2'자로 잘못 읽은 종업원은 가격을 모두 2배로 올려서 써 붙였다. 그러자 보석은 불티나게 팔려나갔다. 휴가를 마치고 돌아온 보석상은 종업원으로부터 전후 사정을 전해 듣고 무릎을 쳤다.

　'그래, 보석은 보석답게 팔아야 하는 거야!'

　보석은 비싸야만 희소가치가 적용될 수 있다. 실용적인 미국인들은 보석을 그다지 좋아하지 않았다. 그래서 결혼 예물도 아주 실용적인 것들을 주고받았다. 이들에게 다이아몬드를 팔 방법이 없을까 고민하던 한 다이아몬드 회사는 마침내 기발한 아이디어를 떠올렸다. '다이아몬드=사랑'의 등식을 만들어낸 것이다. 다이아몬드를 반지로 만들어 '영원한 사랑의 약속!'이라며 광고하자 결혼반지로 불티나게 팔려나가더라는 것이다. 보석이나 사치품은 이미지 상품이며, 이미지 상품은 실용가치가 아닌 상징적인 가치나 이미지로 팔아야 한다는 것이다.

명품이 세일을 하지 않는 이유?

명품 마케팅은 2마리의 토끼를 쫓아야 하는 줄다리기이다. 명품도 기업인 이상 매출을 올려야 하는 한 마리의 토끼가 있고, 명품으로서의 품위를 유지하기 위해서는 희소가치를 유지해야 하는 또 다른 토끼를 쫓아야 한다는 것이다. 명품 담당자들은 이를 패러독스 마케팅(Paradox Marketing)이라고 부른다.

보통 명품하면 1~5% 이내의 상위 계층이 구입할 수 있는 고가의 사치품을 말한다. 일반인들이 쉽게 구입하지 못하기 때문에 이것을 구입한 계층은 마음껏 희소가치를 자랑할 수 있다. 그렇기 때문에 일반인들의 진입을 막는 방법으로 의도적으로 고가전략을 쓴다는 것이다.

이런 명품을 세일을 해서 상위 10~20% 계층까지 명품을 가질 수 있게 된다면 이를 최초로 구입한 소비자들은 희소가치가 그만큼 줄어들게 되어 이를 외면하게 된다. 판매자 입장에서는 세일을 해서 판매량을 늘리고 싶지만 그랬을 경우 최상위 계층이 이를 외면해버리기 때문에 단골고객을 놓치게 되는 결과를 낳는다. 그래서 명품은 함부로 세일을 하지 못하는 것이다. 최상위 계층을 영원한 고객으로 확보하기 위해서 세일을 하지 않는다는 것이다.

루이비통 등의 명품들은 1년 내내 세일을 하지 않는다. 철 지난 재고가 발생한다면 이를 모조리 태워 없애버린다. 이것이 기존의 고객을 보호하는 길이라는 것이다.

시장은 독점에서 경쟁으로 흘러간다

시장은 어느 분야든 처음에는 독점으로 출발하여 완전 경쟁을 향해 나아간다. 그러나 완전 경쟁은 이론상으로는 가능하지만 현실적으로는 존재하기 어렵다. 수요, 공급 양측 모두에서 완전 경쟁의 조건을 충족시키기가 어렵기 때문이다.

독점 시장

어느 기업이 새로운 기술로 상품을 만들어 시장에 내놓았다고 하자. 그러면 그 기업은 한동안 독점적인 공급자가 될 것이다. 이 경우 독점 기업은 자신에게 가장 유리한 조건으로 상품의 가격과 공급량을 결정하게 된다.

공급수량을 줄여서 비싼 가격에 팔거나, 아니면 가격을 조금 낮추는 대신 많은 수량을 팔거나 자신에게 가장 이익이 되는 조건을 선택할 수 있다는 의미이다. 이런 시장을 독점 시장Monopoly Market이라고 부른다.

자유로운 시장 참여가 허용되는 경우에는 독점 시장이 장기적으로 유지되기는 어렵다. 그러나 법률에 의해 국가가 독점적 공급자가 되는 경우는 있다. 이는 나라마다 사정은 조금씩 다르지만 국가의 재정수입 확보나 특정 상품의 보호를 위해 국가의 독점을 법률로 규정하고 있다.

특히 담배, 소금, 석유 등이 국가의 독점으로 지정되는 경우가 많다. 우리나라의 경우는 홍삼과 담배가 국가의 전매품으로 남아 있었지만 2008년에 새로운 민영 담배 회사 설립이 인가됨으로써 담배인삼공사의 독점은 일단 깨진 상태이다.

과점 시장

하나의 기업이 시장을 지배하던 독점 체제에서 시간이 지나면 선발 주자의 기술을 모방한 후발 기업들이 하나 둘 등장하게 된다. 이때는 소수의 공급자가 시장을 지배하게 된다. 이런 경우를 과점 시장$^{\text{Oligopoly Market}}$이라고 부른다. 독점이나 과점은 공급 측면에서뿐 아니라 수요의 측면에서도 생각해볼 수 있다.

노동 시장을 보자. 요즘은 대학을 나와도 취직하기가 하늘의 별따기만큼 어렵다. 이는 사람을 필요로 하는 곳은 제한되어 있는 반면 일자리를 구하려는 사람은 헤아릴 수 없을 정도로 많기 때문이다. 이런 경우 역시 수요과점에 해당된다.

독점이나 과점은 공급자들이 가격과 수량을 좌우할 수 있기 때문에 사회 전체의 소비자들이 피해를 입게 된다. 이것을 독과점의 피해라고 부른다.

완전 경쟁 시장

그러다가 좀 더 시간이 흐르면 나중에는 누구나 참여할 수 있는 시장이 되어 다수의 공급자가 경쟁하게 된다. 이런 시장을 완전 경쟁 시장$^{\text{Competitive Market}}$이라고 부른다. 완전 경쟁 시장이 성립되기 위해서는 다음과 같은 2가지 조건이 필요하다.

1. 판매되는 재화의 품질이 균일해야 한다.
2. 공급자·수요자 모두가 다수로 누구도 가격에 영향을 미치지 못해야 한다.

이런 시장에서 수요자나 공급자는 시장에서 형성된 가격을 받아들이는 수밖에 없다. 이를 가격 수용자$^{\text{Price Taker}}$ 이론이라고 부른다.

완전 경쟁 시장이 되면 공급자는 새로운 기술을 개발하고, 경쟁자보다 더 나은 품질의 상품을 보다 합리적인 가격으로 공급하려 할 것이며, 소비자는 더 나은 품질의 상품을 저렴한 가격으로 구입할 수 있게 된다. 이것이 사회를 발전시키는 원동력이 된다.

인류는 수만 년 동안 잠자다가 약 3백년 전 산업혁명을 기점으로 길고 긴 잠에서 깨어났다. 그로부터 3백년이 인류 역사상 가장 빠르게 발전한 기간이다. 그 이유 역시 치열한 경쟁이 있었기 때문이다. 사회주의가 종말을 고한 것도 바로 경쟁을 죄악시하였기 때문이라는 것이다.

독점적 경쟁 시장

수요자나 공급자 모두가 다수인 완전 경쟁 시장은 이론적으로는 가능하지만 실제로는 그리 많지 않은 것이 현실이다. 기업 간의 경쟁을 통해 열등 기업은 도태되고 상위 두세 개 기업만 살아남기 때문이다. 이때는 소수의 기업이 전체 시장을 과점하는 독점적 경쟁 시장이 된다.

우리나라의 경우에는 자동차, 항공사, 가전, 전자 시장을 소수의 기업이 시장을 과점하고 있다. 우리가 생각하는 것보다 훨씬 많은 분야가 소수의 기업에 의해 독점적으로 양분되고 있다는 것이다. 미국이나 일본, 유럽도 주요 산업 분야에서는 2사 혹은 3사의 독점적 경쟁 체제로 운영되고 있다. 이는 시장 진입이 자유로운 대신 경쟁 또한 무한으로 펼쳐지기 때문에 결국 경쟁력 없는 기업은 탈락하거나 강자에게 흡수되어 경쟁력 있는 상위 두세 개 기업만 살아남기 때문이다. 마케팅 이론에서는 이를 '빅3 Big Three 법칙'으로 부른다. 어느 시장이든 완전한 자유 경쟁이 보장되면 결국은 빅3만 남게 된다는 이론이다.

독점 상품은 왜 광고를 할까?

세계에서 가장 빛나는 밤거리는 어딜까? 뉴욕 맨해튼 47번가 5-6번 애비뉴 사이의 빌딩가라고 한다. 그 이유는 세계에서 다이아몬드가 가장 많이 거래되는 곳이기 때문이다. 부스 크기의 가게들이 2천 6백 개나 들어 있다.

다이아몬드는 지난 100여 년 동안 영국 드비어스 사가 독점적으로 유통시켰다. 개별 공급자들의 덤핑으로 가격 하락을 막기 위해 결성된 일종의 공급자 카르텔cartel이었던 셈이다. 물론 드비어스 사는 아프리카 다이아몬드를 소유하고 있는 기업이지만 러시아의 알스타와 제휴 관계를 맺어 사실상의 독점 체제를 구축한 것이다.

이것이 21세기 벽두부터 깨지고 각개약진이 시작된 것이다. 그리하여 20년 전만 해도 80%였던 드비어스 사의 시장 점유율이 지금은 65% 정도로 낮아졌다. 그러나 여전히 준독점이다.

"Diamond Lasts Forever!"(다이아몬드는 영원하다!)

이 광고는 다이아몬드 독점사인 드비어스 사가 지난 수십 년 동안 광고한 문구이다. 독점 시장에서도 광고가 필요할까? 다이아몬드를 찾는 사람은 많은데 말이다.

독점 시장의 마케팅은 이렇게 이루어진다. 일반적인 공급곡선이라면 수요가 늘어나면 가격이 오르고, 가격이 오르면 공급 또한 늘어나 다시 가격을 내리는 과정을 통해 균형을 이루지만 독점 시장에서는 가격과 물량을 자신들에게 가장 유리한 조건으로 조절하면 된다. 즉, 가격이 내리면 물량을 줄이고, 가격이 오르면 물량을 늘리는 방법이다.

그러나 가장 바람직한 것은 물량이 늘어나도 가격이 내려가지 않는 경우일 것이다. 그래서 독점 시장에서도 광고가 필요한 것이다. 이 광고는 다이아몬드 자체의 수요를 늘리려는 의도도 있지만 그보다는 루비나 사파이어 등 다이아몬드의 대체품인 다른 보석으로 수요가 옮겨가는 것을 막기 위함이다. '다이아몬드는 영원하다!' 이는 다른 보석 다 찾아봐야 다이아몬드만한 보석이 없다는 말의 다른 표현인 것이다.

다이아몬드 이야기가 나온 김에 몇 가지 더 해보자. 다이아몬드를 고를 때는 4C를 보아야 한다. 4C는 Caret(캐럿), Color(칼라), Cut(컷), Clarity(선명도)의 약자이다. 이 4가지가 다이아몬드의 생명이다.

캐럿은 무게를 말하는데, 무거울수록 가속적으로 가격이 올라간다. 색깔은 물론 투명해야 하지만 약간 푸른색을 머금은 것이 가장 좋다. 컷은 다이아몬드를 어떻게 자르느냐 하는 것인데, 빛이 들어가면 다이아몬드를 한 바퀴 돌아 나올 수 있는 각도가 가장 좋다. 보통 58면 컷이 일반적이나 근래에 뉴욕의 레오샤크터라는 회사가 66면 컷팅 특허를 출원했다. 선명도는 내부에 흠집이 있느냐 없느냐 하는 것이다. 흠집이 전혀 없는 것을 Flawless(완전무결)라 하여 최고로 친다.

시장을 움직이는
인간의 선택

교실 밖, 펄떡이는 경제 이야기

어떤 선택을 할 때는 미래에 대한 기대도 중요하게 작용한다. 예를 들어 특정 상품의 가격이 조금 올랐다고 하자. 상품의 가격이 더 오를 것으로 예상하는 사람은 구입을 서두를 것이며, 더 내릴 것으로 예상하는 사람은 구입을 미루게 될 것이다. 미래에 대한 기대에 의해서 사람들은 그와 같이 행동하게 된다. 그래서 경제학은 다분히 심리적인 영역을 많이 포함하고 있다는 것이다.

미래에 대한 합리적 기대가설

사람들의 미래에 대한 기대에는 적응적 기대와 합리적 기대, 2가지가 있다. 적응적 기대는 과거의 평균치를 가지고 미래의 기대치로 설정하는 경우이며, 합리적 기대는 과거는 물론 현재 시점에서 경제 주체가 얻을 수 있는 모든 정보를 가지고 기대치를 설정하는 방식이다.

좀 더 쉬운 예를 보자. 설이 다가온다. 그러면 아이들은 온통 세뱃돈에 관심이 쏠린다. 이럴 경우 적응적 기대에 의하면 과거에 받았던 세뱃돈의 평균치로 올해의 세뱃돈을 예상한다는 것이다. 그러나 합리적 기대에 의하면 새로운 변수까지 고려해야 한다. 즉, 아버지의 사업이 요즘 호황을 맞고 있으므로 적어도 지난해보다 2배의 세뱃돈은 기대할 수 있을 것이라는 식이다.

합리적 기대 가설은 아주 합리적으로 보이지만 실제로는 이것도 그리

잘 맞지는 않는다고 한다. 실생활에 적용해보면 모든 경제 현상들이 실핏줄처럼 복잡하게 얽혀있어 관련 요인 모두를 분석하고 판단한다는 것이 쉽지 않기 때문이다.

경제학자 로버트 루카스는 합리적 기대가설로 1995년에 노벨 경제학상을 받았다. 그러나 그는 부상으로 받은 상금의 절반을 이혼한 전처에게 주어야 했다. 이혼 당시 아내가, "만약 노벨상을 받게 되면 상금의 절반을 나에게 준다"는 조건을 삽입했기 때문이라고 한다. 이혼 당시만 해도 루카스는 자신의 이론이 노벨상을 받을 것이라고는 생각지도 못했다고 한다. 결국 루카스보다 그의 전처가 합리적 기대가설 이론에 훨씬 더 밝았던 것 같다. 아니, 루카스가 아내의 그런 선견지명을 이론으로 정립했는지도 모를 일이다.

포기한 가치보다 선택한 가치가 더 크다

무언가를 선택할 때 고려해야 할 또 다른 점은 하나를 선택하게 되면 다른 하나를 포기해야 한다는 것이다. 한정된 용돈으로 아이스크림을 사먹을 것인가, 햄버거를 사먹을 것인가 하는 문제이다. 이럴 경우 어떤 선택을 하는가? 바로 선택한 것에서 얻을 수 있는 가치나 효용이 포기한 것에서 얻을 수 있는 가치나 효용보다 크다고 생각되는 것을 선택하게 된다는 것이다. 선택의 문제는 상품에 국한되지 않는다. 하나의 선택을 하느라 잃어버린 기회도 고려해야 한다.

이런 경우를 생각해보자. 대학을 졸업한 학생이 취직을 할 것인가, 유학을 갈 것인가 하는 선택의 문제를 앞두고 있다고 하자. 이 학생이 유학을 선택했다면 이는 취직을 포기하는 대신 유학을 다녀와서 더 높은 연봉을 받는 것이 장기적으로는 훨씬 더 유리하다고 생각하기 때문이다. 이 경우 2년 동안의 유학비로 2억 원이 들었다고 하면 유학에 들어간 총비용은 2억 원에 그치는 것이 아니라 2년 동안 취직을 해서 받을 수 있는 돈, 예컨대 1억 원도 여기에 포함되어야 한다. 포기한 것에서 발생할 수 있는 이익은 포기와 동시에 잃어버린 것이 되어 비용으로 전환된다. 이것이 기회비용이다.

편의점에서 시간당 5천 원의 아르바이트를 하는 학생이 아르바이트를 쉬고서 6천 원을 주고 2시간짜리 영화를 봤다고 하면 이때의 비용은 6천 원이지만 기회비용으로 환산하면 만 6천 원이 된다. 따라서 합리적인 의사결정을 하려면 아르바이트를 포기하고 영화를 볼 것인가 말 것인가 하는 문제는 6천 원이 아니라 만 6천 원을 투자할 가치가 있느냐 없느냐로 판단해야 한다는 것이다.

기회비용을 보는 2가지 견해

사법시험에서 수석으로 합격한 어느 변호사가 TV에 나와서 한 말이 재미있다. 공부를 하는 동안 가장 어려웠던 점이 무엇이었느냐는 사회자의 질문에 그는 젊은 시절 연애도 한 번 못해본 게 가장 아쉬웠다고 대답했다. 그러나 자신이 그 유혹을 떨쳐버릴 수 있었던 것은 바로 기회비용 때문이었다고 한다. 다시 말하면 연애를 하느라 시험을 망치는 것보다는 연애를 포기하고 당당하게 시험에 합격하는 것이 자신에게는 훨씬 더 이익이더라는 것이다.

기회비용을 보는 눈은 경영자와 회계사 사이에서 가장 확연하게 차이가 난다. 경영자는 선택의 대안을 놓고 포기한 대가와 선택한 것에서 얻을 수 있는 수익을 비교해서 의사결정을 내린다. 기술 개발에 더 많은 투자를 할 것인가, 마케팅 비용에 더 많은 투자를 할 것인가 하는 문제 등이다. 그러나 회계사는 포기한 것의 비용은 전혀 따지지 않는다. 나타난 결과만 보는 것이 회계사들이다.

매몰비용이란 다시 회복할 수 없는 잃어버린 비용을 말한다. 기회비용이 합리적인 의사결정에서 반드시 고려해야 할 대안이라면 매몰비용은 합리적인 의사결정을 방해하는 요소로 작용하는 경우가 많다. 매몰비용이란 한 마디로 '아까운' 비용이며 '본전 생각 나는' 비용을 가리킨다. 주식투자에서 손해를 본 사람들이 쉽게 손을 떼지 못하는 이유도 매몰비용 때문이다. 도박판도 마찬가지이다. 그들은 공통적으로 본전만 찾을 수 있다면 기꺼이 떠나겠다고 말한다.

신림동 고시촌에 가 보면 10년씩 고시에 매달리는 사람들이 숱하다. 이 사람들이 쉽게 공부를 포기하지 못하는 이유는 그 동안에 투자한 시간과 노력이 아깝기 때문이다.

매몰비용의 사례는 국책사업 같은 공공사업에서도 흔히 발견된다. 사업을 진행하다 보면 방향이 잘못되었다는 것을 알았지만 이미 들어간 돈이 아까워서 쉽게 포기하지 못한다.

심리학자 히들리 아스키는 인간이 매몰비용에 영향을 받는 경우가 거의 50%나 된다고 지적한다. 매몰비용은 개인보다는 집단이 영향을 많이 받는다. 또 개인에게는 꼭 나쁘게 작용하는 것만은 아닐 수도 있다.

앞서의 고시공부를 예로 들어 보자. 어떤 사람이 몇 년 동안 공부한 것이 아까워 고시를 포기하지 못하고 있다가 마지막으로 한 번 더 시도해서 합격하게 되었고, 후일 훌륭한 법관이 되었다고 생각해보자. 집념의 승리로 부를 수 있을 것이다.

다만 매몰비용이 문제가 되는 것은 국책사업 같은 분야에서 일단 저질러 놓은 일은 잘못인 줄 알면서, 더 큰 손해가 나는 줄 알면서도 쉽게 중단하지 못하는 경우라는 것이다.

 선택의 폭이 넓으면 선택을 잘할 수 있을까?

요즘 대기업 인사담당 임원들은 선택의 폭이 너무 많아서 선택을 하지 못하겠다는 고민 아닌 고민을 하고 있다고 한다. 백명 정도 채용계획을 발표하면 100배, 200배의 지원자가 몰리기 때문이라고 한다.

경제학에서도 선택의 폭이 넓으면 선택하는 사람들의 만족도도 높아질 거라는 암묵적인 전제가 있다. 얼핏 생각하기에는 지원자가 많으면 우수 인력을 쉽게 뽑을 수 있을 것 같지만 오히려 그렇지 않다는 말이다. 이는 일반 상품의 경우에도 마찬가지로 나타나는 현상이다.

미국에서 있었던 실험이다. 슈퍼마켓에 6종류의 잼을 진열해놓고서 1달러 할인권을 주고 시식을 해보게 했다. 다음에는 24종류의 잼을 진열해놓고서 같은 실험을 했다. 그랬을 때 242명 중 40%가 6종의 잼 코너를 방문하였으며, 60%가 24종의 잼 코너를 방문했다.

즉, 처음에는 샘플이 많은 쪽으로 몰린다는 것이다. 그러나 실제로 구입을 한 사람은 6종의 잼 코너에서는 30%에 이르렀지만 24종의 잼이 있는 코너에서는 3%밖에 구입하지 않은 것으로 나타났다. 다양한 선택은 매력은 느끼겠지만 대안이 너무 많아서 오히려 선택을 방해한다는 것이다. 지나치게 많은 대안은 오히려 최악의 선택을 할 수도 있다는 말이기도 하다.

인간과 동물의 차이, 분업과 교환

교환이 없는 원시 상태를 상상해보자. 혼자서 움막을 짓고 사냥을 하고 물고기를 잡고 나무열매를 채집하고 동물의 가죽을 벗겨 옷을 만들어야 했을 것이다. 이 모든 것을 최소한 가족 단위 내에서 자급자족해야 했을 것이다. 그것은 거의 불가능에 가깝지만 가능하다고 해도 효율성이 크게 떨어진다.

반대로 분업의 이점을 생각해보자. 모든 것을 혼자서 하는 대신 일을 나누어 하는 것이다. 사냥을 잘하는 사람은 사냥만 하고, 물고기잡이에 능한 사람은 물고기만 잡고, 또 근면 성실한 사람은 농사를 짓고, 다른 사람은 과일을 채집하여 서로의 수확물 일부를 상대방의 수확물 일부와 나누어 가지는 것이다. 이때의 생산성은 훨씬 더 높아질 것이며 나누어 가지는 몫도 더 많아진다. 이것이 요즘 말하는 전문화이다.

분업의 이론적 기초를 제공한 애덤 스미스는 분업이 어느 정도로 생산성을 높여 줄 수 있는지 핀 제조공정을 예로 들어 설명하고 있다. 핀 만드는 공정을 모두 혼자서 수행한다면 한 사람이 하루에 20개밖에 만들지 못한다. 그러나 핀 만드는 공정을 18개로 나누어 10명이 일을 한다면 하루에 4만 8천개를 만들 수 있다. 결국 1인당 생산성이 240배로 증가한다는 주장이었다.

그는 모든 경제단위는 자급자족보다는 분업에 의한 전문화, 그리고 이의 결과물을 서로가 교환을 통해 나누어 가지는 것이 국가 전체의 부를 증진시킬 수 있는 가장 효과적인 방법이라고 주장했다.

노동의 생산성 향상이라는 문제도 결국은 분업에 의한 숙련의 결과이다. 애덤 스미스는 《국부론》 서문에서 인간은 본성적으로 교환하는 동물이라고 말하며 미래의 사회를 다음과 같이 예측했다.

"일단 분업이 완전히 확립되면, 자기 자신의 노동생산물로 욕망을 충족하는 부분이 점점 줄어든다. 인간은 자기 자신의 소비를 초과하는 잉여분을 타인의 노동생산물 중 자기가 필요로 하는 부분과 교환함으로써 욕망의 대부분을 만족시킨다. 이리하여 모든 사람은 교환에 의해 생활하면서 어느 정도 상인이 되며 사회는 이른바 상업 사회가 된다."

인간과 동물의 가장 큰 차이는 교환에 있다. 동물이나 원시인들은 약탈을 통해서만 상대방이 가진 것을 가질 수 있었지만 인간은 교환을 통해서 그것을 실천한 유일한 존재이다.

혼인은 인류가 만들어낸 가장 위대한 교환제도

교환은 물리적인 재화에 국한되지 않는다. 혼인도 일종의 교환이었다. 두 부족이 있다고 하자. 한 부족은 바닷가에 면하고 있어 수산물이 풍부했고 다른 한 부족은 평야를 끼고 있어 곡물 생산이 많았다. 두 부족 간에는 늘 크고 작은 다툼이 끊이지 않았다. 서로 상대방이 가진 수산물과 소금, 곡물을 빼앗기 위한 싸움이었다. 교환의 개념이 없던 시절에 남의 것을 가질 수 있는 유일한 방법이 약탈이었기 때문이다.

그러나 서로의 생산물 일부를 상대방의 그것과 바꾼다면 싸우지 않고서도 서로가 만족할 수 있는 거래가 된다. 이 거래를 일회성이 아닌 지속적인 관계로 바꿀 방법은 무엇일까?

그것은 두 부족이 서로의 누이를 교환하여 혈연관계를 맺는 것이다. 나의 누이를 다른 부족의 아내로 주고, 다른 부족의 누이를 나의 아내로 맞이하는 것이다. 이때의 교환은 두 당사자가 모두 만족할 수 있는 윈-윈 게임이 된다. 역사적으로도 적대적이었던 두 부족이 혼인관계를 맺어 공존했던 사례가 무수히 많다.

그런 의미에서 문화인류학자 레비-스트로스는 혼인이야말로 인류가 생각해낸 가장 위대한 교환제도로 보았다. 레비-스트로스에 의하면 인류가 원시 상태를 벗어나면서 가장 먼저 시행된 제도가 근친혼 금지였다고 한다. 이것은 당시로서는 도덕이나 윤리, 또는 우생학적인 문제가 아니었다. 내가 속한 부족의 딸들을 적대적인 이웃 부족과 상생관계를 맺을 수 있는 큰 교환가치로 보았다는 것이다.

인간 욕망의 꽃, 자본주의 경제의 태동

교실 밖, 펄떡이는 경제 이야기

자본주의란 자본과 노동력이 결합된 대량생산, 대량판매의 구조를 가진다. 자본주의가 성립되기 위해서는 자본과 값싼 노동력, 그리고 생산물의 판로가 있어야 한다. 이의 원시적인 형태로 나타난 것이 영국의 양모 산업이었다.

16세기 당시 양모로 만든 모직물이 국제적인 인기를 끌자 영국에서는 인클로저^{Enclodure} 운동이 일어났다. 인클로저란 땅에 울타리를 치는 일을 말한다. 양치는 일이 수지맞는 장사가 되자 봉건 영주들은 농민들이 살고 있던 목초지와 황무지에 울타리를 치면서 농민들을 밖으로 내쫓았다. 그리고 그 곳을 목장으로 사용하기 시작했다.

가진 것이라고는 몸밖에 없었던 농민들은 하나둘 도시로 몰려들어 당시 막 시작된 방적 산업에 노동력을 제공하게 되었다. 이렇게 하여 대량으로 생산된 면직물은 인도와 북미 등 당시 영국이 확보한 식민지로 팔려 나가면서 자본주의 사회의 모습을 서서히 갖추어 가게 되었다.

인간의 먹고사는 문제에 대한 고민, '경제학'

인간이 살아가는 동안에 가장 중요한 것은 '먹고사는 문제' 이다. 경제학이란 바로 그 먹고사는 문제에 대한 고민인 것이다. 먹고사는 것이 문제가 되는 것은 무한한 인간의 욕망과 유한한 자원 때문이다.

이 때문에 전체적인 몫을 키우는 문제와 생산한 몫을 나누어 가지는 문제가 대두된다. 이의 해결을 위해 가장 좋은 방법이 무엇일까를 고민하는 것이 경제학이다.

초기 자본주의가 형성되고 나서 등장한 첫 번째 경제 이론이 중상주의였다. 16~18세기 절대왕조 치하에 있던 유럽의 주요 국가들은 대외교역을 통해 왕실금고 채우기에 급급했다. 왕실금고를 금·은으로 가득 채우는 것이 곧 나라를 부강하게 만드는 것이었으며, 이를 위해 국민들에게는 근검절약을 요구하고 국가 간의 교역에서는 정부의 엄격한 관리가 이루어졌다. 이것이 중상주의였다.

중상주의 하의 엄격한 국가 통제에 대한 반발로 나타난 것이 중농주의였다. 왕실의 금고보다는 국민의 먹고사는 문제의 해결을 위해 농업을 장려하고 경제 주체들에게 자유를 주어 상공업을 국민의 자유의사에 맡겨두면 모든 것이 조화롭게 발전한다는 사상이었다.

뒤이어 등장한 것이 중농주의를 좀 더 발전시켜 모든 것을 경제 주체들의 자유의사에 맡겨두면 '보이지 않는 손'에 의해 조화를 이룰 것이라는 고전주의로 오늘날 자본주의의 모태라고 할 수 있다.

고전학파의 이론에 기초한 초기 자본주의가 궤도에 오르자 생산과 국부는 가파르게 늘어났다. 그러나 어느 것도 완전한 해법은 없는 법이어서 노동착취와 부의 불평등 문제가 본격적으로 대두되기 시작했다. 그러자 고전학파의 자유방임 사상에 반기를 들고 나타난 것이 독일을 중심으로 하는 역사학파와 유럽 각국에서 동시다발적으로 등장한 사회주의 이론들이었다.

사회주의가 등장하자 자본주의는 몹시 당황했다. 가치의 원천을 오직 노동에 두고 있는 사회주의 경제학에서 자본주의가 설 땅이 없어진 것이다. 이에 반발해 사회주의 경제 이론의 도전을 극복하려는 시도 또한 여기저기서 나타나기 시작했다.

이들이 오스트리아 학파, 로잔 학파를 중심으로 하는 한계효용 학파였으며, 케임브리지 학파를 주축으로 하는 신고전주의자들이었다. 한계효용 학파 역시 고전주의 경제학을 수호하기 위한 나타났다는 점에서 이들을 모두 신고전학파로 부르기도 한다.

그후 1930년대의 대공황이 발발하자 이를 수습하기 위해 등장한 이론이 케인스의 유효수요 이론이었으며, 이를 수정 자본주의라고 부른다.

수요란 특정 재화를 갖고 싶어 하는 욕망에 기초하고 있다. 그러나 그것이 구체적인 행동으로 나타나기 위해서는 수요를 뒷받침할 수 있는 능력, 즉 돈이 있어야 한다. 재화에 대한 욕망만 있는 경우를 잠재수요라 부르고, 실제로 구매력이 뒷받침되는 수요를 유효수요라고 부른다.

유효수요 이론은 경제학자 맬서스와 케인스가 제창한 개념을 바탕으로 하고 있다. 경제 정책을 수립함에 있어서는 유효수요가 절대적으로 중요하다.

몇 십 년이 지나자 19세기 당시의 자유로 다시 돌아가자는 움직임이 나타났다. 이것이 지금 우리가 맞이하고 있는 신자유주의이다.

아람이와 슬기의 경제 데이트

중상주의(Merchantilism)

경제학을 포함하여 사회과학이 당면한 문제들에 대해 인간이 만든 해법 중에 완벽한 것은 없다. 어느 하나가 해결되면 또 다른 문제가 불거지게 된다. 경제학이란 당면 문제의 일정 부분만 해결할 수 있는 가설적인 원칙들이다. 설사 당면한 문제 모두를 해결한다 해도 또 다른 새로운 문제가 나타나게 마련인 것이다. 그래서 완전한 경제 이론은 없다는 것이다. 지금까지 나타난 경제 이론들을 좀 더 자세히 살펴보자.

중상주의는 유럽에서 절대왕조가 군림하던 16~18세기의 경제사상이었다. 바로 '짐이 곧 국가'라고 말했던 프랑스의 루이 14세, 해상무역으로 국부를 축적했던 영국의 헨리 8세와 엘리자베스 1세, 무적함대를 키웠던 스페인의 펠리페 2세 등이 통치하던 시기였다.

이 시기 절대왕조의 가장 큰 관심사는 대외교역을 통한 국부의 축적과 식민지 확보였다. 이 당시 국부의 개념은 일반 백성들의 삶과는 상관없이 왕실창고에 쌓아두는 금·은 등의 귀금속을 가리키는 것이었다. 그래서 중상주의를 중금주의라고도 부른다. 모든 수입은 국가의 엄격한 통제를 받아야 했지만 금·은을 얻는 데 필요한 수출은 보조금을 주거나 세금을 완화해주었다.

또 국민들에게는 철저한 근검절약을 요구했다. 국민들이 충분하게 먹고 마시고 쓴다는 것은 곧 국고의 낭비를 의미하는 것이었기 때문이었다. 중상주의 억압 정책은 후일 혁명의 불을 지피는 원인이 되기도 했다. 프랑스의 중상주의자 콜베르는 이렇게 말했다.

"국가의 위대성과 힘은 창고에 은(銀)이 얼마나 가득하냐 아니냐에 달렸다."

이는 중상주의 철학을 가장 잘 나타내는 한마디라고 할 수 있다.

당시는 인도 항로와 신대륙 항로가 막 열리던 시점이었기 때문에 대외교역은 가장 큰 관심사였다. 이들에게 있어 식민지는 원료의 공급원이자 상품의 판로이기도 했다.

이 시기의 무역이란 요즘 우리가 생각하는 것과 달리 일방적인 수출초과로 금·은을 확보하는 것을 목표로 하는 일종의 근린궁핍화[Beggar-My-Neighbor Policy], 즉 내 주변에 있는 이웃을 가난하게 만드는 대신 나의 배를 부르게 하자는 정책이다.

당시에는 교역이 당사국 모두에 도움이 된다는 생각을 하지 못했다. 교역의 비교우위 개념이 없었던 터라 나의 배가 부르기 위해서는 이웃이 굶주려야만 가능하다고 생각한 것이다. 이는 정도의 차이는 있지만 현대에도 여전히 존재한다. 요즘의 사례로는 중국이 환율을 턱없이 낮게 유지함으로써 대대적인 수출초과 현상을 일으켜 이웃 나라들에 큰 피해를 주는 경우가 여기에 해당된다.

중농주의(Physiocracy)

중상주의 하에서 국가의 간섭과 통제는 여러모로 반발이 심했다. 당시 프랑스를 통치했던 왕은 루이 14세에서 루이 16세였다. 중상주의 이론에 충실했던 프랑스는 숱한 식민지 쟁탈전에 뛰어들었지만 영국과의 싸움에서 결정적으로 패하면서 국가의 재정이 피폐해졌다. 국민의 절반 이상이 거주하던 농촌이 폐허로 변했으며 인구도 2천 4백만 명에서 1천 6백만 명으로 줄어들었다.

여기서 등장한 이론이 중농주의였다. 중농주의를 제창한 케네는 프랑스의 궁정 의사로 자연의 치유력을 믿었던 자연주의자였으며 자유사상가이기도 했다. 중농주의를 의미하는 영어 단어 'Physiocracy'는 '자연이 지배한다'는 의미를 담고 있다.

프랑스의 피폐한 농촌의 현실을 둘러 본 케네는 진정한 국부는 왕실창고에 쌓아둔 금·은이 아니라 땅에서 나오는 산물이며, 농업 발전을 통해 백성들을 잘살게 해주어야 한다고 주장했다. 그리고 상공업에 대해서는 모든 국가의 간섭과 통제를 없애야 한다고 주장했다. 그는 국가의 간섭을 없애고 모든 문제를 경제 주체들의 자유의사에 맡겨두면 상공업도 저절로 발전한다고 생각했다. 당시 황태자였던 루이 16세가 케네에게 물었다.

"자네가 만약 국왕이라면 어떤 정치를 하겠는가?"
"저는 아무것도 하지 않을 것입니다."
"그럼 통치는 누가 하나?"
"자연이 통치를 할 것입니다."

국민들에게 자유를 주라는 케네의 충고를 듣지 않았던 루이 16세는 프랑스 혁명으로 아름다운 왕비 마리 앙투아네트와 함께 단두대에서 목이 잘리는 비운을 맞아야 했다.

　국가의 통제를 반대하는 중농주의는 자본가들로부터 열렬한 환영을 받았지만 곧 종말을 고했다. 그러나 중농주의의 자연법 사상은 후일 프랑스 혁명에 결정적인 영향을 미쳤으며 고전학파였던 애덤 스미스의 자유방임 사상의 형성에도 결정적으로 기여하였다.

고전학파(classic school)

고전학파는 경제적 자유를 기치로 내걸고 18세기 후반에서 19세기 초반에 영국에서 나타난 경제 사상이었다. 이러한 사상은 다분히 중상주의에 대한 반발이기도 했다.

당시의 시대적 상황을 보면, 프랑스에서는 중상주의를 통해 왕실의 국고 채우기만 급급하던 부르봉 왕조가 프랑스 혁명으로 무너지고 신생 독립국이었던 미국에서는 자유주의 사상이 꽃피기 시작했으며 고전학파의 산실이 된 영국에서는 산업혁명을 거쳐 자본주의 체제가 자리를 잡기 시작할 무렵이었다. 이러한 상황을 뒷받침한 이론이 고전학파의 이론이었다.

애덤 스미스, 리카르도, 맬서스 등의 고전학파들은 중상주의 하에서 모든 것을 국가가 통제했던 것에서 벗어나 경제 주체들의 자유를 추구했다. 모든 것을 경제 주체들의 자유의사에 맡겨두면 '보이지 않는 손'에 의해 전체적인 조화를 이루어간다는 주장이었다.

스코틀랜드에서 태어나 옥스퍼드 대학에서 철학과 윤리학을 공부한 애덤 스미스는 프랑스 여행 도중 케네, 튀르고 등 프랑스 중농주의자들과 교류하면서 그들로부터 큰 감명을 받았다. 그후 영국으로 돌아와서 쓴 책이, 인류에게 가장 큰 영향을 미친 책 중 하나이자 자본주의 경제학의 교과서격인 《국부론》이었다. 이 책의 정확한 이름은 《국가의 부의 본질과 원인에 관한 연구^{An Inquiry into the Nature and Causes of the Wealth}》이다. 애덤 스미스는 이 책에서 3가지를 강조하고 있다.

1. 경제 주체들에게 자유를 줄 것

2. 국가 간의 무역을 자유에 맡길 것

3. 분업에 의해 생산을 늘릴 것

모든 경제 문제를 경제 주체들의 자유의사에 맡겨두면 '보이지 않는 손'에 의해 전체적인 조화를 이룰 것이라는 애덤 스미스의 이른바 자유 방임 사상은 자본주의를 궤도에 올려놓는 위대한 통찰력이었다.

애덤 스미스는 국부를 보는 관점이 중상주의자들과는 전혀 달랐다. 나라가 부유하다는 것은 무엇인가? 그것은 국민들이 잘 먹고 잘 사는 것이다. 왕실금고를 가득 채운다고 하더라도 그것은 국민들이 먹고사는 것과는 아무런 관계가 없다.

당시 유럽에서 금·은을 가장 많이 축적한 나라가 스페인과 포르투갈이었으나 두 나라의 국민들은 유럽에서도 가장 가난하게 살았다. 국가의 부는 왕실금고에 쌓인 금·은이 아니라 국민들이 소비하는 상품과 서비스여야 한다는 것이 애덤 스미스의 생각이었다.

애덤 스미스가 강조한 국가 간의 교역도 겉으로는 중상주의와 비슷한 것 같지만 내용에서는 큰 차이가 났다. 중상주의자들은 금·은 등 귀금속의 획득을 목적으로 삼았지만 애덤 스미스는 금·은을 국가의 부로 보지 않았다. 애덤 스미스, 리카르도는 국가 간의 교역은 비교우위를 통해 당사국 모두에게 이익이 된다고 주장했다. 그것이 진정으로 국민들을 잘살게 하는 방법이라는 것이다.

애덤 스미스나 리카르도가 생각한 교역의 개념은 자본주의의 발달 과정에 있어서 혁신적인 이론으로 받아들여졌다. 이는 마침 영국에서 일어난 산업혁명과 때를 같이 하면서 결정적으로 영국을 자본주의 경제의 종주국으로 올려놓는 계기가 되었다.

19세기 초반이 되자 고전학파의 이론은 독일에서 일어난 역사학파와 영국, 독일, 프랑스에서 동시에 나타난 사회주의 경제학파에 의해 커다란 위협에 직면하게 되었다.

간략히 짚어 보자면 고전학파의 자유방임에 대해 역사학파는 경제 이론의 역사적 상대성을 강조했고, 칼 마르크스에 의해 집대성된 사회주의 경제학은 잉여가치설에 근거하여 자본주의를 노동착취의 경제로 규정하였다. 이는 고전주의 경제학을 뿌리채 흔드는 이론들이었다.

아람이와 슬기의 경제 데이트

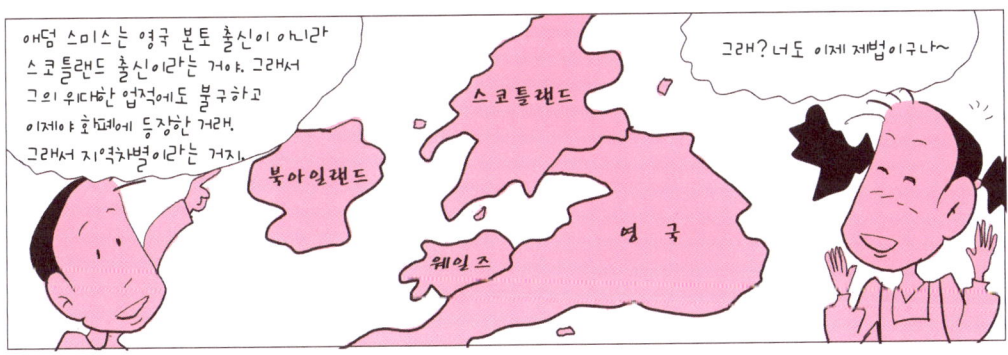

역사학파(Historical Schools of Economics)

모든 경제 이론은 그 이론이 등장한 역사적·사회적 배경을 이해하지 않으면 의미가 없어진다. 당시 독일은 영국에 비해 산업의 근대화가 늦었던 탓에 고전학파가 주장하는 자유방임 사상을 그대로 받아들이기가 어려웠다. 그래서 그들은 고전학파의 자유주의에 대한 반기를 들고 경제학은 시대적 상황이나 역사적으로 접근해야 한다고 주장했다.

리스트, 로셔, 힐테브란트, 슈몰러, 브렌타노, 버그너 등으로 대표되는 역사학파들은 독일의 자립을 위해서는 영국 상품의 침입을 막고 보호주의로 국내 산업을 육성해야 한다고 주장했다. 요즘 신자유주의가 옳다 그르다고 주장하는 것과 너무나 비슷하다.

마르크스 학파

경제학자 중에서 칼 마르크스처럼 자본주의의 핵심을 제대로 꿰뚫어본 사람은 없을 것이다. 마르크스는 고전학파들의 이론인 노동가치설의 토대 위에 유물론이라는 철학적 도구로 자본주의를 분석하였다.

그에 의하면 상품이 가치를 가지는 것은 노동력이 투입되었기 때문이며 상품의 가치 역시 투입된 노동량과 비례해야 한다는 것이다. 이윤의 원천 역시 노동에 있다. 그러므로 노동자에게 절대적인 몫이 돌아가야 한다는 것이 그의 주장이었다.

노동가치설은 애덤 스미스나 리카르도, 존 스튜어트 밀 등 고전학파들이 먼저 제시한 이론이었지만 고전학파들의 주장은 '상품이 가치를 가지는 것은 노동이 투입되었기 때문'이라는 다분히 관념적인 것이었을 뿐 투입된 노동이 구체적인 가치를 가지게 되는 과정은 설명하지 못했다. 여기에 마르크스가 나타나 노동의 가치를 측정하는 구체적인 방법론을 제시하면서 노동가치설은 힘을 얻게 되었다.

마르크스는 자본주의를 자본가의 끝없는 탐욕과 노동자에 대한 착취 없이는 유지될 수 없는 체제로 인식했다. 자본주의 하에서 돈을 버는 것은 자본가이며 노동자들은 빈곤의 악순환에 시달리고 있다. 이는 노동자에게 돌아가야 할 몫을 자본가들이 착취하기 때문이라고 본 것이다.

많은 사람들이 자본주의의 미래를 낙관하고 있을 때 마르크스는 자본주의의 필연적 몰락을 예언했다. 그의 관점은 2가지였다.

1. 자본주의가 고도화되면 자본가들의 탐욕에 의해 과잉생산이 일어날 수밖에 없고 이는 공황으로 이어지게 된다.
2. 자본주의가 발전하면 할수록 빈부의 격차는 커지고, 계급 간의 갈등이 심화되어 결국 자본주의는 붕괴되고 만다.

이것이 후일 공산주의 이론의 기초가 되었다. 그러나 그의 예언과는 달리 오히려 사회주의가 붕괴되고 말았다. 그러나 이는 마르크스의 이론이 모두 틀렸다는 것이 아니며 자본주의의 문제점을 직시한 그의 분석은 여전히 유효하다. 결국 자본주의 사회의 병리를 명쾌하게 분석한 마르크스가 없었다면 오늘의 자본주의도 없었을 거라는 이야기다.

마르크스는 일방적으로 자본주의를 증오한 것이 아니었다. 그는 애덤 스미스의 자유방임 사상을 인정했으며 자본주의가 이룩한 성과에 대해서도 찬양을 아끼지 않았다. 자본가에 대해서도 일방적인 증오를 하지 않았고 자본가들이 이룩한 업적은 역사상 어느 지배계급보다 더 위대하다고 칭송했다.

마르크스가 주목한 것은 노동자들이었다. 자본가들이 위대해진 것과는 반대로 노동자들은 더욱 비참하게 되었다는 것이 문제였다. 노동가치설에 의하면 상품의 가치를 생산하는 것은 노동자들인데, 이들의 정당한 몫을 가져가는 것은 자본가들이라고 믿었던 것이다.

신고전학파(neoclassical school)

신고전학파는 독일에서 등장한 역사학파, 그리고 영국, 프랑스, 독일 등에서 동시에 등장한 사회주의 경제학자들의 공격으로부터 고전주의 경제학을 구하기 위해 나타났다. 그래서 신고전학파라는 이름이 붙게 되었다.

역사학파는 독일이 처한 역사적인 배경을 들어 자유주의 경제 이론에 반대했으며, 칼 마르크스에 의해 완성된 사회주의 경제학은 교묘하게도 고전학파의 이론인 노동가치설의 토대 위에 세워진 구조물이었다.

고전학파와 그 추종자들을 가장 곤혹스럽게 하는 것은 마르크스의 경제학이 고전학파들의 이론인 노동가치설에서 출발했다는 점이다. 그래서 고전학파의 논리만으로는 마르크스의 이론을 넘어서기가 몹시 난해했다. 이를 극복하기 위한 이론들을 포괄적으로 신고전학파로 보면 된다.

넓은 의미의 신고전학파는 한계효용 이론을 들고 나왔던 오스트리아 학파, 로잔 학파, 그리고 케임브리지 학파를 포괄하는 개념이나 좁은 의미의 신고전학파는 마셜을 주축으로 하는 케임브리지 학파만을 가리킨다.

한계효용 학파(限界效用學派)

역사학파나 사회주의 경제학파가 고전학파의 자유방임주의 경제학에 대한 반작용으로 나타난 것이라면 한계효용 학파는 역사학파와 사회주의 경제학에 대한 반작용으로 나타났다. 한계효용 이론은 1870년대 오스트리아의 칼 멩거, 스위스의 레온 발라, 영국의 제번스 등에 의해 제기되었다.

이들은 상품이 가치를 가지는 것은 투입된 노동이 있기 때문이라는 애덤 스미스, 리카르도, 칼 마르크스로 이어지는 노동가치설을 부정하면서 인간의 주관적인 효용이 상품의 가치를 결정한다는 효용가치설을 주장했다. 우리가 일상에서 마시는 물 한 모금과 사막에서 마시는 물 한 모금은 효용가치가 전혀 다르다는 것이다.

한계효용 학파는 칼 멩거를 주축으로 하는 오스트리아 학파와 발라를 중심으로 하는 로잔 학파로 나누어진다.

오스트리아 학파(Austrian School)

칼 멩거 등은 노동가치설을 정면으로 부정하면서 상품이 가치를 가지는 것은 투입된 '노동의 가치' 때문이 아니라 인간의 '주관적인 효용' 때문이라고 했다. 인간의 효용이 없는 것에 아무리 많은 노동을 투입한다고 해도 그것이 가치를 가질 수는 없으며, 반대로 전혀 노동이 투입되지 않은 경우라도 상황에 따라 얼마든지 가치를 가질 수 있다. 사막에서 발견한 오아시스를 생각해보라.

"효용은 욕망의 강도에 비례하고 존재량에 반비례한다."

이는 오스트리아 학파의 유명한 명제이다. 아무리 효용가치가 높은 재화라도 존재량이 많으면 가치를 느끼지 못한다. 반대로 효용가치가 거의 없는 상품도 희소가치를 가질 때에는 얼마든지 높은 교환가치를 가질 수 있다. 이들은 상품의 가치는 '투입된 노동'이라는 객관적인 요소가 아니라 개인의 효용이라는 지극히 주관적인 요소에 의해 결정된다는 새로운 경제학의 이론체계를 세웠다.

로잔 학파(Lausanne school)

로잔 학파는 1870년 스위스 로잔 아카데미의 레온 발라 교수에 의해 창시되어 그를 계승한 파레토에 의해 발전하였다. 모든 경제 현상을 '일반적인 균형관계'로 파악하는 이들은 수학 방정식을 이용하여 이들의 상호관계를 규정하고자 시도하였다. 이들의 방법론을 따서 수리학파라고 부르기도 한다.

이들은 모든 경제 현상을 전체적인 균형의 관점에서 보자는 것이었다. 모든 경제 현상들은 서로가 원인이 되고 서로가 결과가 되어 균형을 이룬다는 주장이었다.

당시 논쟁이 일고 있던, 상품의 가치를 결정하는 것이 노동가치설이냐, 효용가치설이냐 하는 문제에 대해서도 어느 한쪽에 치우치지 않고 전체적인 균형의 관점에서 보려는 입장이다. 완전 경쟁 시장이라면 재화의 가격은 관련요소들이 상호의존적으로 균형을 이루면서 결정된다는 것이다.

로잔 학파는 비슷한 시기에 형성된 오스트리아 학파와 함께 한계효용학파로 분류되는데 오스트리아 학파가 효용이라는 인간의 주관적인 동기를 출발점으로 삼은 데 반해 이들은 결과적으로 나타난 현상을 가지고 효용을 설명했다는 점에서 차이를 보이고 있다.

나아가 로잔 학파는 오스트리아 학파와는 달리 한계효용의 측정가능성을 부인하면서 주관적인 동기가 아닌 표면적으로 나타난 행위를 가지고 간접적으로 한계효용을 파악하고 있다는 점에서 견해를 달리한다.

발라의 뒤를 이은 파레토는 발라가 충분히 설명하지 못했던 소비자 선택 이론을 무차별 곡선으로 설명하고 있다. 무차별 곡선상에서는 어떤 선택의 결합도 효용 면에서 차이가 없기 때문에 굳이 효용의 가측성을 논의할 필요가 없다는 입장이었다. 파레토는 효용의 주관적·심리적 해석을 제거함으로써 일반균형 이론의 체계를 완성한 학자로 평가받고 있다.

노동가치설과 효용가치설의 논점정리

경제학에서 노동가치냐 효용가치냐 하는 논쟁만큼 치열하고도 오랫동안 지속된 것도 없을 것이다. 이 논쟁은 지금도 진행되고 있다.

상품이 가치를 가지게 되는 것은 왜인가? 상품은 노동력이 투입되었기 때문에 가치가 있다는 학설이 노동가치설이다. 이는 애덤 스미스, 리카르도 등 고전학파에 의해 처음 제기된 이래 마르크스 등 사회주의 경제학자들로 맥을 이어온 주장이었다.

이와는 달리 오스트리아 학파들에 의해 제기된 한계효용에 의하면 상품의 가치는 투입된 노동량과는 별개로 이를 사용하는 개인의 주관적인 효용에 의해 평가된다.

노동가치설에 의하면 상품의 가치는 투입된 노동력과 비례해야 한다. 자동차가 자전거보다 비싼 이유는 투입된 노동량이 다르기 때문이다. 노동가치설을 극단적으로 확장하면 노동이 들어가지 않은 것은 어떤 것도 가치가 없어야 하며, 효용가치설을 극단적으로 확산하면 투입된 노동이 전혀 없는 상품도 개개인의 주관적인 효용에 의해 얼마든지 높은 가치를 가질 수 있게 된다. 노동을 지고의 가치로 본다면 노동자의 몫을 강조하는 좌파 경제학으로 기울게 되고, 주관적인 효용을 지고의 가치로 본다면 우파 경제학으로 기울게 된다.

이 두 이론은 사회를 어떤 시각으로 보느냐에 따라 갈라지게 된다. 노동가치론자들이 사회에 존재하는 경제적 불평등을 해명하고 이의 해결에 초점을 맞추려는 시도인 반면, 한계효용론자들은 사회 전체의 파이를 키우는 일이 좀 더 중요하다고 보는 시각으로 사회 전체적인 파이를 키워놓으면 결과적으로 나눔의 몫도 커질 수 있다고 주장한다.

이는 또 자유냐 평등이냐 하는 사회과학의 핵심적인 문제와도 관련되어 있다. 개개인의 자유에 모든 것을 맡겨두면 사회적인 불평등은 심화될 수밖에 없고, 이를 인위적으로 바로잡으려 한다면 다시 자유를 침해하지 않을 수 없기 때문이다.

이 문제는 아마도 인류의 역사가 끝나는 날까지 해결되지 않을 문제 중 하나일 것이다.

케임브리지 학파(neoclassical school)

　케임브리지 학파는 A. 마셜, C. 피구, J. M. 케인스 등 영국 케임브리지 대학 출신의 경제학자들을 중심으로 형성된 학파이다. 케임브리지 학파를 좁은 의미에서 신고전학파로 부른다.

　이들은 애덤 스미스나 리카르도 등 고전학파의 이론을 수용하면서 19세기 후반부터 20세기 초반에 나타난 영국 자본주의의 모순, 즉 소득의 불평등, 만성적 실업, 독점 등의 문제를 분석하고 해결책을 모색했다.

　같은 신고전학파의 범주이면서도 한계효용 학파는 구고전학파의 좌장격인 애덤 스미스, 리카르도나 칼 마르크스 등으로 맥이 이어지는 노동가치설을 정면으로 부인하고 오직 주관적인 효용에 의해서만 상품의 가치를 인정한 것에 비해 케임브리지 학파는 애덤 스미스, 리카르도 등의 노동가치와 한계효용 이론을 모두 받아들였다는 점에서 차이가 난다.

　케임브리지 학파의 수장이라 불리는 마셜은 재화의 정상 가격은 수요 측면에서는 한계효용에 의해, 공급 측면에서는 생산비에 의해 결정된다고 보았다. 즉, 수요 이론에서는 한계효용을 받아들였고 공급 이론에서는 생산비설을 받아들이는 형태로 노동가치설을 절충하는 식이었다.

　이들의 기본적인 관점은 자본주의를 옹호하면서도 소외된 근로자들의 입장에서 후생이라는 문제를 본격적으로 고찰하자는 것이었다. 이들이 활동하던 당시 영국의 근로자들은 러시아 혁명의 영향을 받아 더 이상 자본의 명령에 고분고분하지 않았다. 이것이 C. 피구 등으로 하여금 후생 문제에 관심을 갖게 하는 계기가 되었다.

　그러나 이들은 고전학파의 이론적인 측면만을 강조한 나머지 1930년대의 대공황을 계기로 나타난 구조적 실업 문제나 장기적인 경기 침체 등을 설명하지 못하는 한계를 드러냈다. 여기서 충실한 케임브리지 학파였던 케인스가 이들과 결별하면서 새로운 학파를 탄생시키게 된다.

케인스 학파(Keynesian school)

1930년대의 대공황이 일어나기 전까지 자본주의를 지탱한 이론은 애덤 스미스의 '보이지 않는 손'이었다. 경제 문제에 국가가 관여한다는 것은 상상도 할 수 없는 분위기였다.

그러나 막상 대공황이 일어나자 언제까지나 승승장구할 것 같던 미국의 자본주의는 하루아침에 주저앉고 말았다. 마침 마르크스가 과잉생산에 의한 공황과 자본주의의 붕괴를 예언한 다음이라 모두들 공포에 떨었다.

이때 등장한 것이 케인스 학파였다. 케인스는 자본주의를 경제 주체들의 자유의사에만 맡겨 두면 이윤 추구에 눈먼 자본은 필연적으로 과잉생산으로 치닫게 되고, 생산과 유효수요가 괴리되어 공황이 올 수밖에 없다고 진단했다.

공급과잉에 의한 불황론은 인구학자이자 경제학자인 맬서스가《정치경제학의 원리》라는 책에서 처음 제기한 내용이었으며 마르크스가 이를 승계했고 케인스가 다시 이어받은 셈이 되었다.

케인스는 국가도 하나의 경제 주체가 되어 적극적으로 경제에 관여하고 수요를 창출해야 한다고 주장했다. 이것이 대공황을 벗어나게 해준 이론이었다. 케인스 이후부터의 경제 이론을 수정 자본주의라고 부른다.

수정 자본주의(修正資本主義)

미국의 대공황은 유효수요의 부족으로 일어났다. 유효수요란 실제의 구매로 연결될 수 있는 수요를 말한다. 기업들이 이윤 추구만을 위해 일방적으로 생산한 물건들은 유효수요가 뒷받침되지 않으면 재고로 쌓이게 되고, 재고가 많아지면 기업들은 노동자들을 해고하기 시작한다. 해고된 노동자들의 수입이 없어지면서 유효수요는 또 다시 크게 부족하게 된다. 이는 고용감소-수요부족의 악순환으로 이어져 마침내 자본주의 시스템 자체가 붕괴된다는 것이다.

케인스의 주장에도 불구하고 당시에는 경제적 자유 사상이 너무나 확산되어 있어 정부의 개입은 생각하기가 어려웠다. 그러나 1932년 미국 대통령으로 당선된 루즈벨트는 케인스의 이론을 받아들여 정부의 적극적인 시장 개입과 재정 지출의 확대 등을 골자로 하는 14개의 뉴딜 정책을 추진하기에 이르렀다. 늪에 빠졌던 미국 경제는 서서히 회복되기 시작했고 그러던 중에 발발한 2차 대전은 엄청난 전쟁수요를 발생시켜, 이에 힘입은 미국 경제는 말끔히 회복되어 다시 세계 경제를 주도하게 되었다.

많은 사람들이 미국을 비난하는 이유 중 하나는 미국은 수요 창출을 위해 끊임없이 해외로 시장을 넓혀야만 유지되는 체제라는 점이며 전쟁도 그 연장선상이라는 것이다. 미국이 제국주의라는 비난을 듣는 것도 바로 이런 맥락에서 이해해야 할 것이다.

신자유주의(Neoliberalism)

신자유주의는 1970년대부터 등장하기 시작한 새로운 자유주의 이론이다. 2차 대전이 끝난 후 세계 경제는 국가가 경제를 관리하는 수정 자본주의 이론을 바탕으로 운영되었다. 정부가 시장에 개입하고, 노동자를 보호해주며 복지정책을 시행하는 등의 분배정책이 성장의 발목을 잡는 주요 원인으로 지적되기 시작했다. 정부가 지나치게 노동자를 보호하면 노동 시장은 경직되고 기업은 더 많은 비용을 부담해야 한다는 것이었다.

이러한 배경 하에서 미국, 영국 등의 선진국들을 중심으로 국가의 개입과, 지나친 복지 정책을 줄이고, 노동 시장의 유연성을 확보하는 동시에 국가 간의 자본의 자유로운 이동을 보장하여 새로운 성장 모멘텀Momentum을 찾자는 주장이 제기되기 시작했다.

이러한 주장은 1980년대에 이르자 일본, 아시아, 라틴 아메리카의 신흥공업국, 심지어는 소련과 동유럽에까지 전파되기에 이르렀다. 그러다가 1990년대가 되자 미국은 IMF와 세계은행을 통해 신자유주의를 글로벌 수준으로 확대시켰다.

신자유주의는 한마디로 미국 등 선진국 수준의 기업활동의 자유를 세계적으로 확대시키자는 것이다. 자본의 이동을 자유롭게 하고 국가의 보호를 받는 상업을 과감히 개방할 것이며, 국가 간 기업활동을 보장하고 이에 장애가 되는 법률, 노동, 문화적 장벽을 제거하여 지구촌 전체를 하나의 시장으로 묶자는 주장이다.

즉, 신자유주의는 분배보다는 성장에 무게를 두고 국가 간의 무한경쟁을 전제로 하는 19세기식의 자유주의로 돌아가자는 것이다. 지금 우리나라가 추진 중인 FTA도 이런 맥락에서 이해해야 할 것이다.

인플레이션은 국가 경제에 어떤 나쁜 영향을 미치는가?

인플레이션은 물가가 지속적으로 오르는 현상을 가리키는 말이다. 종래에는 인플레이션(Inflation)을 통화팽창으로 보거나 총수요가 총공급을 초과하는 경우로 설명했으나 요즘은 화폐 가치의 하락으로 물가가 지속적으로 상승하는 현상을 가리키는 것이 일반적이다.

인플레이션이란 가격이 부풀려져 있다는 의미이다. 인플레이션이란 단어는 남미의 소장수에게서 유래되었다. 소를 비싼 가격으로 팔기 위해 소에게 억지로 소금을 먹이면 소금을 먹은 소는 갈증을 느껴 양껏 물을 들이켜 살찐 소처럼 보인다는 것이다.

인플레이션의 원인은 여러 가지가 있겠으나 순수한 수요공급 이론으로만 보면 재화는 한정되어 있는데 총수요가 증가할 경우 인플레이션이 일어난다. 예상치 못한 추위나 무더위가 닥치면 냉난방 기구들에 대한 초과수요가 일어나 가격이 폭등하는 것과 같다. 이것이 수요견인 인플레이션이다.

원자재 가격 폭등으로 인한 물가상승도 인플레이션의 중요한 요인이다. 1973년 중동 전쟁으로 인한 1차 오일 쇼크, 그리고 1978년에 있었던 2차 오일 쇼크이 그러하다.

인플레이션이 진행되면 전반적으로 물가가 오르고 경제성장은 둔화된다. 2차 오일 쇼크의 예를 보면 우리나라의 경제 성장률은 1979년의 8.0%에서 1980년에는 -5.7%로 곤두박질했다. 또 수입은 증가하게 되고 수출은 줄어들기 때문에 국가 전체적으로는 국제수지에 악영향을 미친다.

인플레이션으로 인해 투기가 왜곡되기도 한다. 인플레이션 중에는 자본이 장기적이고 생산적인 곳으로 투자되지 못하고, 자금회전이 빠르거나 인플레이션의 피해를 막을 수 있는 부동산, 골동품 등으로 투자처가 옮겨가기 때문이다. 뿐만 아니라 국민의 건전한 소비패턴이 깨진다. 자고 나면 물가가 오르기 때문에 더 오르기 전에 사재기를 하려는 경향이 나타난다. 이것이 악순환으로 이어지면 걷잡을 수 없는 사태가 일어나기도 한다.

인플레이션은 적절히 치료를 하지 않으면 한 나라 또는 한 사회를 붕괴시키는 병이다. 고혈압이나 당뇨와 같이 시름시름 나라를 망치는 병이다. 러시아에서 발생했던 인플레이션은 공산주의를 등장시켰고 1차 대전 이후 독일의 살인적인 인플레이션은 나치즘을 탄생시켰다. 중국에서 발생했던 인플레이션은 공산 정권이 탄생하는 빌미를 제공해주었다. 이처럼 인플레이션은 소리 없이 나라를 망친다.

레닌은 말했다.

"자본주의 체제를 붕괴시키는 가장 좋은 방법은 통화를 타락시키는 것이다."

이는 곧 돈의 가치를 떨어뜨린다는 의미로 인플레이션을 가리킨다. 자본주의를 꿰뚫어본 그의 무서운 통찰력에서 나온 말이다.

인플레이션의 가장 큰 문제점 중 하나는 인플레이션이 진행되면 가난한 사람들의 돈을 부자들이 빼앗아간다는 점이다. 인플레이션이 진행되면 물가는 상승하지만 임금은 제자리걸음을 한다. 따라서 실질 임금은 인플레이션이 되는 만큼 낮아지는 결과를 초래한다.

같은 100만 원의 급여를 받아도 물가가 10% 오르면 90만 원의 가치로 떨어진다는 것이다. 그러나 부자들이 소유한 부동산은 더욱 올라 더욱 부자가 되는 것이 인플레이션이다. 그래서 인플레이션은 사회불안의 요인이 된다.

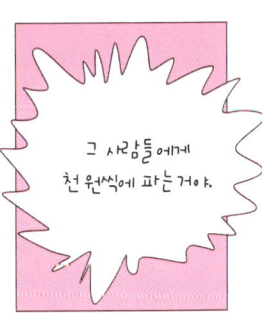

서로 다른 관점을 가진 경제적 시각들

교실 밖, 펄떡이는 경제 이야기

교환은 왜 일어나는가? 교환이 일어나는 이유는 재화의 가치가 사람마다 다르기 때문이다. 고기를 잡는 어부는 곡물의 가치가 훨씬 더 커 보이고, 곡물을 생산하는 농부는 생선의 가치가 훨씬 더 크게 보인다. 그래서 두 상품 사이에 교환이 일어난다. 배고픈 사람은 빵의 가치가 높게 보이지만 배부른 사람은 한 잔의 커피가 그리운 것이다.

화폐에 의한 교환인 경우 화폐로 표기되는 가격과 개인이 주관적으로 느끼는 가치가 다르다. 어떤 재화가 100이라는 가격에 거래가 이루어진다고 하면 그것을 구입하는 사람은 그 재화에서 100 이상의 효용가치를 추구한다는 의미이다.

"구입한 사람의 상품가치=100+α"

이는 물물교환에서도 마찬가지다. 장난감 자동차와 장난감 비행기를 가지고 노는 두 아이가 있다고 하자. 물론 비행기 가격이 훨씬 더 비싸다. 그러나 한동안 비행기를 가지고 놀던 아이는 비행기에 싫증이 나서 다른 아이가 가지고 있는 자동차를 갖고 싶어 했다. 이럴 경우, 가격은 분명 비행기가 더 비싸지만 비행기를 가지고 놀던 아이는 자동차가 훨씬 더 가치가 있다고 느끼게 된다.

물론 자동차를 가지고 놀던 아이도 비행기를 갖고 싶어 한다. 여기서 두 아이가 서로의 장난감을 바꾼다면 서로가 만족할 수 있는 교환이 된다.

스포츠에서는 선수들의 맞교환이 수시로 일어난다. A라는 팀에 1루수 겸 7번 타자가 있다고 하자. 1루수로서의 역할은 만족스러우나 타격이 문제가 있다고 한다면 1루수가 아쉬운 B팀에서는 그를 받아들다.

이처럼 한 상품의 가치는 절대적이 아니고 상대적이다. 따라서 교환 당사자들의 자율적인 판단에 의해 이루어지는 교환은 모두가 만족하는 거래가 된다. 그래서 교환은 상생의 길이라는 것이다.

애덤 스미스와 리카르도가 보는 교환의 관점

애덤 스미스와 리카르도는 모두 자유 무역을 주장한 사람들이다. 이론적 근거에 있어서 애덤 스미스의 이론을 절대우위(Absolute Advantage)라고 한다면 리카르도의 이론은 비교우위(Comparative Advantage)라고 부른다.

먼저 절대우위론부터 보자. 애덤 스미스는 《국부론》에서 이렇게 쓰고 있다.

> "한 가정을 유지해본 사람이라면 누구나 알고 있는 진리가 있다. 밖에서 싸게 살 수 있는 물건은 절대로 집에서 만들지 말라는 것이다. 양복점 주인은 자기 신발을 만들지 않고 신발가게에서 사서 신는다. 신발가게 주인은 자기 옷을 만들어 입는 것이 아니라 양복점에서 맞춰 입는다. 농부는 옷이나 신발 어느 것도 만들지 않고 이 물건들을

만드는 사람을 이용한다. 모든 사람들은 자기네들이 이웃에 비해 우위에 있는 분야의 생산활동에 전념해서 자기네가 생산한 물건의 일부의 가격으로 자기네들이 필요한 것을 구입하는 것이 더 이익이 된다는 것을 알고 있다."

즉, 자신이 가장 잘 할 수 있는 분야를 전문으로 하는 것이 사회 전체의 생산성을 극대화할 수 있는 방법이라는 논리이다.

나중에 리카르도는 이 책을 읽고 크게 감명을 받고 《국부론》을 훨씬 더 정교한 비교우위론으로 다듬었다. 유태계 출신의 리카르도는 일찍부터 금융업에 손을 대 백만장자가 된 사람이었다.

그가 비교우위론을 주창한 것은 단지 이론적인 측면에 국한된 것이 아니었다. 백만장자로 성공해서 정치인이 된 리카르도는 당시 치열한 논쟁이 벌어지고 있던 곡물수입제한법에 반대하면서 자유 무역이 두 나라 모두에게 이익이 된다는 것을 입증하기 위해 비교우위론을 다듬었다. 그가 주장한 비교우위론을 보자.

영국이 양모 생산에 능하고 프랑스가 포도주 생산에 능하다고 가정해보자. 양모 1단위 생산에 영국은 3명, 프랑스는 6명의 인력이 필요하다. 반면 포도주는 영국이 6명, 프랑스 3명이 필요하다고 하자.

	양모	포도주
영국	3명	6명
프랑스	6명	3명

이때 영국은 양모에서, 포도주는 프랑스가 절대우위를 가진다. 두 나라가 폐쇄적인 경제를 운영한다면 두 나라는 양모와 포도주 1단위씩을 얻기 위해 9명의 인력이 필요하다.

만약 영국은 양모에, 프랑스는 포도주에 특화를 한다면 영국은 9명에서 옷감 3단위를 생산할 수 있고, 프랑스 역시 9명에서 포도주 3단위를 생산할 수 있다. 영국과 프랑스가 옷감과 포도주 1단위씩을 교환한다면 영국은 옷감 2단위, 포도주 1단위를 가질 수 있게 되고 프랑스는 포도주 2단위 옷감 1단위를 얻을 수 있다. 이것이 애덤 스미스가 주장한 절대우위론이다.

이럴 경우 각 나라가 절대우위 품목 하나씩을 가지고 있다면 문제는 간단하다. 그러나 어느 분야 하나도 경쟁력을 갖지 못한 나라는 어떻게 해야 하는가? 애덤 스미스에 의하면 교역이 일어나지 못하거나 상당히 제한적일 수밖에 없다.

이 문제의 해법을 들고 나온 사람이 리카르도였다. 그는 절대우위가 아닌 비교우위를 통해서도 얼마든지 교환이 일어날 수 있으며, 비교우위의 교역을 통해서도 모두가 이익을 얻을 수 있다고 주장했다.

애덤 스미스의 이론대로라면 모든 면에서 절대우위인 미국과 모든 면에서 절대열위인 아프리카 국가들 간의 교역은 일어나지 못한다. 그럴 경우 아프리카 국가들은 교역을 하면 할수록 손해를 보기 때문이다.

그러나 리카르도에 의하면 어느 국가라도 어느 한 분야에서는 비교우위 품목이 있게 마련이며, 그 품목에 특화하는 것이 두 나라 모두의 이익을 증진시킨다.

이를 구체적인 수치로 보자. A국과 B국이 있다. A국이 양모를 생산하기 위해서는 90, 포도주를 만들기 위해서는 80이라는 비용이 든다. B국은 양모에 100, 포도주에 120의 비용이 든다고 하자.

	양모	포도주
A국	90	80
B국	100	120

이 경우 A국은 양모, 포도주 모두에서 절대우위를 차지하는 반면 B국은 모두 절대열위에 있다. 이제 두 나라의 비교우위 품목을 찾아보자. 이를 상대적으로 비교하면 다음과 같이 생각할 수 있다.

양모만 본다면 A국은 B국의 0.9배의 비용이 들고 B국은 A국의 1.1배의 비용이 든다. 포도주만 본다면 A국은 B국의 0.67배가 들고 B국은 A국의 1.5배의 비용이 든다. 두 나라 간의 격차는 양모에서 0.2, 포도주에서 0.83이 된다.

그렇다면 A국은 양모나 포도주 모두 우위에 있지만 상대적으로 '생산비 격차가 더 큰' 포도주에 특화하고, B국은 상대적으로 '생산비 격차가 더 작은' 양모에 특화하여 그 결과물을 교환하는 것이 훨씬 유리하다.

왜냐하면 양모와 포도주 각 1단위씩을 생산하기 위해 A국은 170(90+80)이라는 비용이 들고 B국은 220(100+120)이라는 비용이 든다. 그러나 A국이 포도주에 특화한다면 A국은 포도주 2단위 생산에 160(80×2)의 비용밖에 들지 않으며, B국은 200(100×2)의 비용밖에 들지 않는다. 생산한 2단위 중 1단위씩을 교환한다면 두 나라는 모두 더 낮은 비용으로 양모와 포도주 각 1단위씩을 얻을 수 있다는 것이다. 이것이 비교우위론이다.

비교우위론의 핵심

요약하자면 양모나 포도주 모두에서 1등인 국가는 2등과 차이가 더 많이 나는 쪽을 택하고, 양모나 포도주 모두에서 2등인 나라는 1등과 차이가 더 적게 나는 쪽을 택하라는 것이 비교우위론의 핵심이다.

병원을 예로 들어 보자. 의사는 진료와 수술을 하고 간호사는 주사를 놓고 붕대 감는 일을 맡고 있다. 비교우위론에 의하면 의사가 주사를 놓을 줄 몰라서 간호원에게 맡기는 게 아니라 그 일은 간호사에게 맡기고 자신은 진료와 수술에 전념하는 것이 훨씬 더 효과적이라는 것이다. 반면 간호원은 진료나 주사 모두 의사보다 못하지만(사실은 법적으로 진료를 할 수 없지만), 그 중 차이가 적게 나는 분야가 주사를 놓는 일이라는 것이다. 그것이 병원 전체로는 가장 이득이 된다.

저술활동을 하는 교수가 있다고 하자. 그는 저술을 하는 일도, 도서관에서 자료를 찾는 일도 누구보다 잘할 수 있다. 그럼에도 이 교수는 저술활동에 전념하고 도서관에서 자료를 찾는 일은 아르바이트 학생들에게 시키고 있다. 도서관에서 자료를 찾는 시간에 저술활동을 하는 것이 훨씬 더 효율적이기 때문이다.

공부도 스포츠도 1등을 한다면 2등과 '차이가 더 많이 나는' 분야를 선택하는 것이 유리하며, 공부도 스포츠도 2등이라면 '1등과 차이가 더 적게 나는' 분야를 선택하는 것이 유리하다는 것이다.

 ## 비교우위론은 정말 타당한 이론인가?

비교우위론은 정말 타당한 이론일까? 일단은 그렇다.

단기적으로는 비교우위의 분야로 특화하는 것이 두 나라 모두에게 이익이 된다. 지금 논의되고 있는 한·미 FTA도 비교우위론이 그 이론적 배경이다.

비교우위론에 의해 특화를 한다면 간호사는 간호하는 일에 전념하고 변호사 사무장은 변호사 보조업무에 전념하는 것이 전체적인 효율 면에서 가장 유리하다. 적어도 단기적으로는 그렇다.

비교우위론이 갖는 치명적인 문제점은 장기적으로 설득력이 약하다는 점이다. 앞서 예를 든 간호사나 변호사 사무장이 열심히 노력해서 몇 년 후에 의사나 변호사가 될 수 있음에도 평생 간호원이나 사무장 일만 해야 하라는 이야기와 마찬가지라는 것이다.

우리나라는 6, 70년대의 농업, 경공업 시대를 거쳐 8, 90년대에 고도 성장기를 맞았다. 만약 우리나라가 60년대나 70년대에 한·미 FTA를 체결하여 시장을 완전히 개방했다면 우리는 비교우위론에 입각하여 농업과 몇몇 경공업 분야로 특화를 해야 했을 것이다.

아니, 농업 분야도 세계 최고의 경쟁력을 가진 미국과는 상대가 되지 않았을 것이기에 일부 경공업 분야로 한정해야 했을 것이다. 만약 그랬다면 요즘 수출 효자상품 노릇을 하고 있는 반도체, 자동차, 중공업, 철강, 휴대용 통신 분야 등은 처음부터 기회를 박탈당한다는 것이다.

실제로 자동차, 조선, 철강 분야의 비교우위는 70년대에 미국에서 일본으로, 90년대에 일본에서 한국으로 넘어온 분야이다. 이런 기회의 싹이 잘리게 된다는 점에서 비교우위론은 문제가 된다.

경제학 교과서에서 자주 인용되고 있는 영국과 포르투갈의 비교우위 사례를 보자. 영국과 포르투갈은 1703년에 메수엔 조약을 체결하여 양모와 포도주의 관세를 대폭 낮추었다.

이 조약으로 영국은 포르투갈의 포도주를, 포르투갈은 영국의 양모를 대량으로 수입하게 되었다. 18세기 버전의 FTA인 셈이다. 리카르도의 비교우위론을 그대로 따른 결과였다.

원래 포도주는 프랑스 보르도 산이 최고였지만 프랑스와 정치적으로 불편한 관계에 있던 영국이 프랑스를 따돌리고 당시로서 만만했던 포르투갈을 선택했던 것이다. 여기에는 비교우위론의 이론적 기초를 제공했던 리카르도가 포르투갈 태생의 유태인이었다는 점도 흥미거리다. 포르투갈로서는 포도주 수출이 획기적으로 늘어났지만 산업 발전의 기회는 늦어졌다.

비교우위론에 따른 자유 무역은 발전된 분야는 유리하겠지만 낙후된 분야는 더욱 낙후될 수 있다는 점을 염두에 두고서 득실을 논해야 할 것이다.

롤스의 불합리한 불평등이 없는 사회

경제 문제는 늘 분배 문제가 따르게 된다. 한 나라의 경제는 생산, 분배, 소비로 나타나는데 생산된 빵을 어떻게 나누어 가지느냐 하는 것이 사회적 갈등의 문제로 나타난다. 극단적으로 보면 사람마다 능력껏 일해서 거기에 상응하는 대가를 받아야 한다고 주장하는 경우와 사회 구성원 모두가 똑같은 몫을 받아야 한다고 주장하는 경우로 나눌 수 있다.

전자를 자유주의라고 한다면 후자는 평등주의로 부를 수 있을 것이다. 전자의 주장대로 하면 능력이 없는 사람은 아무것도 가질 수 없는 사태가 발생하고, 후자의 주장대로 하면 능력 있는 사람이 열심히 일을 하지 않게 된다는 문제가 발생한다.

자유의 이름으로 평등을 무시할 수도 없고 평등의 이름으로 자유를 무시할 수도 없는 것이 현실이다. 이 둘을 조화시킬 방법은 없을까? 이 문제를 집중적으로 탐구한 사람이 20세기 최고의 윤리학자인 롤스였다.

롤스가 주장하는 '정의'는 분배에 있어서 '불합리한 불평등이 없는 사회'였다. 즉, 차등은 인정하되 도덕적으로 인정될 수 있는 차등이어야 한다는 것이다. 롤스가 말하는 소수의 이익을 보호하면서 동시에 사회 구성원들의 자유를 허용하는 정의는 '절차적 정의'였다.

케이크 하나가 있다. 이것을 5명이 나누어 먹으려 할 때 공평한 방법은 무엇일까? 케이크를 자른 사람이 가장 먼저 선택하게 한다면 그는 4개의 작은 조각과 하나의 큰 조각으로 자를 다음 가장 큰 조각을 자신이 가질 것이므로 공평하지 않다. 즉, 용납될 수 있는 차등이 아닌 것이다.

그러므로 케이크를 자른 사람이 가장 나중에 선택하도록 하는 것이다. 그렇게 되면 케이크를 자르는 사람은 어느 몫도 지나치게 작게 자르지는 못한다. 왜냐하면 가장 작은 조각이 자신에게 돌아올 가능성이 높기 때문이다. 이렇게 하면 가장 작은 몫을 가지는 사람에게도 불합리할 정도로 작은 몫이 돌아가지는 않는다. 이것이 '최소 수혜자'의 이익을 보장하는 방식이다. '최소 극대화의 원칙'이라고도 한다.

이렇게 하면 창조적 능력을 가진 사람은 자신의 능력을 최대로 발휘할 수 있고, 능력이 없는 사람에게도 터무니없는 차등이 돌아가지는 않게 된다. 롤스는 이것을 정의로운 사회라고 정의하였다.

평등주의에는 묘한 유혹이 따른다. 극단적인 예를 들면 부자들의 재산을 빼앗아 국민 모두에게 나누어주면 모두가 잘살 것 같다는 착각이다. 잘난 사람, 잘하는 사람의 발목을 묶으면 모두가 다 잘될 것 같다. 이러한 생각은 고대에도 있었고 근세에 이르러 마르크스주의로 나타났다.

평등에는 2가지 개념이 있을 수 있다. 하나는 진정으로 모두가 똑같이 평등하게 같이 살아보자는 것이다. 그러나 이런 사상은 철학자의 머릿속에서는 가능할지 모르지만 현실적으로는 불가능하다. 다른 하나는 나보다 잘난 놈은 꼴도 보기 싫으니 아예 잘난 놈 발목을 묶자는 평등주의다.

경제학자는 돈을 벌었을까?

경제학자는 입만 열면 돈 이야기를 한다. 그러나 대부분은 돈을 벌지 못했다. 아이러니다. 경제학자 중에서 가장 가난하게 살았던 사람은 《자본론》을 쓴 칼 마르크스였다. 그는 런던의 빈민가에서 찢어질 정도의 가난과 싸우면서 《자본론》을 썼다. 그가 《자본론》을 쓴 것도 다분히 자신을 참혹한 가난으로 몰아넣은 자본주의에 대한 반감이 작용했을 것이다.

경제학자들이 돈을 벌지 못하는 데에는 우선 경제학이라는 학문 자체에 주목해볼 필요가 있다. 경제학자는 개인의 치부를 다루는 학문이 아니라 국가 전체의 먹고사는 문제를 고민하는 사람들이다. 그리고 일종의 사명감 같은 것을 가진 사람들이 대부분이었다.

경제학자들이 주식 투자를 하면 잘할 것 같지만 주식 시장은 그들이 따지는 재무제표대로 움직이는 것이 아니다. 주식으로 돈을 번 경제학자는 리카도와 케인스 정도였다.

리카도는 경제학자 중에는 돈을 가장 많이 번 사람이었다. 유태계 가문에서 태어난

그는 일찍부터 아버지의 사업을 돕다가 나중에 주식 시장에 뛰어들어 많은 돈을 벌었고 이를 배경으로 하여 정치인이 된 사람이었다. 정식으로 교육을 받지는 않았지만 비교우위론을 정립할 정도로 해박한 지식을 가졌던 모양이다.

케인스는 주식 시장의 생리를 누구보다 정확하게 꿰뚫고 있었다. 그는 '자아 실현적 기대(Self Fulfilling Expectation)'라는 개념으로 주식 시장을 설명하고 있다. 그의 말을 들어보자.

"주식 시장은 미인대회와 같다. 가장 아름다운 미인이 미인으로 뽑히는 것이 아니라 많은 사람들이 미인이라고 생각하는 사람이 미인으로 뽑힌다. 주식 시장도 마찬가지다. 재무제표가 건실하고 성장성이 높은 기업의 주가가 올라가는 게 아니라, 많은 사람들이 오를 것이라고 생각하는 기업의 주가가 올라간다."

케인스가 꿰뚫어 본 주식 시장의 본질을 좀 더 자세히 살펴보자. 이렇게 가정해보자. 미인대회에서 당선될 후보를 알아맞히는 심사위원에게 큰 상금이 주어진다고 하자. 그럴 경우 심사위원들은 자기가 생각하는 가장 아름다운 후보에게 표를 던지는 것이 아니라 다수의 심사위원들이 미인이라고 생각하는 후보에게 표를 던진다.

결국 사람들의 평균적인 기대가 현실적으로 나타난다는 것이다. 이런 것을 '자아 실현적 기대'라고 부른다. 이런 효과가 가장 잘 나타나는 곳이 주식 시장이다. 케인스의 말대로 우량 기업이어서 그 회사의 주식을 사는 것이 아니라 다른 사람들이 모두 오를 것으로 생각하는 주식을 사야 한다는 것이다.

경제학자는 아니지만 천재라고 평가되면서도 주식에서 낭패를 본 대표적 인물이 아이작 뉴턴이었다. 그가 주식 투자로 2만 파운드를 날리고서 이렇게 한탄했다고 한다.

"천체의 모든 움직임은 계산할 수 있어도 사람들의 광기는 도무지 알 수가 없단 말이야."

익살스러운 문호 마크 트웨인은 이렇게 말하기도 했다.

"10월은 주식투자에 아주 위험한 달이다. 또 위험한 달은 7월, 1월, 9월, 4월, 11월, 5월, 3월, 6월, 12월, 8월 그리고 2월 달이다."

경제학을 지배하는 원칙들

교실 밖, 펄떡이는 경제 이야기

사람은 자신이 갖고 싶어 하는 모든 것을 다 가질 수는 없다. 자유재를 제외하고는 자원이 한정되어 있어 무언가를 얻기 위해서는 대가를 지불하지 않으면 안 되기 때문이다. 따라서 선택할 수 있는 범위는 한정된다. 어느 하나를 선택한다면 다른 하나를 포기해야 한다는 의미이다.

경제 3원칙

이는 어느 경제 주체나 마찬가지이다. 가정이라는 경제 주체라면 한정된 수입의 범위 내에서 식품이나 가구, 옷을 구입할 수도 있을 것이고, 문화생활을 하거나 레저나 여행을 즐길 수도 있다. 혹은 미래의 불확실성에 대비하기 위해 저축을 할 수도 있다. 이 중 어느 한 가지에 돈을 지출한다면 다른 곳에 지출할 여력이 줄어들게 된다.

따라서 합리적인 경제 주체라면 최소의 비용으로 최대의 효과를 올릴 수 있는 합리적인 방식으로 돈을 지출하게 된다. 이렇듯 경제학은 인간을 합리적인 사고와 행동을 한다는 대전제 위에 세워져 있다. 모든 사람들이 다음과 같은 3개의 원칙을 지키리라는 가정이다. 이 3가지 원칙을 경제의 3원칙이라고 한다.

- 최소비용의 원칙 : 일정한 효과를 위해 최소의 비용을 지불하려는 원칙

- 최대 효과의 원칙 : 한정된 비용으로 최대의 효과를 올리는 원칙
- 최소·최대의 원칙 : 지불 비용과 얻는 효과의 차이를 최대로 하는 원칙

경제학에 있어서 통계학과 심리학

그러나 모든 사람들이 경제 3원칙을 다 지키지는 않는다. 특정 상품의 가격이 올랐다고 하자. 이성적인 소비자들이라면 소비를 줄여야 한다. 그러나 보석이나 일부 사치품의 경우에는 가격이 비쌀수록 혹은 가격이 비싸야만 팔리는 비합리적인 현상도 나타난다.

그것은 다분히 심리적인 요인 때문이다. 다른 사람들이 갖지 못한 것을 혼자서만 가질 때 만족도가 더 높다는 것이다.

그럼에도 불구하고 경제 원칙이 중요한 것은 무슨 이유에서일까. 특정 개인은 비합리적인 행동을 할 수 있겠지만 경제 주체 모두가 그렇게 행동하지는 않는다는 것이다.

경제학은 전체의 행동을 확률적으로 추정하고 개별 주체의 행동은 심리적으로 추정한다. 그래서 경제학 주변에는 늘 수학과 통계학, 그리고 심리학의 그림자가 짙게 드리워져 있는 것이다.

한계효용 체감의 법칙

아무리 좋은 물건이라도 많이 가지면 가질수록 만족도는 줄어든다. 장난감을 처음 사 주면 아이들은 잠을 잘 때도 손에서 놓지 않는다. 그러나 시간이 지나면 싫증을 느끼게 되고 마침내는 버리고 만다.

배고픈 사람에게 빵을 주면 첫 번째 빵은 아주 맛있게 먹겠지만 두 번째

빵은 만족도가 조금 떨어진다. 3개까지는 먹을 수 있겠지만 네 번째 빵을 준다면 아마도 과일을 좀 달라고 할지 모른다.

이 경우 첫 번째 빵에서 얻는 만족도를 100이라고 하자. 두 번째 빵의 만족도는 70으로 줄어들 것이고 세 번째 빵의 만족도는 50으로 줄어들 것이다. 이처럼 가장 마지막 선택에서 얻을 수 있는 효용을 한계효용 Marginal Utility 이라고 부르며, 동일한 재화에서 만족도가 점점 줄어드는 것을 '한계효용 체감의 법칙'이라고 부른다. 앞서 든 예에서 사람이 빵에서 얻는 한계효용은 50이다.

한계효용 체감의 법칙을 처음 제시한 사람은 독일의 경제학자 헤르만 고센이었다. 그는 모든 상품에 대해 무차별적인 가치를 부여했던 세이나 다른 고전학파들과는 달리 효용은 욕망의 강도에 비례하고 재화의 존재량에 반비례한다고 본 것이다. 따라서 재화의 양이 한 단계 추가될 때마다 한계효용은 점차 감소하게 된다.

그래서 한계효용의 법칙을 욕망포화의 법칙이라고도 한다.

고센은 이 위대한 이론을 발견하고 책으로도 냈지만 거의 인정을 받지 못하다가, 죽고 나서야 한계효용 학파들에 의해 자신의 이론을 인정을 받게 된 불행한 학자였다.

 ## 다이아몬드는 왜 물보다 비쌀까?

인간은 물이 없으면 살 수 없지만 다이아몬드는 없어도 살아가는 데에는 전혀 문제가 없다. 그런데도 물은 거의 가치가 없는데 비해 다이아몬드는 아주 비싼 가격으로 거래되고 있다. 왜 이런 현상이 나타나는가?

이것을 '다이아몬드의 역설'이라고 부른다. 이 역설은 근 100년 동안이나 경제학자들의 머리를 아프게 했다. 명쾌하기 설명할 이론이 없었기 때문이다.

재화의 가치는 사용가치와 교환가치로 나눌 수 있다. 물은 인간이 살아가는 동안에 필수불가결한 재화이다. 그만큼 효용가치가 높다는 의미이다. 그러나 한계효용 이론에 의하면 물은 인간이 필요로 하는 만큼 충분히 존재하기 때문에 교환가치는 거의 없는 재화가 된다. 즉, 돈을 주고 물을 마실 사람은 별로 없다는 의미이다. 그러나 다이아몬드는 효용가치는 거의 없으나 희소성 때문에 높은 교환가치를 가지게 된다는 것이다.

만약 무대를 사막 한가운데로 옮긴다면 다이아몬드와 물의 가치는 역전될지 모른다. 사막에서는 물이 귀하기 때문에 이번에는 물이 희소가치를 가지게 되어 교환가치 역시 엄청나게 높아진다는 것이다. 사막에서 목이 마른 사람이라면 물 한 모금을 위해 낙타 1마리를 기꺼이 내놓을 수 있지만 다이아몬드는 귀찮은 존재일 뿐이다. 이것이 한계효용 이론의 핵심이다.

한계효용 균등의 법칙

배고픈 사람의 이야기를 좀 더 해보자. 배고픈 사람에게 빵과 사과와 커피를 제시하면 그는 가장 먼저 빵을 고를 것이다. 그리고 두 번째도 아마도 빵을 고를 것이다. 그리하여 어느 정도 배가 부르고 나면 세 번째는 아마도 빵 대신 사과를 고를 것이며, 다시 하나를 더 고르라면 이번에는 커피를 선택할 것이다.

왜 그렇게 행동할까? 인간은 선택의 순간 한계효용이 가장 높은 것을 선택하기 때문이다. 처음과 두 번째 선택은 빵의 효용이 가장 높았으나 세 번째가 되면 빵에서 얻는 효용가치는 점점 줄어드는 대신 사과의 효용가치가 상대적으로 더 높아진다. 사과 하나를 먹은 다음에는 사과 대신 커피를 선택하게 된다. 두 번째 사과의 효용가치보다는 첫 번째 커피의 효용가치가 더 높다.

결국 여러 개의 재화를 선택하는 경우 각 재화에서 얻는 한계효용은 엇비슷하게 같아진다. 위의 예에서 보자면 두 번째 빵과 첫 번째 사과, 그리고 첫 번째 커피의 효용가치는 같아진다는 의미이다. 이를 한계효용 균등의 법칙이라고 부른다. 선택한 여러 재화에서 한계효용이 같아질 때 전체적인 만족도는 가장 높아진다.

한계소비성향

한계소비성향Marginal Propensity to Consume이란 '수입이 늘어났을 때 늘어난 수입 중에서 지출이 늘어나는 정도'를 가리키는 개념이다. 수식으로는 '늘어난 지출/늘어난 수입'으로 표시한다.

한계소비성향은 국민성을 측정하는 지표로도 자주 인용된다. 지구상에서 가장 낭비가 심한 미국인들은 수입이 10 늘어나면 지출이 10 이상 늘어난다고 한다. 한계소비성향이 1 이상인 것이다. 반대로 일본인들은 수입이 10 늘어나면 저축이 10 이상 늘어난 신용카드가 처음 보급되었을 때 미국에서는 갑자기 지출이 늘어났지만 일본에서는 오히려 저축이 늘어났다고 한다. 신용카드가 보급되자 미국인들은 수입의 한도 이상으로 지출을 했지만 일본인들은 생활비마저도 은행에 예치해두고 카드로 지출했기 때문에 저축이 늘어나더라는 이야기다.

우리나라 국민들의 한계소비성향은 미국, 일본 중 어디에 가까울까? 당연 미국에 가깝다.

수확체감의 법칙과 수확체증의 법칙

자본, 토지, 노동을 생산의 3요소라고 할 때, 다른 요소는 고정시키고 노동의 투입량만을 증가시킬 경우 전체 생산량은 증가된 노동의 양에 비례해서 늘어나지는 않는다는 것이 '수확체감의 법칙'이다.

처음 한 사람이 농사를 지어 10이라는 수확을 얻을 때 같은 면적의 땅에 두 사람이 농사를 지으면 수확은 20으로 늘어나는 게 아니라 13 정도에 그친다는 것이다. 여기에 세 번째 사람을 투입시키면 수확은 15 정도로밖에 늘어나지 않는다. 첫 번째 사람의 생산성이 10이라면 두 번째 사람은 3, 세 번째 사람은 2가 된다. 이처럼 투입하는 요소의 양이 많아질수록 한계생산성이 줄어드는 현상을 수확체감의 법칙이라고 부른다.

수확체감의 법칙은 튀르고에 의해 토지수확체감의 법칙으로 처음 제기되었고 이후 리카르도와 맬서스 등에 의해 계승되었다.

고전학파 경제학자인 맬서스는 인류의 미래를 어둡게 예측했다. 늘어나는 인구를 모두 생산에 투입한다고 해도 인류가 먹고살 수 있을 정도의 수확은 거둘 수 없다는 전망이었다. 그래서 맬서스의 경제학을 '음울한 경제학dismal science'이라고 부르기도 한다.

그러나 이 수확체감의 법칙은 산업혁명 이후 규모의 경제가 실현되면서부터 맞지 않게 되었다. 대규모 생산시설을 갖출수록 오히려 생산성은 높아지고 단위당 가격이 내려간다.

농업, 임업, 수산업, 목축업 등의 1차 산업은 수확체감의 법칙이 적용되지만 2차 산업인 공산품은 생산량이 늘어날수록 단위당 생산비가 줄어들어 '수확체증의 법칙'이 적용된다.

이것이 소프트웨어 분야가 되면 수확체증의 법칙은 더욱 가속화된다. 소프트웨어 하나를 개발하는 데에는 많은 돈이 들지만 일단 개발하고 나면 추가 생산에는 거의 돈이 들지 않는다. 소프트웨어의 경우에는 생산량이 많아지면 단위당 생산비는 거의 무시할 수 있는 정도가 된다.

인터넷 운영체제인 윈도우즈는 가장 우수한 소프트웨어이기 때문에 시장을 석권한 것이 아니라 가장 많은 사람들이 사용하기에 표준이 되었고, 더 많은 사람들이 사용하게 된다. 그래서 소프트웨어를 만드는 기업들은 초기 사용자를 확보하기 위해 제품을 무료로 배포하기도 한다.

초기의 네스케이프가 그러했고 아메리칸 온라인이 그러했다. 이제 AOL은 그들이 확보한 450만 명의 사용자를 수익의 원천으로 이용할 수 있게 되었다. 자사의 소프트웨어나 네트워크을 이용하는 사람 자체가 기업의 자산이 되는 셈이다. 이것이 네트워크의 위력이다. 그래서 네트워크 효과가 지배하는 시장에서는 승자가 모든 것을 다 가질 수 있는 승자독식 게임이 가능하게 된다.

그러나 네트워크 효과를 제대로 인식하지 못하는 일부 기업들 중에는 투입한 개발비를 회수하기 위해 비싼 가격을 매기는 경우도 없지 않다. 일본의 소니는 베타 방식의 VTR을 먼저 개발하고서도 개발비가 아까워 비싼 가격을 매겼다가 후발로 나타나 무료로 기술을 나누어준 마쓰시다의 VHS에 무너지고 말았다. 무료로 기술을 제공하자 많은 기업들이 이를 받아들였으며 마침내 VHS 방식이 표준이 되었던 것이다.

네트워크 효과가 있는 시장에서는 네트워크를 먼저 차지하는 사람이 이기게 된다. 이제는 소니에서도 공식적으로 베타 방식을 포기하고 VHS 방식을 채택했다. 무조건 항복인 셈이다. 네트워크 효과를 사전적으로 정의한다면 '다른 사용자에 의해 영향을 받는 효과' 정도가 될 것이다.

망내통신 할인제도는 누구에게 가장 유리한가?

규모의 경제에 네트워크 효과가 가세하면 수확체증의 법칙은 승수적으로 늘어난다. 인터넷을 보자. 인터넷 회선이 10명과 연결되어 있다면 모두 90가지(10×9)의 커뮤니케이션이 일어난다. 여기에 10명이 더 추가된다면 2배수인 180이 아니라 380가지(20×9)의 커뮤니케이션이 가능하게 된다.

요즘 실시되기 시작한 망내통신 할인제도를 보자. 망내통신이란 같은 회사의 휴대폰을 사용하는 사람들 상호간의 통화요금을 할인해주는 제도이다. SK, KTF, LG 등 3사에서 동시에 이 제도를 실시한다면 누가 가장 유리해지겠는가?

당연히 가입자 수가 가장 많은 SK가 절대적으로 유리하다. 기존의 가입자 수가 5 : 3 : 2라면 망내통신 할인제도를 시행할 경우 그 차이는 가입자 수의 제곱인 25 : 9 : 4로 확대될 가능성이 높다는 의미이다. 이것이 수평 네트워크의 위력이다.

미국의 온라인 경매업체 e베이도 네트워크의 위력을 잘 설명해주고 있는 전형적인 사례이다. e베이는 누구나 자신이 사용하다가 싫증난 물건을 경매를 통해 팔거나 살 수 있는 곳이다. 접속자가 많을수록 자신이 원하는 거래를 할 수 있는 가능성은 그만큼 높아진다는 이야기다. 경매 사이트에 신규로 가입하고자 하는 사람이 있다면 그는 당연히 가입자가 많은 곳을 택하게 될 것이다. 그래서 가입자는 가속적으로 늘어나게 된다. 이것이 네트워크의 승수효과이다.

선순환과 악순환

수확체증의 법칙은 사회 여러 분야에서 다양하게 나타난다. 자본주의 사회라면 부자는 점점 더 부자가 될 가능성이 높고, 가난한 사람은 점점 더 가난하게 될 가능성이 높아진다. 부자는 축적된 자본으로 더 많은 돈을 벌 기회가 있지만 가난한 사람들은 가난하기에 저축과 투자의 여력이 없어 가난이 이어지는 것이다. 부자의 경우를 선순환^{Virtuous Circle}, 가난한 사람의 경우를 악순환^{Vicious Circle}이라고 부른다.

이번에는 대학을 예로 보자. 세계 어느 나라든 명문 대학이 있고, 명문 대학에는 우수한 인재들이 많이 모여든다. 여기서 선발된 우수한 학생들이 더 나은 성과를 낼 수 있음은 당연한 일이다. 그러면 더 많은 기부금이 몰리고 우수한 인재들이 더 많이 몰려오게 된다. 이것 역시 선순환이다.

미국에서 하버드나 예일 대학이 차지하는 비중은 거의 절대적이다. 지난해의 기부금 내역을 보면 하버드 대학이 346억 달러로 1위, 예일 대학이 225억 달러로 2위, 스탠퍼드 대학이 171억 달러로 3위였다. 사회 저명인사 대부분이 이들 대학 출신인 것으로 보면 크게 틀리지 않는다.

영국 사람들은 옥스퍼드 대학과 케임브리지 대학을 합쳐 옥스브리지라고 부른다. 이 두 대학이 영국 지성인 사회에서 차지하는 비율 역시 압도적이다.

이는 우리나라도 마찬가지다. 여기에 들지 못한 대학들은 악순환을 거듭할 수밖에 없는데, 방법은 단 하나, 분야별로 철저히 차별화하여 1등을 하는 것이다. 경희대 한의대가 그러하고, 용인대 태권도학과 등이 그러하다. 남이 하지 않는 것을 해야 1등을 할 수 있다.

 # 빈곤의 악순환의 고리를 어떻게 끊을 수 있나?

저개발 국가는 왜 가난한가? 저개발 국가는 가난하기 때문에 자본 형성이 이루어지지 못하고, 자본 형성이 이루어지지 못하기 때문에 투자가 이루어질 수 없어 가난하고, 다시 가난하기 때문에 자본형성이 이루어지지 못한다. 이것이 바로 빈곤의 악순환 이론(Vicious Circle of Poverty)으로 래그나 누르크세(Ragnar Nurkse)가 주장했다.

자본 부족 – 저생산성 – 저소득 – 저저축 – 자본 부족

저소득 – 저구매력 – 시장 부족 – 투자 부족 – 저소득

이러한 악순환의 고리는 건강과 교육 사이에서도 나타난다. 가난하기에 영양이 부족해지고 영양 부족은 다시 건강 악화를 부르고 건강 악화는 다시 가난을 부른다. 교육도 마찬가지다. 가난하기에 교육을 받을 수 없고 교육을 받을 수 없으니 생산성이 낮고 이는 다시 가난으로 이어진다는 것이다.

R. 누르크세는 이러한 빈곤의 악순환의 고리를 끊기 위해서는 일련의 보완적 산업 분야에 동시적으로 투자가 이루어져야 한다고 주장했다. 각 산업 분야는 상호 시장을 제공하기 때문에 상호보완적으로 다면적 투자가 이루어지면 균형적 발전론이 이루어진다는 주장이었다.

반면 불균형 성장론을 주장한 A. Q. 허시만은 불균형 성장을 통해 성장 동력을 이끌어내야 한다고 주장했다. 저개발 상태에 있는 국가의 경우에는 자원 자체가 한정되어 있기에 이를 여러 분야로 분산시키는 것은 어느 한 분야의 발전도 제대로 이룩하지 못한다는 주장이다. 실제로 한정된 자원을 여러 분야로 고르게 분산시킬 경우에는 어느 한 분야도 임계치 이상의 동력을 얻기 힘들게 된다.

비유가 적절할지 모르나 이렇게 가정해보자. 어느 가난한 집안에 자녀가 3명이 있다. 이 3명을 모두 고르게 교육을 시키자면 고교 과정밖에 가르치지 못한다. 그러나 이렇게 생각해보자. 셋 중에서 가장 똑똑한 장남에게 대학 교육을 시키는 대신 나머지는 중학교만 시키는 것이다. 그리하여 대학을 나온 장남으로 하여금 나머지 두 동생을 책임지게 하는 방식이다. 앞서의 방법이 균형 성장이라면 나중의 방법이 불균형 성장 이론이다.

허시만은 한정된 자원을 어느 한 분야 또는 한정된 분야에 집중적으로 투자하여 도약의 발판을 마련한 다음, 이의 '기관차 효과'로 다른 분야의 발전을 이끌어가야 한다는 불균형 성장의 필요성을 주장했다.

모든 변화는 어떤 하나의 계기에 의해 주도되고 그것이 다른 분야로 전파되는 파도타기 형태로 다가온다는 것이다.

애덤 스미스의 보이지 않는 손

애덤 스미스가 《국부론》에서 강조한 핵심 내용은 나라의 경제를 '보이지 않는 손'의 자율 조절 기능에 맡기라는 것이었다. 경제를 경제 주체들의 이기심에 맡기면 '보이지 않는 손'에 의해 국가의 부를 극대화시키는 방향으로 조화를 이룬다는 것이다.

경제 주체들은 모두가 이기적이다. 기업이나 개인 모두가 말이다. 만약 탐욕스러운 기업들이 자신들의 이익을 극대화하기 위해 행동한다면 국가 경제는 큰 혼란에 빠지지 않을까?

이에 대해 애덤 스미스는 수요와 공급은 '가격'이라는 '보이지 않는 손'에 저절로 조절된다고 보았다.

여기에 희소자원이 있다고 하자. 그것은 다이아몬드일지도 모르고 소금일지도 모른다. 혹은 흉년이 들었다면 곡물일지도 모른다. 그러면 정부는 이들 자원을 별도로 관리하고 싶은 유혹을 느낄 것이다. 그러나 애덤 스미스는 경제 주체들의 이기적인 행동에 맡겨두면 저절로 조절된다는 입장이었다.

특정 상품이 희소해지면 가격이 오르게 되고 가격이 오르면 수요는 저절로 줄어든다. 이것이 가격이라는 '보이지 않는 손'에 의한 시장의 자율 조절 기능이다.

애덤 스미스의 자유방임 사상은 자본주의 이론의 핵심적인 기초가 되어 19세기는 물론 20세기 초반까지도 맹위를 떨쳤다. 그의 이론은 시장 경제의 초석이 되었다는 점에서 높이 평가되고 있다.

애덤 스미스의 은유적 언어와 알프레드 마셜의 수학적 언어

'보이지 않는 손'의 이론가 애덤 스미스는 수학을 공부하지 않은 사람이었다. 지금은 위대한 경제학자로 자리매김하고 있지만 그가 대학에서 가르친 것은 경제학이 아니라 윤리학이었다. 아니 당시에는 경제학이라는 학문이 존재하지도 않았다. 그래서 그의 경제 이론도 다분히 은유적이었다. '보이지 않는 손'이라는 명제가 다분히 시적이라는 것이다.

애덤 스미스의 뒤를 이은 사람은 알프레드 마셜이었다. 그는 애덤 스미스의 은유적인 이론들을 수학적인 영역으로 끌어들여 경제학을 더 이상 은유의 영역이 아닌, 계량 가능한 학문임을 입증했다.

그가 대수, 기하학을 이용하여 창안한 수요공급곡선이나 한계효용 이론 등이 그러하다. 그런 공로로 마셜은 현대 경제학의 아버지로 불리고 있다. 애덤 스미스의 은유적인 수사들은 알프레드 마셜의 손을 거치면서 확고한 학문적인 기반 위에 설 수 있게 되었다.

세이의 법칙 : 공급은 스스로 수요를 창출한다

마셜의 경우에는 자칭타칭 애덤 스미스의 제자였지만 세이의 경우에는 '자칭' 애덤 스미스의 제자였다. 세이는 애덤 스미스보다 46년 늦게 프랑스에서 태어난 사람으로 일찍이 상업에 종사하다가 애덤 스미스의《국부론》을 읽고 감동하여 스스로 경제학자가 된 사람이었다. 그는 애덤 스미스보다 한 발 더 나아가 '공급은 스스로 수요를 낳는다'고 주장했다.

판로설이라고도 불리는 이 학설에 의하면 생산에 참여한 사람들에게 소득이 분배되고, 이렇게 분배된 소득은 다시 수요가 되기 때문에 과잉생산이란 있을 수 없다는 주장이었다. 기업이 상품을 생산하기 위해서는 생산에 참여한 근로자들에게 합당한 임금을 지급하게 된다. 근로자들이 받은 임금은 다시 구매력으로 나타나게 된다. 그렇기 때문에 생산이 있는 한 그것이 곧 수요를 창출한다는 주장이었다. 이것을 세이의 법칙^{Say's Law}이라고 부른다.

1차 대전 이후 미국은 세이의 말대로 세계의 공장으로 떠올랐다. 전쟁 기간 동안 많은 피해를 입은 유럽과는 달리 미국은 오히려 전시에 벌어들인 돈으로 공장을 증설하고 생산을 늘려갔다. 수출 물량은 6배나 늘어났으며, 세계 금 보유량의 37%가 미국으로 집결되었다. 애덤 스미스와 세이 등 자유주의 경제 사상은 개인의 자유를 최대한으로 보장해주었다는 점에서 크게 환영받았다. 특히 이기심과 양심 사이에서 고민하던 기업가들에게는 면죄부를 받는 격이었다.

그러나 세이의 이론은 스승 격인 애덤 스미스의 자유방임론과 함께 대공황의 단초를 제공하게 되었고, 그로 인해 훗날 마르크스와 케인스로부터 혹독한 비판을 받아야 했다. 역사상 장사꾼이 훌륭한 경제학자가 된 경우는 거의 없다고 한다.

리카르도와 맬서스의 논쟁

경제학사에서 리카르도와 맬서스처럼 앙숙이었던 사이도 별로 없을 것 같다. 두 사람은 사석에서는 절친한 친구였지만 일단 경제학 문제만 제기되면 한 치의 양보도 없이 싸웠다.

두 사람이 벌였던 곡물법 논쟁은 1815년에 시작되어 1840년에 끝났으니 무려 25년 동안이나 싸운 것이다. 당시 영국에서는 곡물 수입 문제를 두고 지배계층이 양분되어 있었다. 유럽의 값싼 곡물을 대량 수입할 경우 곡물 가격의 하락으로 이어지고 이는 다시 지주들의 소득 감소를 의미했다. 그러나 새로 등장한 자본가 계급들은 곡물 수입에 훨씬 적극적이었다. 여기에 맬서스는 지주들의 편에, 그리고 리카르도는 자본가들의 편에 섰다.

맬서스는 보호 무역으로 지주들의 이익을 보호해주어야 한다고 주장한 반면 리카르도는 자신의 이론인 비교우위론을 내세우며 자유 무역을 주장했다. 자유 무역을 통한 상품량의 증가가 곧 나라의 부를 증가시킨다고 주장한 것이다.

이 두 사람 사이의 논쟁은 곡물법뿐 아니라 '불황의 존재'를 놓고도 치열한 싸움을 벌였다.

자유방임을 주창했던 리카르도로서는 당연히 불황이란 있을 수 없다는 주장이었던 반면, 맬서스는 공급 과잉과 유효수요의 부족으로 인한 불황의 가능성을 주장했다. 이 논쟁에서는 리카르도가 이겼지만 1930년대의 세계 공황에서 보듯 결국 맬서스가 옳았다. 두 사람의 논쟁을 전해 들은 케인스는 이렇게 탄식했다.

"맬서스가 이겼더라면 경제학이 훨씬 더 발전했을 텐데."

유효수요의 개념을 먼저 사용한 사람도 케인스가 아니라 맬서스였다. 유효수요의 개념을 확장한다면 소비도 미덕이 된다. 돈은 우리 몸의 피처럼 돌고 돌아야 하고, 그 흐름이 막히면 경화증이 생기게 된다. 이것이 불황인 것이다.

경제 원칙을 개인에게 적용할 경우에는 개인은 아끼고 또 아껴야 한다. 경제를 의미하는 영어단어인 'Economy'는 원래 '아끼다'는 의미를 가진 말이었다. 개인은 아껴야 하지만 모든 사람이 아끼기만 하면 경제는 돌아가지 않는다는 것이다. 이것이 경제학의 역설이다.

케인스의 보이는 손

존 스타인백의 소설 중에 《분노의 포도》라는 작품이 있다. 그는 《에덴의 동쪽》을 쓴 작가이기도 하다. 《분노의 포도》는 존 포드 감독에 의해 영화로도 나온 작품이다. 이 소설의 줄거리는 1차 대전 이후 세계의 공장으로 군림하던 미국이 대공황을 맞아 초토화되어가는 모습을 그린 작품이다. 이러한 내용 때문에 자유를 최고의 가치로 여기는 미국에서조차 한때 금서로 취급되기도 했다.

고도화된 미국의 생산력은 1920년대 후반에 이르자 미국과 유럽 각국의 유효수요 부족으로 균형을 잃고 비틀거리기 시작했다.

1923~1929년 사이 기업의 이윤은 60% 이상 늘어났지만 노동자들의 소득은 11% 증가에 그쳤다. 노동자들의 소득의 일부는 다시 미래의 불확실성에 대비하여 저축으로 숨어버렸다. 그러자 유효수요가 결정적으로 부족해진 것이다.

상품은 창고에 쌓이기 시작했고, 기업들은 노동자들을 해고하기 시작했다. 투자할 곳이 마땅찮던 기업이나 투자가들은 주식 시장으로 몰려들었다. 그러자 주가는 연일 하늘 높은 줄 모르게 치솟았다. 근로자들은 뒤늦게 빚을 내어 주식 시장에 뛰어들었다. 1929년 10월 24일 목요일, 뉴욕 증시는 사상 유례없는 폭락 사태를 맞았다. 그날 하루에 주가는 43%나 폭락했다.

그러자 은행에서 돈을 빌려 주식에 투자했던 많은 사람들은 하루아침에 전 재산을 날리고 말았다. 이날의 하이라이트는 고공점프였다. 주식 시장에서 전 재산을 날린 투자자들 중 11명이 증권 회사 옥상으로 올라가 생을 마감했다. 투자자들에게 돈을 빌려주었던 은행도 휘청거리기 시작했다.

은행이 휘청거리자 은행에 돈을 예치했던 사람들은 은행을 믿지 못하겠다며 예금인출에 나섰다. 이 여파로 이번에는 은행들이 줄줄이 파산했다. 문을 닫은 은행 수만도 500여 개가 넘었다. 이로 인해 9백만 명의 예금통장이 휴지조각이 되어 버렸고 1천 2백만 명이 실업자가 되어 길거리로 몰려나왔다. 이것이 대공황이다.

그후 1933년까지 주가는 80%나 빠졌다. 애덤 스미스의 '보이지 않는 손'도 대공황을 계기로 휴지조각이 되고 말았다.

유효수요는 언제든 부족해질 수 있다. 생산 주체와 소비 주체가 다르기 때문에 괴리가 발생할 수밖에 없다. 또 기계에 의한 대량생산의 경우에는 생산이 늘어나는 것만큼 고용창출이 일어나지 않기 때문에 세이가 말한 것처럼 생산이 스스로 수요를 창출하지 못하게 된다. 오직 임금에만 의존해야 하는 근로자들은 불확실한 미래를 위해 수입의 일부를 저축하게 된다. 그 차이만큼 유효수요는 줄어들게 된다.

미국의 대공황은 마르크스의 추종자들에게 날개를 달아주는듯 했다. 공산주의 이론의 창시자 칼 마르크스가 이미 오래전에 대공황과 자본주의의 붕괴를 예언했기 때문이다. 공황이 진행되는 양상도 마르크스가 예언한 그대로였다.

마르크스가 아니더라도 자본주의 사회에 대한 이런 저런 문제점이 한창 제기되는 시점이기도 했다. 예를 들면 소득분배의 불균형이나 빈부격차의 문제가 과연 개개인의 잘못인가 아니면 제도의 모순인가, 국가의 장기적인 방향이나 노사 문제, 환경 문제 등에 대해서도 애덤 스미스의 가르침에 따라 국가가 손을 놓고 있어야만 하는가 하는 문제들이었다.

이때 케인스가 나타나 국가의 적극적인 개입을 주장했다. 그에 의하면 이윤 추구를 유일한 목적으로 하는 기업에 생산을 맡겨 놓아서는 필히 과잉생산으로 이어지게 되고, 과잉생산과 유효수요의 부족 사이에 불균형이 발생하며, 이것이 대공황을 초래했다는 주장이었다. 이렇게 하여 등장한 것이 국가의 적극적인 개입을 의미하는 '보이는 손$^{Visible\ Hand}$' 이었다.

마르크스의 예언대로 붕괴될 뻔했던 자본주의가 케인스의 등장으로 살아난 것이다. 참으로 묘하게도 케인스는 칼 마르크스가 죽은 1883년에 태어났다. 어쩌면 그는 마르크스를 넘어서도록 하는 운명을 짊어지고 태어났는지도 모른다.

불균형 성장과 기관차 이론

불균형 성장론은 흔히 기관차 이론이라고도 불린다. 현대 자본주의를 일으킨 계기가 되었던 영국의 산업혁명을 보자. 영국의 산업혁명은 방적공업에서부터 비롯되었다. 산업혁명이란 한 마디로 간단한 도구에 의존하던 생산방식을 거대한 기계로 대체했다는 이야기다. 당시의 생산 형태는 손으로 천을 짜는 수공업 형태였다.

최초의 기계는 존 케이커가 만든 자동 베틀이었다. 이전까지의 베를 짜는 방식은 한 손에 북을 들고 날실 사이를 일일이 지그재그로 통과시켜 베를 짜는 방식이었다. 이를 자동으로 할 수 있게 되자 생산량이 몇 배로 늘어났다.

그러자 이번에는 실의 공급이 생산을 따르지 못하게 되었다. 이에 하그리브스라는 사람이 한꺼번에 8개의 추를 움직여서 실을 뽑아내는 방적기를 고안했고 아크라이트가 수력으로 방적기를 움직이는 장치를 만들어 면직물 생산량은 획기적으로 늘어나기 시작했다.

그러나 수력으로 움직이는 방적기는 한계가 있었다. 수력을 사용할 수 있는 곳은 도시에서 멀리 떨어져 있기 때문에 교통이 불편했다. 수량의 증감에 따라 기계의 작동도 불규칙했다. 여기서 등장한 것이 제임스 와트의 증기기관이었으며, 스티븐슨의 증기기관차였다. 이것이 바로 산업혁명의 전개과정이었으며, 그 결과로 탄생한 것이 자본주의였다. 그리고 전형적인 불균형 성장의 사례이기도 하다.

우리나라의 경제 성장은 불균형 성장의 전형적인 사례가 되고 있는데 그 중 고속도로가 경제 성장에서 견인차 역할을 했다. 차관을 빌리기 위해 독일을 방문한 박정희 대통령은 독일의 고속도로인 아우토반을 둘러보면서 고속도로 건설의 꿈을 키웠다. 당시의 수상이던 에르하르트도 불균형 성장론의 하나로 고속도로를 만들라고 말했다. 한국처럼 산이 많은 나라는 고속도로가 없으면 일정 수준 이상의 성장을 하지 못한다는 조언이었다고 한다. 그 다음은 자동차 공장을 세우고, 제철 공장을 짓고 정유 공장을 세우라고 조언했다.

고속도로를 건설할 당시의 우리나라는 절대자원이 부족해서 여러 분야로의 자원 분배가 불가능했을 뿐 아니라 많은 실업자 문제를 동시에 해결해야 하는 과제를 안고 있었다. 그것을 위해 가장 적절한 투자 분야가 고속도로였던 것이다. 고속도로 공사는 철강, 시멘트, 기계 공업에 불을 붙였고 이는 다시 다른 산업 분야로 파급되어 나갔다.

세계 최초이자 최고인 독일의 고속도로 아우토반은 히틀러가 군사적인 목적에서 건설한 것이지만 이것이 결과적으로 독일의 자동차 산업을 비약적으로 발전시키는 계기가 되기도 했다. 독일은 자동차의 왕국이다. 벤츠, BMW, 아우디, 포르쉐 등 세계 최고의 자동차를 생산하는 나라가 독일이다. 이러한 독일의 자동차 산업을 선도한 것이 바로 아우토반이었다.

전쟁에서는 패했지만 역설적으로 전후 독일의 부흥에 결정적인 영향을 끼친 것 역시 군사적인 목적을 가지고 건설된 고속도로에 기반을 둔 자동차였다. 독일은 자국의 막강한 자동차 수출력에 힘입어 라인 강의 기적을 일굴 수 있었던 것이다.

파레토의 법칙과 롱테일의 법칙

다윗과 골리앗이 싸우면 누가 이길까? 우리는 다윗이 골리앗을 이겼다는 사실을 다 알고 있다. 다윗은 어린 소년에 불과했지만 골리앗은 거인이었다. 신장 270cm에 갑옷 무게 55kg, 창의 무게만 해도 7kg인 골리앗 앞에 어린 소년이 나타난 것이다. 골리앗이 Mass라면 다윗은 Nano였다(nano= 1/1,000,000,000).

사람들은 다윗에게 "골리앗은 대적하기에는 너무 크고 강하다(too big to hit)"고 충고했지만 다윗의 생각은 달랐다. 오히려 "골리앗의 몸집이 지나치게 크기 때문에 돌팔매가 빗나갈 리 없다(too big to miss)"고 말했다. 결국 소년 다윗은 돌팔매 하나로 거인을 쓰러뜨렸다.

20세기에 이스라엘이 아랍권을 맞아 싸웠던 몇 차례의 전쟁을 방불케 하는 장면이다. 그 싸움에서 다윗이 승리한 것은 요즘의 용어로 말하자면 비대칭 전략을 사용하였기 때문이다. 즉, 싸움의 방법을 달리했다는 것이다.

지금 현재 두 사람이 다시 싸운다면 누가 이길까? 이번에도 다윗이 이긴다. 긴 꼬리Long Tail의 법칙이 적용되기 때문이다. 이를 현대의 마케팅에 적용해보면 오프라인 싸움에서는 당연히 거인이 이기겠지만 인터넷을 기반으로 하는 온라인이 되면 잔챙이들의 단결된 힘, 즉 네트워크가 훨씬 더 큰 위력을 발휘하게 된다는 것이다.

미국 최대의 오프라인 서점인 반스&노블과 세계 최대 인터넷 서점인 아마존 서점을 보자. 반스&노블은 미국 전역에 500개가 넘는 대형 매장을 가진 최대 서점인 반면 아마존은 매장 하나 없는 인터넷 서점이었다. 말하자면 아마존과 반스&노블은 다윗과 골리앗이었다.

아마존을 창업하기 전 제프 베조스는 28세의 나이로 금융 회사에서 잘 나가던 수석 부사장이었다. 그는 어느 날 신문에서 전자상거래 시장이 1년 동안 2,400%나 성장했다는 기사를 읽다가 무언가 스치는 것이 있어 그날로 사표를 던졌다. 그리고는 인터넷을 통해 팔 수 있는 상품이 무엇인지 메모를 했다.

이때 적은 상품이 책, CD, 비디오, 컴퓨터 하드웨어, 소프트웨어 등이었다. 이렇게 해서 책과 CD와 비디오를 팔기 시작했다. 작은 창고에서 시작한 아마존이 반스&노블을 능가하리라고 생각한 사람은 단 한 사람, 제프 베조스 자신뿐이었다.

이 두 기업의 싸움은 시간이 흐를수록 아마존에 유리하게 전개되었다. 우선 장서량에서 비교가 되지 않았다. 반스&노블이 갖출 수 있는 책은 13

만 권이었다. 공간의 한계 때문이다. 그러나 아마존은 무려 230만 종의 책을 갖출 수 있었다.

이 둘의 매출 구성을 보면 좀 더 재미있다. 반스&노블은 잘 팔리는 주력 상품에 매출의 대부분을 의존하고 있는 반면 아마존은 비주류 상품에 거의 의존하고 있다. 아마존은 반스&노블이나 일반 서점에서 구하기 어려운 하위 80%의 상품에서 절반 이상의 매출을 올리고 있다.

반스&노블이 파레토의 법칙에 충실했다면 아마존은 롱테일의 법칙에 충실했다. 그 동안 비즈니스 세계를 지배하던 이론은 80:20의 법칙으로 잘 알려진 이탈리아의 경제학자 파레토의 법칙이었다. 자연계나 사회 현상의 대부분은 이 비율로 구성된다.

개미들의 경우, 모든 개미들이 다 열심히 일하는 게 아니라 불과 20%의 개미들만 열심히 일하고 나머지 개미들은 빈둥대기만 한다. 다시 열심히 일하는 개미들만 모아 놓았더니 그 중에서 20%만 열심히 일하고 나머지 80%는 빈둥거리더라는 것이다.

이를 사회 현상으로 옮겨 보면 한 나라 부의 80%는 20%의 사람들 차지이며, 기업 매출의 80%는 20%의 상품이 올린다. 10가지 상품을 생산하는 기업에서 10억의 매출을 올린다면 2가지 아이템의 매출이 8억을 차지한다. 은행 예금의 80%는 20%의 고객이 맡긴 돈이다.

실제 백화점 매출액도 파레토의 법칙에 근사한 수치를 보이는 것으로 나타났다. 2006년 롯데백화점의 총매출은 5조 1,496억 원, 이 중 절반이 조금 넘는 2조 7,653억 원이 10%의 고객 주머니에서 나온 것으로 확인되고 있다. 그리고 이 10%의 고객은 백화점 측에서 특별 관리하는 VIP 고객이 아닌가 생각된다. 이를 20%까지 확대한다면 파레토의 법칙과 엇비슷한 수치로 추측해볼 수 있다. 백화점 매출의 80%는 20%의 단골손님이 올려준다는 황금률이다.

반스&노블의 매출 구성비가 그러한 모습이었다. 반면 아마존은 미국 전역, 아니 세계 곳곳에 흩어져 있는 잔챙이 고객들이 찾는 비주류 도서에서 절반 이상의 매출을 올리고 있다.

여기서 파레토의 법칙 대신 롱테일의 법칙이 등장하게 된다. 지금까지의 마케팅 핵심이 상위 20%에 해당되는 핵심 상품에 역량을 집중시켰던 것이라면 이제는 '별 볼일 없는' 80%에 관심을 가지게 된 것이다. 이러한 현상은 인터넷이라는 매체가 있기에 가능한 일이었다.

공간적으로는 광범위하게 흩어져 있지만 온라인에서는 공간 개념 자체가 존재하지 않는다. 이들 잔챙이들이 모여 머리보다 더 큰 규모가 된다는 것이다. 요약하자면 인터넷 비즈니스는 모래알처럼 흩어져 있는 고객 하나하나가 모여서 큰 산을 이룬다는 것이다.

우리나라에서도 이런 사례들이 속속 나타나고 있다.

몇 년 전 사이버 학원으로 출발한 메가스터디의 경우, 강남의 소위 잘나가는 스타 강사들의 강의를 학원보다 저렴한 가격으로 수강할 수 있도록 한다는 컨셉으로 출발해 이미 100만 명이 넘는 회원을 확보했으며, 연 40% 이상의 빠른 성장을 기록 중이다. 2004년 12월에 코스닥에 상장했고 2008년 8월에는 시가 총액 1조 원을 넘었다. 우리나라 기업 중 시가 총액이 1조 원을 넘는 기업은 113개에 불과하다. 오프라인 학원은 공간의 제약이 따르지만 온라인 학원은 그러한 제약이 없었던 것이다. 이것이 롱테일 마케팅이다.

 롱테일 법칙은 작은 꼬리들이 모여 큰 몸집을 이룬다는 것이다. 고무신을 예로 들어 보자. 고무신은 오프라인 매장에서는 거의 판매가 되지 않는다. 종로 거리에 고무신 가게를 차리면 어떤 일이 일어날까?. 하루 한두 명이 찾는 것으로는 유지하기가 힘들다. 그러나 인터넷에서는 오히려 장사가 잘될 수 있다는 것이다. 지금도 전국적으로 봤을 때 누군가는 고무신을 필요로 할 것이다. 절에 있는 스님일 수도 있고, 항상 발에 물을 적시는 농민일 수도 있다. 아니면 한복을 고집하는 어른일 수도 있다. 그러나 고무신을 취급하는 오프라인 매장이 점점 사라지고 있어 구하기가 힘이 든다.

 이럴 경우 인터넷에서는 오히려 장사가 잘 된다. 오프라인 매장에서는 하루 한두 명이 찾기도 힘들지만 온라인에서는 전국적으로 수백 명, 수천 명이 이를 찾을 것이기 때문이다.

 그러면 본격적으로 인터넷 가게를 만들어보자. 사이트 이름은 좀 식상하긴 하지만 '옛날 옛적에' 로 하자. 그리고는 여기서 우리 주변에서 사라져 가는 상품들, 오프라인 가게가 장사가 안된다는 아이템만 골라서 진열하는 것이다. 마케팅만 잘하면 큰 규모로 성장할 수 있다.

- 고무신
- 벼루
- 멧돌
- 물레
- 키

인터넷 비즈니스를 검토할 때는 기존의 잘된다는 아이템을 따라해서는 거의 실패한다. 인터넷 같은 수평 네트워크에서는 승자독식의 원리가 적용되기 때문이다. 그래서 롱테일의 법칙이 먹힌다는 것이다.

미국 대통령 선거는 왜 승자독식인가?

자유주의를 최대한으로 인정하면 승자독식이 되고 만다. 이긴 자가 모든 것을 다 가지는 제도이다. 특히 인터넷에서 벌어지고 있는 현상이 바로 승자독식의 전형이다. 100명이 사용하고 있는 소프트웨어와 50명이 사용하고 있는 소프트웨어가 있다고 하자. 이제 151번째 사람이 새로운 소프트웨어를 사용하려고 한다면 그는 당연이 100명이 사용하고 있는 소프트웨어를 사용하려 할 것이다. 그것이 훨씬 더 다양한 커뮤니케이션을 보장하기 때문이다.

100명이 사용하는 커뮤니티에서는 100×99(9,900)만큼의 커뮤니케이션이 일어날 수 있지만 50명이 사용하는 커뮤니티에서는 50×49(2,450)의 커뮤니케이션밖에 일어나지 않는다. 결국 100 : 50의 차이가 아니라 4배의 차이가 나게 된다. 결국 기득권자가 점점 더 유리해지는 게임이 인터넷이다.

미국의 대통령 선거 역시 승자가 모든 것을 다 가지는 승자독식 게임이다. 미국의 대통령 선거는 유권자의 직접 선거가 아니라 유권자가 예비 선거로 선거인단을 뽑고, 선거인단이 모여 다시 대통령을 뽑는 제도이다. 선거인단의 숫자는 주마다 인구비례로 정해져 있다. 플로리다 27, 펜실바니아 21 이런 식이다. 각 주의 예비 선거에서 어느 한 정당이 단 한 표라도 더 많이 얻으면 그 주의 선거인단 모두를 독식하는 방식이다.

민주당이 플로리다에서 한 표라도 더 많이 얻었다면 27표를 모두 가져가게 된다. 이렇게 되면 유권자 투표에서는 더 많은 표를 얻고도 패배할 수가 있다. 실제로 지난번 대선에서 민주당의 엘 고어 후보는 더 많은 득표를 하고도 선거인단 수에서 뒤져 부시에게 패배하고 말았다. 이것이 승자독식이다.

'1+1=3'이 되는 이상한 힘, 시너지 효과

Synergy란 합이란 의미의 Synthesis와 Energy의 합성어이다. 두 힘이 합쳐질 때 각자가 갖는 힘 이상의 에너지를 낼 수 있는 것을 시너지라고 부른다. 1+1이 2가 아닌 3 또는 그 이상의 효과를 내는 경우를 가리킨다.

한쪽 다리를 다쳐본 사람은 사람의 다리가 2개인 것에 대해 무척 감사하는 마음을 가지게 된다. 사람의 다리 두 개는 단순한 1+1이 아니라는 것이다. 이런 것이 시너지 효과이다.

오케스트라는 시너지 효과를 가장 잘 보여주는 사례일 것이다. 악기 하나하나가 개별적으로 내는 소리보다 이들이 함께 모여서 내는 화음이 훨씬 더 아름다운 소리를 낸다. 개인도 기업도 이처럼 시너지 효과를 낼 수 있는 조합으로 만나는 것이 이상적이다.

전설적으로 전해지는 시너지 효과의 사례로 아르키메데스의 거울을 보자. 아르키메데스는 그리스의 섬 시라쿠사에 살고 있었다. 당시 로마와 카르타고는 지중해의 패권을 둘러싸고 3차에 걸친 전쟁을 했다. 시라쿠사는 카르타고의 편에 있었기에 로마의 공격을 받았다.

전쟁이 발발하고 로마군 함대가 시라쿠사로 몰려오자 아르키메데스는 군사들에게 거울 하나씩을 나누어주었다. 로마군이 탄 배가 가까이 오자 군사들은 일제히 거울을 들어 로마군이 탄 배를 비췄고 군함은 불타버렸다. 거울 하나의 위력은 별 것 아니지만 수많은 거울을 동시에 비추니 군함이 불탈 정도라는 것이다. 이것도 시너지 효과이다.

시너지 효과는 대부분 수직이 아닌, 수평으로 연결되었을 때 그 위력을 발휘한다. 마이크로소프트, IBM, 인텔의 삼각편대가 수평으로 연결되어 나타내는 시너지 효과가 바로 오늘의 컴퓨터혁명이고 인터넷혁명이다. 인텔은 반도체를 만들고, IBM은 하드웨어를 만들고 마이크로소프트는 운영체제를 만들어 표준화를 이룩했다. 만약 이들이 제휴관계가 아니고 서로 경쟁자가 되어 싸웠더라면 모두 가공할 출혈을 감내해야 했을 것이다.

동대문 시장을 보자. 쇠퇴해가던 재래시장에 밀리오레, 두산타워, 프레야 등 대형 쇼핑몰들이 속속 들어서면서 엄청난 시너지 효과로 고객을 끌어들이고 있다. 동대문 시장의 쇼핑몰은 모두 27개로 여기에 입점한 점포는 2만 7천여 개이며 하루 평균 50만 명 정도가 방문하는 것으로 추정되고 이 상권에서 올리는 매출은 100억 원에 육박한다.

외부와 단절된 공간에 들어서는 경쟁업체는 고객을 나누어 가지게 되지만 외부에 대해 열린 공간, 고객을 불러들일 수 있는 장소에서의 점포 밀집은 오히려 시너지 효과를 창출하기 때문이다.

근래에 들어 국산 영화가 잇따라 최다 관중 동원의 기록을 갱신하고 있다. 이는 우리나라 영화의 수준이 그만큼 높아졌다는 이야기도 되겠지만 결정적인 요인은 멀티플렉스 극장의 등장이었다. 멀티플렉스 극장이 등장하기 이전의 극장들은 여기저기 흩어져 있었다. 가까이 있으면 자칫 서로에게 고객을 빼앗길 수 있다고 생각했기 때문이다.

그러나 이렇게 한 자리에 여러 상영관들이 모여 있게 되면 원거리의 고객들을 불러모으는 효과를 내어 단독으로 있을 때보다 훨씬 많은 수익을 창출할 수 있다. 멀티플렉스 극장을 보면 알겠지만 여기서는 영화 상영만 하는 게 아니다. 가족이나 연인들의 나들이 코스로도 안성맞춤이다. 영화도 보며 음식도 먹고, 게임도 하면서 하루를 보낼 수 있는 장소가 된 것이다. 멀티플렉스 극장의 탄생이 영화 산업을 진흥시킨 결정적인 계기의 하나였다.

아이템을 온·오프라인에서 공유하는 것도 시너지 효과를 창출하는 방법이다. 오프라인에서 가게를 하는 사람이 있다면 동일 상품을 인터넷몰과 연계시킬 경우 훨씬 더 강력한 시너지 효과를 얻을 수 있을 것이다. 주유소에서 편의점이나 정비를 겸하는 것도 동일한 공간과 시간을 공유하면서 시너지 효과를 극대화하기 위해서이다.

풍선 효과

시골에서 살던 유년 시절, 벼가 고개를 숙일 무렵이면 나락이 쌓인 논에 나가 참새를 쫓는 일은 대개 아이들 몫이었다.

새를 쫓으면 새들은 그리 멀리로 날아가는 게 아니라 대개 이웃한 논으로 날아가서 앉았다. 결국 우리 논의 피해를 이웃한 논으로 전가하는 꼴이 되고 말았다. 참새들에게 일정량의 알곡을 빼앗기지 않을 수 없다면 모두가 새를 쫓지 않고 그대로 내버려두어도 전체적인 결과는 동일하지 않을까? 어린 날의 막연한 생각이었다.

쥐가 많았던 70년대 농촌의 어느 한 집에서 고양이를 키우기 시작하면 이웃한 집에는 더 많은 쥐가 들끓게 된다. 이 역시 풍선 효과이다. 사회 문제도 마찬가지다. 불법 과외를 단속하면 전체적인 사례는 다소 줄어들지 모르지만 수요 자체가 없어지지 않는 한 과외는 음성적이 되고 금액도 훨씬 더 높아진다. 위험수당이 붙기 때문이다.

도박장도 마찬가지다. 바다 이야기가 세상을 시끄럽게 한 다음에 한동안 잠잠해지는가 싶었더니 들리는 이야기로는 도박장이 주택가로 파고들더라는 것이다. 풍선 효과는 국내에서만 그치는 것이 아니다. 이제는 국제적인 풍선 효과도 나타나고 있다. 우리나라에서 불법 카지노를 엄격하게 단속하자 마카오행 출국자가 60% 늘어나더라고 한다. 도박이 자유로운 마카오로 몰려간 것이다.

부동산 투기도 마찬가지다. 투기자본은 금융과 부동산을 오가며 투기를 한다. 은행 금리가 높으면 은행으로 몰리고, 금리가 낮아지면 주식이나 부동산을 기웃거리게 된다. 이런 것이 풍선 효과이다.

조직은 또 다른 조직을 낳는다 – 파킨슨의 법칙

어떤 조직이든 일단 궤도에 올라서면 새로운 조직을 낳는 습성이 있다. 조직은 자신을 보호하기 위해 끊임없이 새로운 조직을 만들어내는 특성을 가지고 있기 때문이다. 모든 조직은 부하직원을 늘리려는 생리를 가지고 있으며, 서로를 위해 일을 만들어내기 때문에 비대해지기 마련이라는 것이다.

이와 같은 사실은 발견한 사람의 이름을 따서 '파킨슨^{Parkinson}의 법칙'으로 명명되었다.

구성원의 수가 많아지면 일이 더 잘 되기라도 해야 할 테지만 일은 오히려 더 엉망이 되어 간다. 관리자 혼자서 하던 일을 부하직원 몇 명을 두면 이들을 위해 새로운 문서가 작성되고, 이를 고치고 다듬느라 여러 사람이 바쁘게 움직인다. 그래도 일은 결국 관리자의 입맛에 맞게 결정되게 마련이며 결과물은 관리자 혼자 하는 것과 다를 바 없더라는 것이다.

파킨슨의 법칙은 우리나라에도 그대로 적용된다. 새로운 정부가 들어설 때마다 작은 정부를 약속했지만 지켜진 경우는 한 번도 없었다. 초기에는 조금 줄어드는 척 하다가 임기 말이 되면 오히려 더 불어난 몸집으로 뒤뚱거리는 것이 정부 조직이다. 정부 조직의 비대화는 파킨슨의 법칙 말고도 정권공신들에 대한 배려 때문에 자리가 늘어난다는 데서도 그 원인을 찾을 수 있다.

기업의 사례를 보자. 잘 나가는 기업들은 대부분 이런 경험을 가지고 있다. 1990년대에 IBM이 맞았던 위기가 바로 비대해진 조직의 문제였다. IBM은 1970, 80년대 초반 세계에서 가장 큰 기업이었다. 당시의 주식 가치는 469억 달러로 2, 3위 기업이었던 AT&T와 코닥의 주식 가치를 합친 것과 비슷했다. 그러던 것이 1992년이 되자 20대 기업에도 들어가지 못했으며, 1993년에는 전성기 가치의 1/4로 추락했다.

그 내막을 들여다보면 조직의 비대화와 그로 인한 낭비, 그리고 시장의 변화가 주된 원인이었다. 1986년에는 관리자만 40만 명이 넘었다. 대형 컴퓨터 위주의 시장은 눈 깜짝할 사이에 PC로 대체되어 갔다. IBM은 발 빠른 개미군단을 추격하기에는 몸집이 너무 비대해져 있었다. 이래서는 되는 일도 안되는 일도 없게 된다.

GE나 GM, 포드도 마찬가지였다. 기업이 정상에 올라가면 조직은 빠른 속도로 비대해진다. 경영자는 이것을 경계해야 한다.

이후의 연구에서 파킨슨은 제2, 제3의 파킨슨 법칙을 내놓았다. '지출은 수입에 맞추어 증가한다'는 지출 증가의 법칙과 '확대는 복잡화를 의미하고, 복잡화는 노후화를 의미한다'는 것이 그것이다.

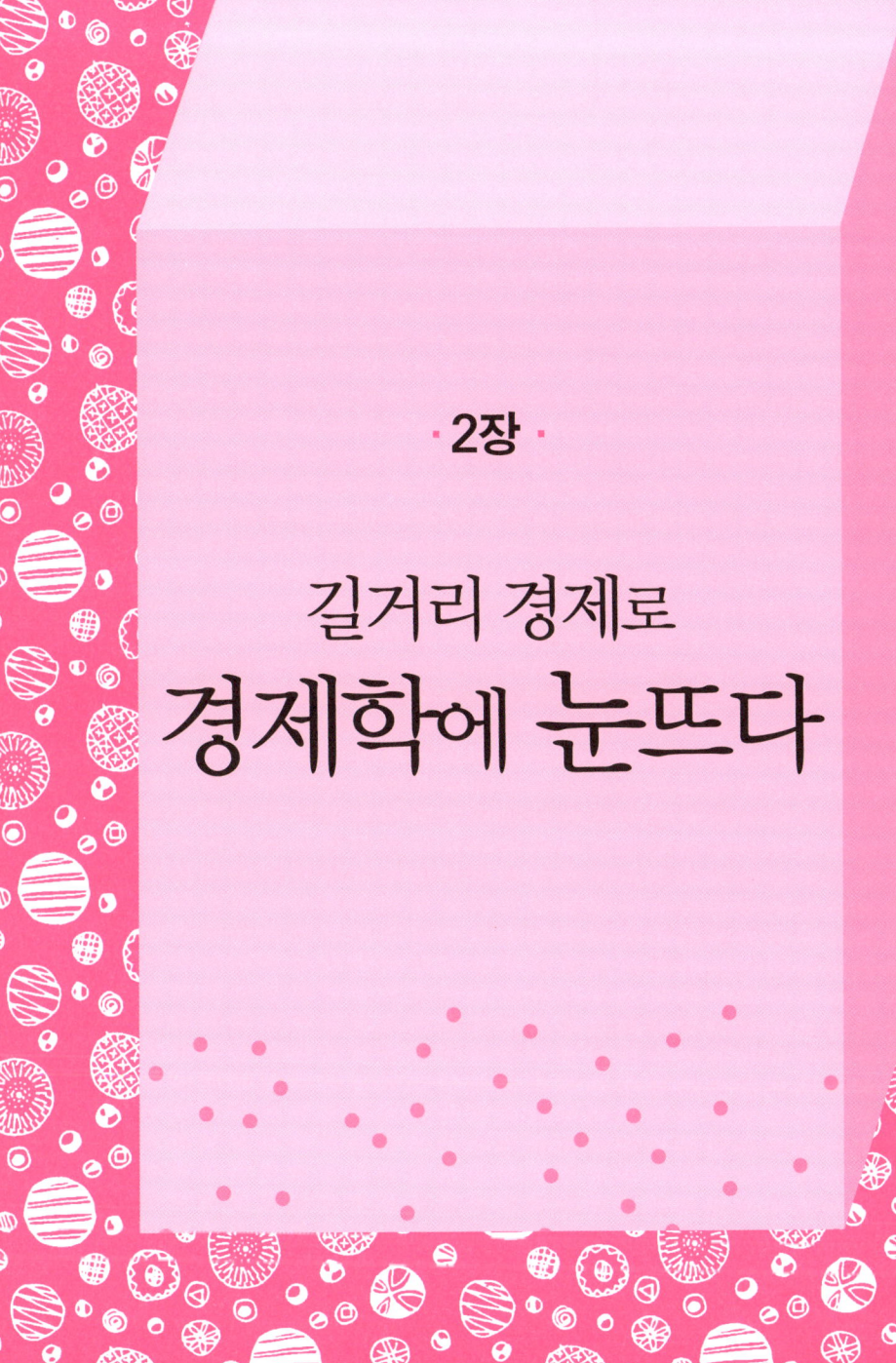

· 2장 ·

길거리 경제로
경제학에 눈뜨다

세상에서 인센티브보다 위력적인 것은 없다

교 실 밖, 펄 떡 이 는 경 제 이 야 기

포드 자동차의 설립자 헨리 포드는 제조업을 궤도에 올렸고 컨베이어 벨트를 이용한 자동차 조립라인을 도입하여 현대적인 생산라인을 구축하여 자동차 대중화 시대를 열었다.

그는 경영자이기도 했지만 모든 미국인들이 자동차를 탈 수 있도록 자동차 가격을 낮추는 일에 심혈을 기울인 애국자이기도 했다. 자동 조립라인 도입으로 원가를 획기적으로 낮추었지만 이에 그치지 않고 작업 매뉴얼 표준화라는 새로운 개념을 도입한 사람이기도 했다.

1914년에 헨리 포드는 또 하나의 획기적인 조치를 취하였다. 자동차 생산라인 근로자들의 일당을 당시의 근로자 평균 임금의 2배 수준인 5달러로 올려준 것이다.

임금 인상과 관련하여 우리가 생각할 수 있는 것은 비용 증가와 이로 인한 상대적인 수익성 악화일 것이다. 원가 절감에 그토록 매달렸던 포드로서는 획기적인 소치가 아닐 수 없었다. 이는 통상적인 경제 이론과는 배치되는 현상이기도 했다.

그러나 포드 자동차의 경우에는 그렇게 임금을 올리고 나자 생산비가 오히려 줄어들더라는 것이다. 이는 생산성 향상으로 인한 수익이 임금 인상으로 인한 비용보다 많아졌다는 의미이다.

그렇게 임금을 올려주자 포드 자동차 공장에는 일자리를 얻으려는 사람들로 장사진을 이루었고, 이에 근로자들은 혹여 자신의 일자리를 빼앗길까 봐 더욱 열심히 일했던 것이다. 임금 인상을 통해 근로자들의 자발적 참여 동기가 높아진 것이다. 이것이 인센티브의 위력이다. 후일 포드는 이렇게 회고했다.

"인센티브는 교육보다 효과적이다."

어린 시절 시골에서 보았던 일이다. 요즘이야 모내기를 모두 기계가 알아서 하지만 옛날에는 사람이 직접 모를 심어야 했다. 모내기철이면 시골 학교들은 가정실습이라 하여 3~5일 정도씩 학교를 쉬기도 했다. 모내기일을 도와주라는 취지였다. 당시에는 모내기를 하려면 2가지 접근 방법이 있었다.

하나는 인부 여러 명을 사서 모를 심는 방식이다. 물론 하루 3끼의 식사와 새참을 줘야 한다. 다른 하나는 일괄도급 방식이 있다. 모내기에 들어가는 비용을 모두 줄 테니 알아서 해달라고 맡기는 방식이다. 물론 식사도 해주지 않는다. 모든 걸 알아서 하라는 것이다. 그럴 경우에는 인부 여러 명을 사는 방식의 절반 정도 인원만으로 모내기를 끝내곤 했다.

현대 정주영 회장이 즐겨 쓰는 방식도 이와 같았다. 생산 시간을 단축시킬 수 있는 가장 좋은 방법은 바로 인간의 욕심에 인센티브를 주는 방식이다. 인간은 자신의 이익과 직결될 때 가장 열심히 일한다. 자신에게 이익이 되지 않는 일에 누가 목숨을 걸겠는가.

사회주의가 몰락한 것도 개인의 노력과 이에 따른 혜택을 직접적으로 연결해주지 못했기 때문이었다. 사회주의가 주장하는 것처럼 모든 사람이 '능력에 따라 일하고 필요에 따라 분배를 받으려면' 충분한 생산성이 전제 되어야 하지만 분배되는 몫이 동일하다 보니 모두가 일을 하지 않았던 것이다.

인정하고 싶든 그렇지 않든 인간은 욕망을 가진 동물이고, 자신의 이익을 위해 가장 열심히 일한다는 것을 전제로 하고 경제를 이해해야 한다.

사람들은 운동장 바퀴를 돌 때는 시계 반대 방향으로 달린다. 육상을 할 때도, 스케이팅을 할 때도 그렇다. 시계 방향으로 돌면 아주 어색해진다. 또 아무도 그렇게 돌지는 않는다.

퇴근길 오른쪽 자리가 가게의 명당자리

교 실 밖 , 펄 떡 이 는 경 제   이 야 기

    이는 지구가 자전하면서 일으키는 바람을 이용하기 위한 것이다. 알다시피 지구는 동에서 서로 자전하면서 바람을 일으킨다. 이것이 시계 반대 방향으로 회오리를 일으킨다. 지구 위를 도는 인공위성 사진을 보면 바로 그 방향으로 움직인다. 그렇게 함으로써 훨씬 더 에너지를 아낄 수 있다는 것이다.

    길을 걸어갈 때 남자는 보통 왼쪽에 서서 간다. 남자가 여자의 왼쪽에 서야 오른손으로 여자를 감쌀 수 있기 때문이다. 또 차도와 가게 사이의 보도를 걸어간다면 남자가 당연히 위험부담이 높은 차도 쪽에 서고, 여자는 가게가 있는 쪽을 걸으면서 눈을 즐겁게 해줄 필요가 있다. 여자로 하여금 보석가게나 옷가게를 보면서 걷게 하려는 배려인 것이다. 여자가 걸으면서 가게 안의 상품들을 구경할 수 있게 하는 것은 신사의 매너다.

    자, 그렇다면 가게의 경우에는 명당자리를 어디라고 할 수 있을까?

    당연히 걸어가는 방향의 오른쪽이 된다. 즉, 유동인구가 흘러가는 방향

오른쪽에 위치한 가게가 명당인 것이다. 같은 오른쪽이라도 출근길 인파의 오른쪽은 별 볼일이 없다. 아이들이 등교하는 길목 오른편에 문방구라도 차린다면 모를까, 일반적인 개념의 가게는 출근길과는 상관이 없다. 오히려 출근길의 오른쪽은 퇴근길이면 왼편이 되어 버린다. 이것이 가장 나쁜 자리인 것이다.

정리하자면 퇴근길, 오른쪽, 시계 방향으로 돌아가는 길목이 가장 좋은 자리다. 고정인구도 중요하지만 상품 특성에 따라서는 유동인구가 훨씬 더 중요한 경우도 있다. 유행에 민감한 아이템이나 젊은이들을 상대로 하는 아이템은 유동인구가 더 중요하다.

이렇게 보면 된다. 일상적·반복적으로 구입하는 상품은 고정인구가 중요하고, 일회성이나 다분히 충동적으로 구매하는 상품은 유동인구가 더 중요하다. 유동인구가 많은 곳을 판단하는 가장 좋은 방법은 노점상이 많은 곳을 찾는 것이다. 노점상과 유동인구는 동전의 앞뒤와 같다. 그만큼 밀접한 관계가 있다.

이번에는 접근의 편리성을 생각해보자. 점포는 물리적·심리적으로 접근이 편리해야 한다. 포장마차가 장사가 되는 이유도 접근의 편리성 때문이다. 포장마차와 일반 음식점의 가격 차이를 보자. 포장마차에서 안주 하나에 술 1병을 시키면 만 6천 원이다. 안주가 보통 만 3천 원, 소주 한 병에 3천 원이기 때문이다. 보통 이 금액이면 다른 저렴한 술집에서 두 사람이서 안주 하나에 소주를 마시고도 남는다.

그런데 왜 포장마차를 찾을까? 바로 접근의 편리성이다. 또 포장마차는 혼자서도 갈 수 있는 곳이지만 음식점은 혼자 가서 술을 마시기에는 부적

합하다. 그래서 포장마차가 장사가 되는 것이다.

접근의 편리성으로 들 수 있는 또다른 요소는 신발을 벗느냐 마느냐 하는 문제이다. 일단 신발을 벗고 들어가야 하는 가게는 불편하게 느낀다. 이런 집은 상대적으로 고급스러운 분위기가 아니면 일부러 찾지 않게 된다. 특히 요즘의 젊은이들은 신발 벗는 것을 아주 귀찮아 한다. 그래서 젊은 층을 상대로 하는 음식점이나 주점은 문턱 없이 신발을 신은 채로 접근할 수 있도록 내부를 꾸며야 장사가 잘된다.

다음으로 갖추어야 할 요소는 여자를 보호할 수 있는 좌석배치여야 한다는 점이다. 여자를 보호할 수 있는 배치란 무엇인가? 남녀가 데이트를 하다가 음식점에 들어가 자리를 잡았다. 그 다음에 다른 손님이 문을 열고 들어올 때에 그 손님과 여자의 눈이 마주칠 수 있는 위치는 장사가 안되게 된다. 테이블 배치도 그 점을 고려하지 않으면 안된다.

여자를 위해 무언가 특별한 배려를 한다는 느낌을 주는 분위기가 가장 좋은 인테리다.

운동화보다 더 싼 자동차 타이어

교실 밖, 펄떡이는 경제 이야기

요즘 시내를 지나다 보면 '자동차 타이어 운동화보다 싼 가게'라는 현수막을 흔히 볼 수 있다. 이 말은 다분히 심리적이다. 덩치 큰 타이어가 조그만 운동화보다 싸다면 엄청 저렴한 것처럼 느껴지기 때문이다.

실제로 운동화보다 싼 곳도 있기는 하다. 타이어 가격이 일반 급은 8만 5천 원에서 9만 5천 원, 프라임 급은 13만 원에서 14만 5천 원 정도인데 유명 브랜드의 운동화 가격이 15만 원에서 20만 원 정도이니 틀리지 않는 말이다.

타이어 시장에서 가격 경쟁이 치열한 이유는 값싼 수입품과 타이어라는 상품의 수명 때문이다.

중국산, 베트남산 등은 품질규격이 우리나라의 그것에 비해 떨어지기 때문에 운동화보다 싸다고 해도 사용하지 않는 게 좋다. 자동차 타이어는 운동화와는 달리 바로 우리의 안전과 직결되는 상품이다.

그리고 자동차 타이어는 시간이 지나면 지날수록 경화가 시작되어 상품 가치가 떨어지기 때문에 판매상으로서는 싼값에라도 처분하지 않으면 안 되게 된다.

그러므로 타이어를 싸게 판다는 곳에서는 제조일자를 꼭 확인하는 것이 좋다. 제조일자는 보통 암호 비슷하게 찍혀있다. 'DOT 2405' 등의 방식이다. 이때 05는 2005년, 24는 24주차에 생산되었음을 나타내는 숫자이다. 05년 24주차라면 2005년 6월경에 생산되었다는 것이다. 만약 이런 표기 자체가 없다면? 그것은 오래된 상품으로 보면 된다.

한 가지 더 말하자면 타이어를 구입할 때는 타이어 옆면에 흰 줄이나 무늬가 있는 것은 피하는 것이 좋다. 젊은이들은 이걸 멋이라며 좋아하지만 천만의 말씀이다. 검은 타이어와 여기에 멋으로 덧붙이는 흰 고무는 팽창도가 틀리기 때문에 사고 시 충격완화에 매우 취약할 수 있다.

농부는 왜 좋은 농산물을 먹지 못하나

교실 밖, 펄떡이는 경제 이야기

농부는 자신이 생산한 좋은 농산물을 마음대로 먹지 못한다. 거기에는 2가지 이유가 있다. 하나는 돈이고, 다른 하나는 심리적인 이유 때문이다.

　과일을 예로 들어보자. 과일을 생산하면 대략 상(A)·중(B)·하로 품질을 구분하는데, 그 구성비는 30 : 50 : 20 정도라고 한다. 이 중 상품성이 있는 것은 물론 상품과 중품이고 하품은 덤핑으로 처리하거나 그것도 여의치 않으면 버려진다.

　만약 과수원 주인이 상품 과일 30 중의 일부를 가족들과 먹는다면 그만큼 판매가 줄어들게 된다. 거기서 얻는 돈은 곧바로 자식들을 가르칠 학비가 된다. 그래서 농부는 좋은 과일을 마음대로 덥석 집어먹지 못하는 것이다.

　한편 유통업자의 입장에서 보면, A급이든 B급이든 도시로 운반하는 운송비는 동일하다. A급의 단위 가격이 100만 원, B급이 70만 원이고, 운송비가 20만 원이라고 하자. A급 100만 원짜리를 도시로 운반하면 총원가는 120만 원, B급은 90만 원이 된다. 여기에 10%의 마진을 붙인다고 하면 A급 가격은 132만 원이 되고, B급은 99만 원이 된다. 결국 A급 한 차를 가져오면 12만 원이 남지만 B급은 9만 원밖에 남지 않게 되므로 A급을 선호하게 된다는 것이다.

여기에 절대 가격과 상대 가격의 개념을 접목시켜 보자. 절대 가격이란 화폐 단위로 표기되는 가격이며, 상대 가격은 두 상품 가격 간의 비율이다. 농촌 현지에서 A급과 B급의 절대 가격은 각각 100, 70이다. 이들의 상대 가격을 보면 A급은 B급의 1.428(100/70)이고 B급은 A급의 0.7(70/100)이다. 이것이 도시로 오면 A급과 B급의 상대 가격은 각각 1.333(132/99)과 0.75(99/132)가 된다.

결국 도시로 이송하는 동안 A급의 상대 가격은 0.095만큼 낮아지는 반면 B급은 0.05만큼 가격이 높아지는 것을 알 수 있다. 그래서 도시 소비자들도 상대 가격이 싼 A급을 오히려 선호하게 되는 것이다.

다음으로 심리적인 요인을 보자. 유년 시절을 농촌에서 보낸 중년 이후의 사람들은 밥을 남겼다가 어른들로부터 꾸중을 들은 경험이 적지 않을 것이다. 버려지는 밥알을 단순히 돈으로 따지면 무시할 수 있는 정도겠지만, 농부의 입장에서 보면 볍씨를 뿌리고 모내기를 하고, 김을 매고, 거두어들이기까지 흘린 땀과 고된 일손을 생각하면 한 톨의 쌀도 아까운 것이다. 자신의 땀과 노력이 들어간 모든 것은 아깝게 마련이다.

다시 과수원 이야기로 돌아가보면 만약 과수원 주인이 상품을 먹는다면 일차적으로는 판매가 줄어들겠지만, 결과적으로는 버려지는 하품의 수량 또한 상대적으로 많아진다는 것이다. 그래서 농부는 자신이 먹지 않으면 버려질 흠집 난 하품이 아까워서도 하품만 먹게 된다는 것이다. 농부의 아이러니다.

조조할인의 비밀

교실 밖, 펄떡이는 경제 이야기

극장은 공간을 파는 장사이다. 일단 극장을 지으면 영화를 상영하든 않든 건물 유지에 필요한 관리비는 일정하게 들어간다. 극장주로서는 매회 관객들로 공간을 가득 채우는 것이 가장 좋다. 보통의 경우 오후와 밤 시간대는 관객들로 가득 차지만 오전 시간대는 좌석이 빈 상태로 영사기를 돌리는 경우가 많다. 이 시간대에 극장을 채우는 방법이 바로 조조할인이다. 오전 시간대에 천 원을 할인해주고 좌석을 채우는 것이 극장 측으로서는 훨씬 유리하기 때문이다.

극장 할인제도도 많이 변했다. 80년대까지는 조조할인 외에도 군경 할인제도가 있었다. 주머니 사정이 여의치 않은 군인이나 경찰에 대해 요금을 할인해주는 제도였다. 요즘은 군경 할인은 없어진 대신 요금체계가 아주 다양해졌다. 대표적인 멀티플렉스 극장인 CGV의 경우에는 요일별, 시간대별, 연령층별로도 요금을 달리해서 받는다. 그러다 보니 요금체계가 4천 원부터 8천 원까지 무려 5가지나 된다. 이처럼 동일한 상품에 대해 다른 가격을 적용하는 것을 가격 차별화라고 한다.

가격 차별화가 효과를 거두려면 수요의 가격 탄력성이 커야 한다. 조조할인을 보고 나오는 사람들은 모두가 청소년이거나 학생들이다. 이들은 별다른 수입 없이 부모에게 용돈을 의지하는 사람들이기 때문에 천 원만 할인을 해줘도 많은 수가 몰린다.

또 다른 조건은 역차별을 받는 계층이 가격에 대해 민감하게 반응하지 않아야 한다는 것이다. 예를 들면 수입이 있는 직장인이라면 조조할인 가격 4천 원에 영화를 보지 못하고 주말에 여자친구와 함께 조조할인의 2배 가격인 8천 원을 내고 영화를 보는 것에 불만을 가지지 않아야 한다는 의미이다.

골프장도 일종의 공간을 파는 장사이다. 골프장은 특성상 주말이 가장 붐비고 평일 낮시간은 한가하다. 이럴 경우, 평일 낮시간에 골프장을 놀리는 것보다는 할인된 가격에라도 고객을 유치하는 것이 훨씬 유리하다.

놀이공원도 일종의 공간을 파는 장사이다. 당연히 자유이용권도 주말, 휴일에는 비싸고 평일에는 싸야 하지만 놀이공원 자유이용권은 주말이나 평일 모두 동일한 가격을 받는다. 왜 평일에 할인을 해주지 않는 것일까? 평일이면 가동률을 높이기 위해서라도 더 낮춰야 하는데 말이다. 그러나 이는 낮추지 않아도 사실상 할인이 되므로 전혀 문제가 없다. 왜냐하면 주말에는 놀이시설 하나를 이용하려면 길게 줄을 서야 하지만 평일에는 줄을 서지 않고도 얼마든지 탈 수 있다. 결국 같은 요금을 주고도 주말에는 3~4개밖에 이용하지 못하지만 평일에는 훨씬 더 많은 종류의 놀이시설을 이용할 수 있다는 것이다. 결국 차별요금이 적용되는 셈이다.

포커판에서는
2등이 제일 불쌍하다

교 실 밖 , 펄 떡 이 는   경 제   이 야 기

영국 속담에는 이런 말이 있다. 'Let bygones be bygones(흘러간 것은 과거로 잊어버려라).'
흘러간 과거에 대해 미련을 갖지 말라는 금언이다. 과거는 미래에 대한 족쇄가 된다. 과거를 훌훌 털어버려야 나아가기 쉽다. 그러나 인간인 이상 흘러간 과거를 잊어버리고 제로베이스에서 출발하기가 쉽지 않다.

사람들은 과거의 기억에 집착하느라 현명한 선택을 하지 못하는 경우가 많다. 도박에서 돈을 잃은 사람이 잃어버린 돈을 만회하기 위해 끝까지 버티다가 남은 돈마저 모두 날리는 경우가 그러하다. 주식 시장에서도 마찬가지다. 잃어버린 돈, 본전 생각 때문에 쉽게 손을 떼지 못하고 있다가 결국은 가진 돈 모두를 손해보게 된다. 이것이 매몰비용$^{Sunk\ Cost}$이다.

이면우 교수가 쓴 《신사고 이론》 중에 GS-2, P-2 이론이라는 게 있다. 무슨 엄청난 이야기가 있는 게 아니라, 고스톱판이나 포커판에서는 2등이 가장 돈을 많이 잃는다는 이야기다. GS는 고스톱, P는 포커를 의미한다.

포커에서는 아예 패가 나빠서 포기하면 최소한의 돈만 잃으면 그만이지만 제법 괜찮은 패를 들고 번번이 2등에 그치고 마는 경우가 가장 안 좋다. 2등은 혹시나 하는 마음에서 1등과 막판까지 배팅을 해보지만 판돈 모두를 1등에게 고스란히 바쳐야 한다. 돈을 잃어도 남들의 몇 배를 잃게 되는 것이 포커판의 2등이다.

확률적으로만 보면 매번 2등을 하기도 어렵다. 그런데도 같은 사람이 매번 2등을 하는 이유는 일종의 '오기' 때문이라는 것이다. 오기가 확률을 바꿔 버린 것이다.

처음에 상당히 좋은 패를 잡아 마음껏 배팅을 했다가 간발의 차이로 2등을 해서 많은 돈을 잃었다고 하자. 이 사람은 다음 판부터는 오기가 발동한다. 그래서 별로 좋지 않은 패를 들고서도 무리하게 배팅을 하게 되고, 결국 또다시 2등을 하게 된다는 것이다. 포커판에서의 2등은 패가망신의 지름길이다.

지하철에서는 왜 신문을 공짜로 나누어줄까?

교 실 밖 , 펄 떡 이 는 경 제 이 야 기

아침에 지하철을 탈 때면 5~6가지의 무료 신문을 경쟁적으로 나누어 주고 있다. 신문을 보는 승객들은 무료한 시간을 죽이고 정보도 얻을 수 있으니 좋기야 하지만 신문사로서는 공짜인데다가 사람까지 고용해서 나누어주고 있으니 손해도 이만저만 손해가 아닌 듯싶다. 그럼 이 신문들은 왜 이런 밑지는 장사를 할까?

이들은 무료로 신문을 나누어주는 대신 광고를 유치해서 수지를 맞춘다. 즉, 무료 신문에 실리는 광고주들이 지하철 고객들에게 무료신문을 나누어주는 격이다. 무료 신문을 제작하여 시민들에게 나누어주는 신문사는 광고주로부터 돈을 받아 그 심부름을 대신해주는 것이다.

이런 형태의 마케팅을 Two-Sided Marketing이라고 부른다. 우리말로는 '양면 마케팅' 정도로 번역할 수 있을 것 같다. 이는 수혜를 받는 쪽과 돈을 내는 쪽이 서로 다르기 때문에 붙여진 이름이다.

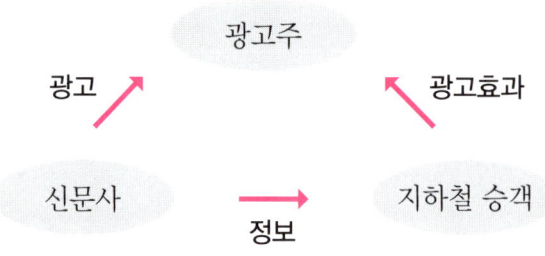

이런 비즈니스 모델에서 신문사는 지하철 이용고객들에게 무료로 정보를 제공해주는 대신 광고주로부터 돈을 받게 된다. 승객으로서는 광고를 보는 대신 무료 신문을 읽을 수 있는 것이다.

이는 신용카드 회사도 마찬가지다. 신용카드 회사는 일반 고객들에게 신용카드라는 편리한 결제수단을 부여해주는 대신, 돈은 가맹점으로부터 거두어들이는 것이다. 이런 형태의 비즈니스 모델을 양면 마케팅이라고 부른다.

얽히고설킨 경제 문제

교실 밖, 펄떡이는 경제 이야기

"모든 경제 현상들은 서로 연관되어 있다."

상품이 가치를 가지는 것은 거기에 투자한 노동력 때문인가 아니면 그 상품에 대한 주관적인 효용 때문인가 하는 논쟁이 끝도 없이 이어질 무렵에 나온 로잔 학파의 주장이다. 로잔 학파는 어느 상품이라도 절대적인 불변의 가치를 가지는 것이 아니고, 상호관련 하에서 가치가 높아지기도 하고 낮아지기도 한다며 전체적인 균형을 보라고 말했다.

이번에는 국제유가 폭등이 우리나라 상품들에 어떤 영향을 미치는지 살펴보자. 지난 몇 년 동안 원유 가격이 가파르게 치솟자 옥수수 가격이 오르기 시작했다. 유가가 상승하자 원유를 대신할 수 있는 옥수수에서 추출하는 에탄올의 경제성이 높아지기 시작한 것이다.

그러자 세계 최대의 옥수수 생산국인 미국에서는 옥수수 생산량의 15% 정도를 에탄올 생산으로 돌렸다. 이것이 식량부족과 맞물리면서 옥수수 가격이 크게 오른 것이다. 옥수수 열매와 줄기 1톤을 처리하면 378ℓ의 에탄올을 얻을 수 있다. 이에 미국의 에탄올 생산량은 80% 정도 늘어났다. 그러자 시카고 거래소 기준으로 옥수수 가격은 2년 전의 1.85달러에서 3.9달러로 2배 이상 올랐다.

최근 미국에서는 옥수수 가격이 오르자 돼지 사료로 옥수수 대신 유효기간이 지난 바나나칩과 건포도, 과자 등을 먹이는 농가가 부쩍 늘어나고 있다는 소식이다. 이렇게 하면 돼지 1마리당 8달러 정도의 사료비를 아낄 수 있다.

그렇게 되자 돼지뿐 아니라 사람도 굶는 현상이 나타나기 시작했다. 미국과의 북미자유무역협정으로 값싼 미국산 옥수수를 들여와 주식으로 삼던 멕시코 등의 중미에서는 옥수수 가격이 3배로 급등하면서 전국적인 시위가 벌어졌다.

한편 우리나라에서도 옥수수를 원료로 사용하는 식품 가격이 줄줄이 인상되는 파급 효과가 나타나고 있다는 것이다. 식품 가격뿐 아니라 서민들이 즐겨먹던 돼지고기 값도 가파르게 오르고 있다. 옥수수, 콩 등 배합사료의 가격이 상승하자 양돈 농가의 부담은 대략 30% 정도 늘어났다. 머지않아 서민들이 즐겨먹는 돼지고기도 귀한 몸이 될 것으로 보인다.

옥수수는 식량이나 사료로서의 용도 외에도 버릴 게 없는 식물이다. 열매와 줄기에서 에탄올을 뽑고, 줄기에서는 당분의 원료가 되는 자일리톨을 생산하고 있으며 열매와 줄기의 섬유질과 전분은 바이오 플라스틱의 원료로 사용된다.

일본의 후지츠에서는 옥수수 전분을 사용한 옥수수 노트북도 시중에 내놓기도 했다. 맥도날드에서는 음료수 용기로 옥수수를 사용하고 있으며, 미국의 다우 케미컬에서는 옥수수 플라스틱을 개발하기도 했다. 이래저래 유가 인상이 여러 분야로 파장을 미치고 있다.

 경제 문제는 정답이 있나?

경제 문제는 인간사와 똑같다. 복잡한 이해관계가 얽혀있다는 것이다. 그래서 어떤 경제 정책이 옳다, 그르다를 논하는 것은 의미가 없는 경우가 많다. 우선순위의 문제, 어떤 계층에 더 많은 혜택이 돌아가느냐 하는 판단의 문제이다.

실업과 인플레이션을 보자. 가장 바람직하다면 실업율과 물가 모두가 낮은 상태를 유지하는 것이다. 이는 모든 정부의 공통된 희망사항이다. 그러나 이 둘은 서로가 모순된다는 점에 문제가 있다. 실업률을 낮추기 위해 돈을 풀고 재정지출을 늘리면 실업자는 줄어들지 모르나 대신 물가가 오르게 된다.

효율성과 형평성의 문제도 그러하다. 극단적인 효율성을 위해서는 모든 근로자들에게 실적급을 주는 것이 가장 바람직하다. 즉, 일한 만큼 보수를 주는 방식이다. 그러면 많이 받는 사람과 적게 받는 사람의 차이가 커지게 된다. 그렇다고 모든 근로자들에게 동일한 임금을 지급하면 이번에는 일을 하지 않게 된다. 열심히 일해야 월급 더 주는 것이 아니기 때문이다.

경제 주체들 사이에서도 이익이 상반된다. 주5일제를 보자. 근로자들은 물론 환영할 것이나 기업들은 반대하게 마련이다. 기업들 중에서도 관광, 서비스 산업은 주5일제를 환영한다. 주5일제는 제조업의 생산성은 떨어뜨릴지 모르지만 관광, 레저, 서비스 등의 산업의 발진에 기여하는 바가 적지 않다.

한·미 FTA도 제조업 위주의 기업들은 반기지만 농민들은 농업 고사 정책이라며 맹렬히 반대한다. 그래서 모든 사람들을 만족시킬 수 있는 경제 정책은 없다. 설사 정책 자체에는 문제가 없다 하더라도 새로운 제도는 새로운 문제점을 낳는다.

근로자 보호를 위해 강력한 실업 보험 제도를 도입하면 해고된 근로자들은 일을 하려들지 않게 된다는 것이다. 놀면서 실업수당을 받는 것이 훨씬 더 낫기 때문이다.

구두닦이가 주식을 사면?

교실 밖, 펄떡이는 경제 이야기

세상 모든 것은 전조를 앞세우며 동시에 흔적을 남긴다. 옛 사람들은 달무리가 생기는 걸 보고 곧 비가 올 것을 알았다. 달무리는 대략 8km 높이의 구름층에 얼음 알갱이들이 형성되어 이들이 달빛에 굴절되면서 생기는 현상이다. 이것이 하늘을 덮으면 비가 온다는 것이다.

제비나 갈매기가 낮게 날거나 땅으로 내려앉아도 비가 온다. 제비가 좋아하는 먹이인 잠자리들은 날개가 젖는 것을 아주 싫어하기 때문에 공중에 습기가 차면 이를 피해 지상 가까이로 낮게 날고, 이를 먹이로 하는 제비 역시 낮게 난다. 갈매기 역시 저기압이 되면 나래를 쉬기 위해 땅으로 내려앉는다.

1970년대만 해도 예비고사 전국 수석을 한 학생의 인터뷰를 보면 세계적인 과학자가 되겠다는 이야기가 많았지만 80년대 이후는 그런 이야기 대신 모두가 '훌륭한 법관이 되어 사회 정의를……' 하는 식으로 인터뷰 기사가 실린다. 이것도 하나의 흐름이다.

한 나라의 미래는 우수한 학생들이 어떤 분야에 몰리느냐를 보면 알 수 있다고 한다. 모든 학문은 기본적으로는 미래 지향적이지만 굳이 분류를 하자면 과거 지향적인 학문과 미래 지향적인 학문이 있을 수 있다. 법학이나 의학이라면 과거에 일어난 범죄나 질병과 싸우는 분야로 분류될 수 있을 것이고, 자연과학이나 경제, 경영학 분야는 미래 지향적인 분야로 볼 수 있다는 것이다.

법학을 공부하여 판검사가 되면 이들이 하는 일은 과거에 일어난 범죄자를 찾아 단죄하는 것이 목적이다. 물론 그것이 사회 기강을 바로잡는 행위이기에 미래 지향적인 요소가 없는 것은 아니지만 자연과학과는 다르다는 것이다.

의사도 마찬가지이다. 의사는 과거에 생긴 질병을 치료하는 것이 목적이다. 물론 이런 직업은 당연히 존재해야 하고 또 가치가 있는 분야지만 가장 우수한 학생들이 여기에 목을 맨다는 것은 국가의 장래를 어둡게 한다는 것이다.

의학의 경우에는 다른 해석이 있을 수도 있다. 의학은 과거에 발생한 질병을 치료하기도 하지만 이를 예방하는 일도 동시에 수행하기 때문이다. 이에 비해 물리, 화학, 컴퓨터 공학, 환경, 생물학, 우주 분야 등은 분명 미래를 지향하는 학문이다.

우리나라의 현실은 어떠한가? 가장 우수한 학생들이 법대와 의대, 한의대에 몰리고 공무원이 가장 선호되는 직업이라는 사실은 분명 문제가 있다. 과거 지향적인 혹은 안정 지향적인 분야들이기 때문이다. 그러나 10년 후, 20년 후 우리를 먹여 살릴 분야는 분명 과학이다. 젊은이들이 좀 더 진취적이고 미래 지향적인 분야에서 땀을 흘릴 때 우리의 미래가 좀 더 활기차지지 않을까 하는 생각이다.

다음은 존 케네디 대통령의 아버지 조셉 케네디의 이야기다.

조셉 케네디는 아일랜드계 이민 3세로 하버드 대학을 나와 성공한 기업

가로, 정치가로 명성을 날린 사람이었다. 그러한 아버지의 후광으로 훗날 존 케네디가 대통령이 될 수 있었던 것이다. 주식 투자가이기도 했던 조셉 케네디는 어느 날 길거리에서 구두를 닦다가 구두닦이 소년들이 주식 이야기를 나누는 것을 들었다.

'구두닦이 소년들이 주식 이야기를 할 정도라면······.'

이렇게 생각한 조셉 케네디는 보유한 주식을 모두 팔아 버렸다. 그러자 곧 주식 시장은 대폭락을 맞았고 이는 대공황으로 이어졌다. 구두닦이가 주식 이야기를 할 정도면 폭락할 때가 가까웠다는 신호로 받아들인 것이다.

이것은 우리나라도 마찬가지다. 가정주부를 포함하여 개미군단이 대거 몰려오면 주식 시장의 폭락이 가까웠다는 신호로 보면 된다.

대학 학자금의
부익부 빈익빈

교실 밖, 펄떡이는 경제 이야기

대학 학자금 제도를 알고 있을 것이다. 말 그대로 집안이 가난한 대학생들을 위해 낮은 이자로 돈을 빌려주고, 졸업 후에 이를 갚도록 하는 제도이다. 졸업 후에는 취업을 했든 안 했든 대출금을 갚아 나가야 한다.

취업을 못했거나 대학원에 진학한 경우라면 문제가 심각해진다. 이들은 학자금 이자를 갚느라 허리가 휠 정도다. 게다가 2006년부터는 이자도 연 7.05%로 뛰어 이자 부담을 더욱 크게 만들고 있다. 대학 때 3~4회 정도 학자금을 빌렸다면 대학원에 진학했을 경우 월 30만 원 정도의 이자 부담을 안고 있다는 계산이 나온다.

가장 큰 문제는 이 제도가 처음의 취지와 다르게 부유층 편중 현상으로 시행되고 있는 것이다. 정부의 통계에 따르면 정부보증 학자금 대출비율이 시간이 갈수록 부유층에 쏠리고 있는 것으로 나타나고 있다.

예를 들면 2005년의 경우 기초생활수급권자와 하위 1~3분위의 저소득계층에 대출되던 학자금의 비율이 51.4%였으나 2007년이 되면서는 37.5%로 떨어진 반면, 상위 6~10분위에 대출된 학자금은 2005년의 31.0%에서 2007년에는 48.8%로 높아졌다. 저소득층을 위해 만들어진 제도가 부유층을 위한 제도로 변모하고 있는 것이다.

이런 현상이 나타나는 것은 고금리 때문이다. 학자금을 빌려주는 은행으로서는 다른 금리와 연계되다 보니 학자금 대출도 이자율이 높아질 수밖에 없다는 항변을 한다. 이렇게 이자율이 높아지다 보니 가난한 집 학생은 이자를 갚지 못해 휴학을 하게 되고, 부유층 학생들은 연체와는 관계없이 학자금을 빌릴 수 있다는 것이다.

가난한 학생은 돈이 없어 휴학을 해야 하고, 또다시 사회 진출이 늦어지는 악순환이 이어지고 있다.

세상을 움직이는 속설들

교실 밖, 펄떡이는 경제 이야기

사회 현상을 보고 경기를 진단하는 속설은 여러 가지가 있다. 그 중 하나가 립스틱 이론이다. 경기가 나빠지면 립스틱 판매량이 늘어난다는 것이다. 판매가 늘어날 뿐만 아니라 색깔도 자연색에서 강렬한 붉은색, 와인색으로 바뀐다고 한다. 세계적인 화장품 브랜드의 하나인 에스티 로더는 오랫동안의 화장품 판매 경험에서 나온 립스틱 지수라는 것을 발표했는데, 이에 따르면 경기와 립스틱 판매의 상관관계가 매우 높다고 한다.

실제로 9.11 테러가 일어났던 2001년의 불황기에는 립스틱 판매가 큰 폭으로 상승했다. 이에 대해 심리학자들은 불황이 되면 일단은 사치품 구입을 줄이지만 심리적인 사치품인 립스틱은 자기만족을 위해서 오히려 매출이 늘 수 있다고 말했다.

경기를 몸으로 느끼는 남대문 시장 상인들도 나름대로의 경기지표를 가지고 있다. 이들에 의하면 아동복 매출이 줄어들면 그것은 경기침체의 신호라고 한다. 반대로 신사복 매출이 늘어나면 경기가 좋아지는 신호라는 것이다. 남자들은 경기가 좋아지면 자녀-부인-본인순으로 옷을 구입하지만 경기가 나빠지면 본인-부인-자녀순으로 구입을 줄인다고 한다. 그래서 아동복 매출이 줄어들면 불황의 징조로, 신사복 매출이 늘어나면 호경기의 징조로 받아들인다는 것이다.

또 다른 속설 중에는 미니스커트와 유혹 이론이 있다. 그에 의하면 경기가 나빠지면 먹고 살기에 지친 남자들은 어깨가 처지고 이성에 관심을 가질 여력이 없어지고 그런 남자들의 눈길을 끌기 위해 치마 길이는 점점 더 짧아진다. 즉, 불경기에는 미니스커트가 유행한다는 것이다.

그러다 경기가 좋아져서 흥청거리게 되면 남자들의 옷차림이 화려해지고 멋을 내는 사람들이 늘어난다. 이때 남자들의 관심사는 여성에게로 쏠리게 된다. 그러면 치마 길이는 다시 길어져 맥시, 미디가 유행한다는 것이다. 어떻게 들으면 참으로 그럴싸하게 들린다.

이 속설에 대해 미국의 경제학자 마브리는 반대의 견해를 내놓았다. 미국의 경기가 흥청거리던 1920년대는 짧은 치마가 유행이었다가 1930년대의 대공황을 맞으면서 치마 길이는 종아리 아래로 내려갔다. 그러다가 다시 경기가 좋아진 60년대는 최초로 미니스커트가 등장한 시기이기도 했다. 다시 오일 쇼크 등으로 불황이었던 70년대는 치마 길이가 종아리 아래로 내려갔다는 것이다.

우리나라의 연구 결과도 현실은 속설과는 다름을 보여준다. 즉, 경기가 좋았던 70년대 초반에는 미니가 유행하다가 오일 쇼크가 일어난 74년을 기점으로 치마 길이는 다시 길어져 미디와 맥시가 유행했으며, 80년대의 불확실한 정치·경제적 상황에서는 미니, 미디가 공존한 시기였던 것으로 밝혀지고 있다. 결국 미니스커트는 경기와는 별 상관없이 유행 따라 길어졌다 짧아졌다를 반복하는 것으로 이해하면 될 것 같다.

왜 은행은 가장 좋은 건물의 1층에 있을까?

교 실 밖 , 펄 떡 이 는 경 제 이 야 기

"비바람이 몰아칠 때 더 큰 우산이 되어드리겠습니다."

어느 은행 광고이다. 은행이나 금융기관들은 이 광고에 나오는 것처럼 대부분 비 오는 날, 재해나 사고 또는 어려운 시기를 대비하여 고객에게 힘이 되어드리겠다는 약속을 내걸고 있다. 그러나 이를 그대로 믿으면 큰 손해를 본다. 은행도 기업인 이상 고객을 위해 존재하는 것이 아니라 자신의 이익을 위해서 존재한다. 그러한 금융기관의 본질을 모르고 광고만 믿다가는 큰 코 다친다.

은행은 예대마진으로 먹고 산다. 대출에 대해서는 높은 이자를 받으면서 예금에 대해서는 낮은 이자를 준다. 그 차액이 예대마진이다. 은행이 가장 꺼리는 것은 회수불능의 불량 채권이다. 그래서 은행은 안전한 거래처, 즉 신용이 확실한 사람에게는 낮은 이자로 빌려주지만 신용이 악화되면 채권을 회수해버리거나 높은 이자를 받는다. 그래서 작가 마크 트웨인은 이렇게 말했다.

"은행은 날씨가 맑을 때 우산을 빌려줬다가 비가 오면 빼앗아가는 곳이다."

IMF 외환위기 당시를 되돌아보자. IMF가 터지자 기업들은 거의 신용 불량 상태에 빠져버렸다. 그러자 은행들은 기업에 빌려주었던 돈을 빠르게 회수하기 시작했다. 그렇게 자금난이 가속화되자 기업들은 연쇄적인 부도사태에 직면하게 되었다. 회수한 돈을 어딘가에 빌려 줘야만 은행이 먹고살 수가 있다. 그게 어딜까?

바로 안전한 가계대출이다. 직장과 아파트만 있으면 이를 담보로 한도까지 빌려 주는 것이다. 예대마진율도 가계대출이 훨씬 더 높다. 기업대출의 예대마진은 3% 미만이지만 가계의 예대마진은 4~5%에 이른다. 그렇게 안전장사를 한 것이다.

그러다가 IMF 후유증이 깊어지자 직장을 잃거나 소득원이 없어지는 가계가 늘어나기 시작했고, 많은 가계들이 신용불량 상태가 되었다. 이어진 것은 대대적인 개인파산이었다.

카드 회사들도 마찬가지였다. 기업대출이 여의치 않자 길거리에서 마구잡이로 카드를 발급해주었다. 이때는 직업이 없는 젊은이들은 물론이고 노숙자들도 카드 3~4개씩은 가지고 있었다. 소득이 없는 사람들에게 무분별하게 카드를 발급하면 결과는 불을 보듯 뻔하다. 대대적인 금융대란이 뒤를 이었다. 이것이 금융권의 본질이다.

은행도 부도가 날까? 물론이다. 은행도 기업이다. 부실대출이 많거나 일시에 예금인출이 몰리면 부도가 난다. 기업을 평가할 때는 BIS라는 기준을 사용한다. 이는 자기자본 비율을 가리킨다. 자기자본을 총자산으로 나눈 후 100을 곱하는데, 이 수치가 50 이상이면 안정, 100 이상이면 우량기업으로 본다. 은행은 돈 자체가 상품인 기업이므로 일률적으로 적용할 수 없지만 국제결제은행에서는 BIS 비율을 8% 이상으로 유지하도록 권고하고 있다. 그 정도는 돼야 위기상황에 대처할 수 있다는 의미이다.

몇 년 전 일본에서는 여고생들 사이에 ××은행이 위기라는 소문이 퍼져 예금인출 사태가 벌어진 적이 있다. 물론 근거 없는 소문이었지만 하나둘 예금을 인출하기 시작하자 지급불능 사태에 빠진 것이다. 은행은 어떤 경우에도 안전하다는 믿음을 줘야 하며 신용을 무엇보다 중요하게 생각한다.

그래서 모든 은행은 어떤 경우에도 우리 은행은 안전하다는 인상을 주기 위해 좋은 건물의 가장 비싼 1층에 점포를 얻는 것이다.

쇼핑카트는 왜 자꾸만 커지는가?

교실 밖, 펄떡이는 경제 이야기

대형 할인점들의 쇼핑카트의 크기가 점점 더 커지고 있다. 이마트, 롯데마트, 홈플러스 등이 모두 몇 년 전 100ℓ 조금 넘던 것이 150ℓ, 요즘은 180ℓ로 교체하고 있다. 이는 물건을 수레에 가득 채우고 싶어 하는 인간의 심리를 이용하려는 고도의 상술인 셈이다.

초기에는 쇼핑 바구니를 비치했다가, 편리한 카트로, 카트의 크기는 점점 대형화됐다. 일단 많은 상품들을 보면 무의식적으로 구매의욕이 생긴다는 것이다.

이처럼 오프라인 매장은 알고 보면 고객과 치열한 심리전이 전개되는 전장이다. 미국의 대형 할인점은 계산대 쪽으로 향하는 바닥을 높이고 있다. 바닥이 높으면 카트를 끌고 가기가 힘들어진다. 바퀴가 역회전하기도 한다. 그러는 동안 하나라도 더 팔린다는 것이다.

반면 계산을 마친 고객에게는 바닥이 내리막길로 되어 있어 계산을 마치고 빨리 나가도록 되어 있다. 이 정도면 고도의 심리전이다.

백화점은 엘리베이터를 찾기가 어렵게 설계되어 있다. 구입한 물건만 가지고 쉽게 빠져나가지 못하도록 하기 위해서다. 에스컬레이터도 마찬가지다. 위층으로 올라갈 때는 쉽게 에스컬레이터를 타도록 설계되어 있지만 내려갈 때는 한 바퀴를 빙 돌아야 에스컬레이터를 타도록 되어 있다.

한 바퀴를 도는 동안에 다른 물건을 더 사도록 하기 위함이다.

백화점의 매출은 고객이 매장에 머무는 시간과 비례하기 때문에 가능한 오랫동안 매장에 잡아두려는 계산이다. 낮은 층에는 여성용품을, 높은 층에는 남성용품을 두는 것도 심리전이다. 남자는 목적지로 직행하는 반면 여성은 층마다 구경하면서 쇼핑을 한다.

상품 배열도 철저한 계산 하에 이루어진다. 쇼핑 시간을 측정한 결과 여자가 혼자 오면 5분 2초, 아이와 같이 오면 7분 19초, 여자 둘이 오면 8분 15초라고 한다. 반면 남자와 여자가 같이 오면 4분 41초로 가장 짧다. 남자는 쇼핑이 지겨워 빨리 가자고 재촉하는 것이다.

이를 위해서 여성복 매장 바로 옆에 남자들이 좋아하는 디지털 카메라나 컴퓨터 소프트웨어 매장을 차리는 것이다. 그러면 남자들은 그걸 구경하느라 재촉을 않음은 물론이고 오히려 매출로 연결될 수도 있다.

고객이 들고나는 입구에는 비교적 가격이 저렴한 잡화를 진열하는 것도 잊지 않는다. 입구에 저렴한 가격의 상품이 있어야 전체적으로 비싸다는 느낌을 주지 않기 때문이다. 또 나가는 출구에 이런 상품을 진열해서 마지막으로 지갑을 한 번 더 열게 하기 위해서다.

백화점에 창문과 시계가 없는 것도 오직 쇼핑에만 몰두하게 하려는 고도의 계산이 깔려 있다.

그 많던 공중전화와 우체통은 어디로 간 걸까?

교 실 밖, 펄 떡 이 는 경 제 이 야 기

2006년 12월 18일자로 한국은행이 새로운 동전 10원짜리를 유통시키기 시작했는데, 이 조치로 가장 손해를 보는 곳이 어딜까? 바로 공중전화이다. 휴대폰의 대중화로 애물단지가 되어버린 공중전화, 지난날의 화려했던 영광을 되새기며 길거리에 묵묵히 서 있지만 적자에 허덕이고 있다.

그렇다고 모두 철거해버릴 수도 없는 노릇이다. 새로운 동전이 등장하면서 공중전화도 부품을 모두 교체해야 한다. 공중전화는 동전의 무게와 크기로 금액을 인식하는 시스템이므로 동전이 바뀌면 부품도 바뀌어야 한다. 여기에 드는 돈이 40억 원에 이른다.

1990년대까지 공중전화는 주머니 속의 삐삐와 함께 최고의 전성기를 누렸다. 주머니 속의 삐삐가 울리면 곧장 달려가는 곳이 공중전화였다. 그러나 이제는 30분을 기다려도 이용자를 거의 찾아볼 수 없다. 하지만 이제 그 공중전화가 다시 한 번 화려한 변신을 준비하고 있다.

새로 등장할 공중전화는 동전이나 전화카드도 필요 없이 신용카드로 전화를 걸 수 있으며 문자 서비스와 위치확인 서비스, 지리정보 서비스가 추가되고 휴대폰이나 디지털 카메라의 충전까지 가능하다.

또 지역별 맛집 정보도 제공할 예정이어서 이젠 낯선 도시에 도착해서 맛있는 음식점이 어딘지 수소문할 필요도 없어진다. 아무튼 새로운 기능으로 무장한 공중전화를 만날 수 있어 감회가 새롭다.

공중전화는 그렇게라도 살아날 기미를 보이지만 길거리에서 눈비를 맞고 서 있는 우체통은 참으로 안타깝기만 하다. 그 옛날, 밤새워 찢고 또 찢으면서 썼던 편지를 빨간 우체통에 넣던 아름다운 추억은 이제 더 이상 찾을 길이 없어 보인다. 체신청에서도 이용도가 낮은 우체통을 순차적으로 없앤다는 입장이고 보면 기쁨의 전도사였던 빨간 우체통이 사라질 날도 머지않은 듯하다.

그러나 전문가들은 디지털 문화가 발달할수록 아날로그의 향수는 짙어질 것이라고 말한다. 아날로그가 언어라면 디지털은 숫자이다. 주민번호, 전화번호, 카드번호 등 모든 것이 디지털적인 편리함을 추구한다지만 누군가 손을 잡으며 따뜻하게 건네는 말 한마디와는 견줄 수 없다는 것이다. 세상이 삭막해질수록 아날로그적인 정은 더욱 가치를 발하게 된다.

디지털을 편리함, 자동화, 기계화, 정밀함, 냉철함 등의 단어로 표현한다면 아날로그는 단순함, 그리움, 기다림, 자연적인 것, 연속적인 것을 상징한다. 디지털이 기계적인 차가움이라면 아날로그는 종이 냄새, 사람 냄새나는 정이다. 인간인 이상 인간적인 따사로움을 외면할 수는 없으며 아날로그가 디지털 시대를 맞아 다시 한 번 꽃필 것이라는 전망이다.

사람의 손이나 몸이 있어야만 할 수 있는 회화나 서예, 연주, 연극 같은 문화 운동이 대도시를 중심으로 새롭게 태동하는 것도 디지털에 대한 아날로그의 반발이다. 대학가를 중심으로 국토순례와 자연사랑 운동이 활발히 전개되고, 대학가에서 옛 먹을거리가 다시 등장하는 것도 이런 바람이다.

대도시의 술 문화에도 아날로그적인 면모가 엿보인다. 70, 80년대의 노래를 들으며 막걸리를 마시고, LP 레코드를 틀어주는 찻집이 생겨나고 있다.

가장 아날로그적이라 할 수 있는 꽃의 경우를 보자. 디지털 문화가 심화되기 시작한 1990년대 후반부터 꽃 수요가 빠르게 늘어나고 있다. 아마도 몇몇 첨단 분야를 제외하면 근래에 가장 빠르게 성장하고 있는 분야가 꽃 시장이 아닌가 생각된다. 생화로 실내를 장식하는 카페가 늘어나고 아예 카페 한 컨에 꽃과 허브를 장식하거나 판매하는 곳도 생겨나고 있다.

스타벅스가 파는 것은 커피가 아니다. 스타벅스가 파는 것은 아늑한 분위기다. 스타벅스가 그처럼 빠르게 성장할 수 있었던 것도 바로 이런 시대적 배경에서 이해하지 않으면 안될 것 같다.

이는 디지털 상품에서도 마찬가지다. 디지털 상품이라면 오직 첨단 기술로만 만들 것 같지만 그렇지 않다. 디지털 상품일수록 아날로그적인 감성을 담아내야만 성공할 수 있다. 애플의 아이팟 같은 경우가 디지털과 아날로그를 절묘하게 결합한 것으로, 디지털 상품에 아날로그적인 특성을 담아낸 것으로 볼 수 있다.

세계 각국에서 그림이나 골동품 같은 경매 시장이 최근 빠르게 성장하는 것도 아날로그적인 그리움에서다. 이제는 디지털 환경인 인터넷에서도 가장 아날로그적인 상품을 판매하는 곳이 인기 사이트가 될 전망이다.

미국의 포비언이라는 기업에서는 기존의 디지털 카메라보다 3배나 선명도가 높은 X3를 내놓았는데, 이 기술은 바로 아날로그다. 기존의 디지털 카메라의 경우에는 0, 1밖에 인식하지 못하기 때문에 사물을 빨강, 파랑, 노랑 3가지 중 어느 하나로 인식하게 된다. 따라서 전체 화면을 추정하여 모자이크하는 방식임에 비해 포비언에서 선보인 카메라는 실리콘 내부에 아날로그 회로를 넣어 표면에는 파랑색을, 중간에는 노란색을, 내부에는 빨간색 감지장치를 넣음으로써 한 화소에서 3가지의 색 모두를 감지하도록 했다. 이는 디지털이 다시 아날로그 기술의 도움을 받는 경우일 것이다.

마케팅 분야 중에서도 가장 아날로그적인 감성을 갖춰야 하는 곳은 디자인 분야다. 차가운 제품일수록 따뜻하게 포지셔닝해야 하기 때문이다. 최근 슬림 바람을 타고 바형 휴대폰이 다시 등장했고, 삼성전자에서 내놓은 휴대폰 세린은 80년대 다이얼식 전화기를 연상하게 하지만 명품으로 떠오르고 있다.

삼성전자의 마이펫은 모바일 애견 키우기다. 휴대폰 속에서 자라는 애완견이다. 정을 주고 싶어 하고, 정을 받고 싶어 하는 인간의 본성을 반영한 상품인 것이다. 세상이 아무리 변하고 아무리 인간이 편리함을 추구한다 해더라도 귓가에서 속삭이는 한 마디, "사랑한다!"는 말 한 마디를 능가할 것은 없다.

최근의 분위기를 보면 세상은 온통 디지털로 갈 것 같고 아날로그는 추억 속에서만 남아있을 것 같지만 아날로그는 사라지지 않는다. 오히려 아날로그는 영원하다고 해야 할 것이다.

정부가 시장질서에 지나치게 관여하면 왜 문제가 악화되는가?

교실 밖, 펄떡이는 경제 이야기

수정 자본주의 하에서는 정부의 관여가 용인된다. 정부도 하나의 경제 주체가 되어 시장의 흐름에 참여하는 것이 도움이 된다는 의미이다. 정부의 적극적인 투자로 1930년대의 대공황을 극복한 것이 그 사례이다.

그러나 이런 정부의 관여가 시장의 흐름에 역행하거나 규제와 간섭으로 작용하는 경우에는 오히려 문제를 일으킬 수 있다. 부동산 가격이나 원자재, 생필품 등의 가격이 지나치게 오르면 정부로서도 이를 안정시키고 싶은 유혹을 받는다. 그래서 이런 저런 규제 정책을 시행하게 되지만 이것이 시장 흐름을 왜곡시키는 방향으로 진행될 경우에는 더 큰 부작용을 낳게 된다는 것이다. 재미있는 사실은 정부의 개입은 오히려 보호하려는 계층에게 피해를 주게 된다는 사실이다.

프랑스 혁명 당시 정권을 장악한 사람은 자코뱅당의 로베스피에르였다. 그는 변호사 출신으로 평생 결혼도 하지 않고서 가난한 사람들을 위해서 일하겠다던 다분히 사회주의에 가까운 이상주의자였다.

그는 부르주아 계급 1만 5천 명을 잡아들여 그들의 부를 빼앗고 단두대로 보내 목을 잘랐다. 그렇게 빼앗은 부를 농민과 가난한 사람들에게 나누어주었음은 물론이다. 그는 빈곤의 해방자라며 열렬한 추앙을 받았다.

그러나 그렇게 나누어준 돈은 단기적인 소비자금으로 변해 재생산이 이루어지지 않아서 오히려 일자리가 줄어드는 현상이 나타났다.

로베스피에르는 서민들의 생활을 돕겠다면서 생필품의 가격 통제에 나섰다. 빵 값이 오르자 밀가루 가격을 올린 제분업자들을 잡아다 단두대로 보내 목을 잘랐다. 그러자 다른 제분업자들은 아예 공장 문을 닫아 버렸고, 수요처가 없어진 농민들은 밀농사를 포기했다. 정부는 하는 수 없이 비싼 외국산 밀가루를 들여와서 빵을 만들었고 빵 값은 몇 배로 뛰었다.

다음은 우유였다. 우유 값이 비싸다며 젊은 엄마들이 길거리로 나와 데모를 하자 로베스피에르는 우유 가격을 동결해버렸다. 그러자 목축업자들이 줄줄이 도산했다. 이번에는 다시 목축업자들을 돕겠다며 사료 가격을 통제하기 시작했다. 결국 사료업자들 역시 문을 닫아 버렸고, 우유는 품귀 현상이 일어나 10배 정도로 가격이 뛰었다.

이런 방식의 가격 통제는 독재 정권이나 인기에 영합하려는 정권에서 많이 나타난다. 브라질, 베네수엘라, 아르헨티나 등의 남미 정권들은 가난한 사람들의 인기를 얻기 위해 각종 가격 통제와 선심 정책을 남발하고 있지만 그 결과 시장 질서를 왜곡시켜 전반적인 경제 침체가 나타나고 있다.

미국에서는 한때 금주법이 시행되고 있었다. 술로 인한 범죄 등의 피해를 막자는 취지에서였다. 부자들은 단속을 피해서 얼마든지 술을 구할 수 있었지만 가난한 사람들은 몇 배나 비싸진 술을 구하기 위해 일해서 번 돈을 모두 투자해야 했다. 또 술을 구하기 위해 범죄 집단에 가입하는 사람들도 빠르게 늘어났다. 결국 범죄는 이전보다 더 늘어났고 이로 인한 모든 피해는 대부분 가난한 사람들에게 돌아갔다.

영국에는 창문세라는 세금이 있었다. 창문이 많은 큰 저택에는 세금을 많이 부과하고, 창문이 적은 서민들에게는 세금을 깎아주자는 취지였다. 다시 말하면 부자들의 돈을 빼앗아 가난한 사람들을 도와주자는 것이다. 그러자 부자들은 끄떡도 하지 않았지만 가난한 서민들은 있던 창문마저도 막아버렸다. 세금을 낼 형편이 되지 않았기 때문이다. 그리고 몇 년이 지나자 런던 빈민가에는 전염병이 창궐했다. 햇볕 한 점 들지 않는 습기 찬 집안에 온갖 병균들이 득실거리게 된 것이다.

우리나라의 경우, 양극화 해소를 최우선으로 강조했던 참여정부는 GDP 평균 성장률이 4.9%에 불과한데도 복지예산은 77.6%나 늘렸다. 결국 이것이 성장의 발목을 잡아 오히려 양극화는 심화되었다. 통계청 자료에 의하면 '소득 5분위 비율(상위 20%의 평균소득이 하위 20%의 평균소득의 몇 배인지를 나타내는 비율)'은 5년 연속 악화되었다.

 ## 쌀이 남아도는 나라에서 왜 굶는 사람이 있나?

최근 서울 거리에 '주먹밥 콘서트'라는 이름의 자선 공연이 등장했다. 주로 점심시간을 이용하여 샐러리맨들이 많은 도심 소공원 같은 곳에서 공연한다. 청계천변 한국관광공사 앞에서는 매주 수요일 점심시간을 이용하여 공연한다. 공연을 보면서 주먹밥으

로 점심을 때우고 대신 점심값으로 밥을 굶는 사람들을 돕자는 취지의 행사이다.

이 행사를 기획한 곳은 성공회 푸드뱅크 측이다. 점심시간마다 '뭘 먹을까' 고민하는 직장인들의 고민도 해결해주고, 공연을 통해 업무 스트레스도 해결해주고, 다른 한편으로는 결식계층도 도와주자는 취지이다. 물론 이 공연에 참여하는 연예인들은 자원봉사 차원에서 참여한다.

여기서 걷힌 돈으로 결식계층의 먹는 문제를 일부나마 해결해주려는 취지에서 마련된 공연이다. 물론 취지는 훌륭하다. 하지 않는 것보다는 100배 낫다. 하지만 그것으로 굶는 문제를 얼마나 해결할 수 있을지 의문이 든다.

저녁시간에 서울역 지하도를 지나다 보면 노숙자들이 길게 늘어서서 종교단체에서 제공하는 무료급식을 배식받고 있는 광경을 자주 볼 수 있다. 우리나라에서 밥을 굶는 사람의 숫자는 60만 명이나 된다. 정예 국군보다 많은 숫자이다. 신문에도 결식아동, 결식계층에 관한 기사가 심심찮게 실리고 있다.

그런가 하면 벼 수확기가 되면 쌀이 남아돌아 이의 보관비용만도 수천억 원에 이른다는 기사가 실린다. 쌀이 남아도는 나라에서 밥을 굶는 사람이 있다는 사실을 어떻게 해석해야 할까? 분명 시스템에 문제가 있다. 보관비용만 수천억 원에 이른다면 그 비용 일부로 이들의 먹는 문제를 해결할 수 없을까?

우리나라의 쌀 생산량은 450만 톤 전후, 매년 100만 톤 정도가 남아돈다. 여기에 비해 쌀 소비량은 점전 줄어들고 있다. 2000년만 해도 1일당 쌀 소비량이 연간 90kg 정도이던 것이 01년 88.9kg, 02년 87.0kg, 03년 83.2kg, 04년 82.0kg, 05년 80.7kg 그리고 06년 마침내 80kg 저지선마저 무너져 78.8kg을 기록했다.

허나 이것도 아직 멀었다. 일본의 경우 61.5kg(04년 자료), 대만 48.6kg(05년 자료)에 비춰 보면 쌀 소비량은 훨씬 더 줄어들 것이기 때문이다. 이렇게 남아도는 쌀을 보관하는 데에만 한해에 3천억 원 정도의 돈이 들어가야 한다.

여기에 변수가 하나 더 있다. 한·미 FTA에서 쌀이 개방에서 제외되었다 하더라도 관세유예 조치로 인해 매년 2만 톤 이상을 수입해야 하며, 그 수량도 점차 늘려가야 한다. 그러면 쌀 재고량은 더욱 늘어나게 된다.

경제학의 핵심은 먹고사는 문제의 해결인데, 이는 역설 중 역설이다. 이는 우리나라뿐 아니라 전 세계적인 문제이다. 지금 세계의 곡물 수확량은 세계 인구 전체를 먹여 살릴 수 있다고 한다. 그렇다면 곡물을 가장 많이 수출하는 나라 브라질에서 밥을 굶는 사람들이 가장 많다는 것은 또 어떻게 해석해야 할까?

미국 등 일부 곡물 과잉생산 국가에서 대서양에 쏟아버리는 곡물이면 아프리카, 아시아의 식량 부족 현상을 상당 부분 해결할 수 있지만 그것도 마음대로 할 수가 없다. 왜냐하면 세계의 곡물 시장을 주무르는 자본들이 반대하기 때문이다. 이 자본이 추구하는 것은 당연히 이윤인데, 이들의 이윤을 보장하려면 늘 부족 사태가 일어나야 하기 때문이다.

다시 우리나라 문제로 돌아가보자. 그러면 정부가 이들 결식계층에 남아도는 쌀을 무료로 나누어주면 해결될까? 그것도 방법이 되지 않는다. 쌀만으로 해결되지 않기 때문이다. 잠자리도 없는 사람들이 어디서 무슨 수단으로 밥을 지어 먹는단 말인가.

그럼 일부 종교단체나 자선단체들에게 쌀을 지원해주고 대신 무료로 급식을 해결해주라고 하면 될까? 그것도 여건이 되지 않는다. 점심 한 끼 정도는 몰라도 하루 세 끼니를 챙겨줄 수는 없는 일이다.

그럼 정부에서 쌀과 돈을 대어주고 이들에게 먹는 일을 해결해줄 기업을 설립하면 어떨까? 그것도 불가능하다. 어느 한 곳에 모여 있다면 몰라도 전국적으로 흩어져 있는 이들을 어떻게 먹인단 말인가. 배송비용이 더 큰 문제가 될 것이다. 점심 한 끼 챙겨두는 데에도 엄청난 배송비용이 들어간다.

경제학의 가장 중요한 임무가 먹고사는 문제의 해결인데, 쌀이 남아돌면서도 그것 하나를 해결하지 못한다는 것이 아이러니컬하다.

농산물 가격의 딜레마와 그레인 쇼크

교 실 밖 , 펄 떡 이 는   경 제   이 야 기

농산물 가격은 대략 2년을 주기로 요동을 친다. 가격이 폭등하면 도시 소비자들은 비싸다고 아우성, 가격이 폭락하면 농민들이 비료 값도 건지지 못한다면서 아우성이다. 이렇게 농산물이 가격등락을 거듭하는 이유는 수요와 공급의 비탄력성, 기후의 영향, 심리적인 요인 등이 가세하기 때문이다.

우선 비탄력적인 수요, 공급을 보자.

일반적인 상품은 가격이 내려가면 수요가 늘어나고 가격이 오르면 수요가 줄어들어 균형을 맞추지만 농산물은 가격이 오르거나 내려도 수요가 별반 줄거나 늘어나지 않는다. 쌀값이 내려갔다고 하여 하루에 5끼를 먹지는 않고 쌀값이 폭등해도 밥을 굶을 수는 없기 때문이다.

비탄력적인 공급도 농산물 가격을 불안하게 만드는 요인이다. 농산물 가격이 오른다고 해서 당장 생산량을 늘릴 수는 없으며 가격이 폭락해도 이미 파종한 농산물을 갈아엎을 수는 없다. 상품의 특성상 공급이 시장 가격에 적응하기 위해서 어느 정도의 시차가 필요하다는 것이다.

다음으로는 기후라는 요인이 작용한다. 집중호우나 한발 등으로 농작물이 피해를 입으면 공급부족으로 가격이 폭등한다. 기후조건이 좋아서 풍년이 들면 가격이 폭락하기도 한다.

여기에는 또 다분히 심리적인 요인도 작용한다. 어느 해 흉년이 들어 마늘가격이 폭등했다고 가정해보자. 그러면 이듬해 농민들은 마늘파종을 대대적으로 늘리려 한다. 농민들의 이런 마음을 읽은 정부는 가격폭락이 우려된다며 마늘파종을 줄이라고 농민들을 설득하기 시작한다. 그러면 농민들은 이렇게 생각한다.

'다른 농가 모두가 마늘 파종을 줄일 때 나 혼자만 파종을 늘린다면 큰 수익을 올릴 수 있을 거야.'

모든 농가들이 거의 비슷한 생각으로 마늘파종을 늘리기 때문에 마늘가격은 다시 큰 폭으로 하락한다. 결국 마늘은 2년 연속 가격이 폭락하게 된다. 농산물 가격이 대략 2년을 단위로 등락을 거듭하는 이유가 여기에 있다.

이렇다 할 정보가 없는 농민들로서는 위험부담을 줄이기 위해 보통 남이 하는 대로 따라서 하는 경향이 있다. 남과 다르게 행동하는 것이 오히려 위험부담을 늘리는 방법임에도 심리적으로는 남을 따라하는 것이 안심이 된다는 것이다.

이를 해결할 수 있는 한 가지 방법은 완전한 정보를 농민들에게 주는 것이다. 우리나라의 마늘수요는 총 얼마이며, 내년에 수입될 물량은 어느 정도이다. 현재까지 파종한 면적은 적정량의 몇 % 하는 식으로 농민들에게 실시간 정보를 제공하면 어느 정도는 가격폭락을 막을 수 있을 것이다.

농민들은 농산물 가격이 올라도 중간상인들의 농간 때문에 별반 재미를 보지 못한다. 도시에서 2천 원, 3천 원을 주고 사는 배추 1포기에 농민들에게 돌아가는 몫은 얼마 정도일까? 기껏해야 천 원 정도이다.

농민이나 중간상 모두 다수이기 때문에 쌍방 경쟁이 성립되어 시장원리가 적용될 것 같지만 그렇지 못하다. 이들의 거래에 있어서는 정보와 자본을 가진 중간상이 절대적으로 유리하다.

수확 철이 다가오면 농민들은 초기에, 제법 좋은 가격으로, 물량 전체를 팔아버리는 것이 가장 이익이 된다. 농산물은 특성상 제철을 넘기면 가격이 떨어지는 약점을 가지고 있는데다가 자녀의 학자금이다 뭐다 하여 목돈이 필요한 농민들이다. 이를 눈치 챈 중간상들이 그 약점을 잡고 거래를 시작한다. 그래서 대부분 처음 제시한 것의 절반 정도의 가격에 거래가 성립되는 것이 농산물 시장이다.

지금 전 세계적으로 곡물 가격이 폭등을 거듭하고 있다. 3차 대전은 식량 전쟁이 될 것이라는 전망도 나오고 있다. 식량 문제가 대두되는 것은 근래의 기후변화와 관련이 깊다.

세계 최대의 식량생산국인 미국은 2008년 전 세계의 식량수급은 2,900만 톤이 부족할 것으로 전망하고 있다. 전망이 이러하자 러시아, 우크라이나, 중국, 아르헨티나 등 주요 곡물생산국들은 식량수출을 제한하기 시작했다. 그러자 그렇지 않아도 오름세를 보이던 곡물 가격이 가파른 상승세를 타기 시작했다. 세계는 지금 글로벌 보릿고개를 앞두고 있는 것이다. 이를 전문가들은 그레인 쇼크^{Grain Shock}(곡물 쇼크)라고 부른다.

그레인 쇼크는 오일 쇼크에 못지않을 정도로 위력적이다. 지금 일어나고 있는 애그플레이션 자체가 그레인 쇼크의 일부이다.

이는 단기적으로 해결될 문제도 아니다. 국내외 어디서든 더 많은 농지를 확보하여 농사를 더 많이 짓거나 안정적이고도 장기적인 수입원을 확보해야 해결이 된다. 특히 우리나라처럼 식량자급도가 낮은 나라에서는 곧바로 안보 문제로 연결될 수도 있다.

우리나라는 쌀을 제외한 거의 모든 곡물을 수입에 의존하고 있다. 쌀을 제외한 주요작물의 자립도를 보면 밀 0.2%, 옥수수 0.8%, 콩 13.6% 등이다. 문제가 좀 더 심화되면 돈을 주고도 식량을 구할 수 없는 사태가 일어날지도 모른다.

일본은 동남아, 중국, 남미 등지에 자국 경작면적의 3배에 이르는 농지를 확보해두고 이에 대비하고 있다. 우리나라의 경우 10여 곳의 기업에서 연해주 등에 소규모 농지를 확보하고 있지만 문제 해결의 차원과는 거리가 멀다. 그렇다고 기존의 논이나 밭에 밀이나 콩을 심게 할 수도 없다. 그래봐야 국제 가격보다 터무니없이 비싸기 때문이다.

세계식량기구[FAO]에서는 각국에 대해 연간 소비량의 18~19%를 재고로 확보하라고 권고하고 있지만 우리나라의 재고량은 쌀 13.7%, 밀 11.8%, 옥수수 5.3%, 콩 10.6%로 권장치를 훨씬 밑돌고 있다. 인류에게 있어 가장 중요한 문제, 먹는 것에 대한 근본적인 대책이 필요한 시점이다.

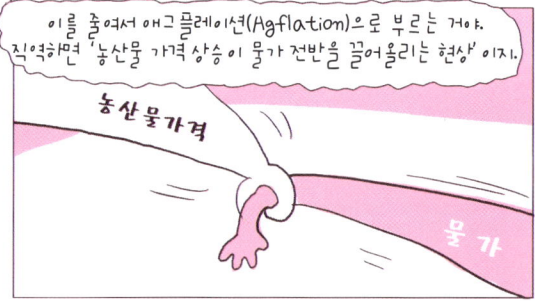

휘발유 값은 왜 그리 말이 많은가?

교실 밖, 펄떡이는 경제 이야기

한동안 주유소의 휘발유 값 공개를 놓고 말이 많았다. 주유소 협회에서는 이에 집단으로 반발하면서 정유사의 휘발유 값부터 공개하라고 요구했다. 주유소들이 이처럼 휘발유 가격 공개에 반발하는 이유는 휘발유 값이 대부분은 세금으로 정부가 거두어들이고, 나머지도 상당 부분 정유사들이 가져가면서 정작 소비자들에게는 주유소들이 폭리를 취하는 것처럼 비친다는 이유이다.

2008년 1월 기준 서울 지역에서 판매되는 유종별 소비자 평균 가격은 휘발유 ℓ당 1,727원이다. 이 중 1,031원이 세금이다. 항목별 세금을 보면 정액제인 교통에너지환경세가 505원이고, 교통에너지환경세의 32.5%인 164원이 주행세이다. 주행세와 함께 교통에너지환경세의 15%인 76원이 교육세이다. 여기에 정유사가 출고하는 공장도 가격이 합쳐지면 1,291원이 되고, 이 돈의 10%인 부가세가 추가된 ℓ당 1,420원이 바로 정유사가 주유소에 공급하는, 이른바 세후 공장도 가격이 되는 것이다.

여기서 끝이 아니다. 정유사 관계자에 따르면 주유소마다 다르지만 통상 리터당 평균 150원 정도의 주유소 마진이 붙는 것으로 알려져 있다. 이를 토대로 주유소가 1,420원에 정유사로부터 기름을 구입한 후 150원의 마진을 붙이면 실제 판매가격은 1,570원이 된다. 여기에 10%인 부가세 157원이 붙어 소비자들은 ℓ당 1,727원(서울 지역 휘발유 1ℓ당 평균 가격)에 구입하게 되는 것이다.

나라마다 조금은 다르지만 대부분의 나라에서는 휘발유에 과도한 세금을 얹어 이를 국가재정으로 이용하고 있다. 세금이 가장 비싼 나라는 영국이고 독일, 프랑스가 뒤따른다. 우리나라의 소비자들은 세금의 절대액만 따지고 보면 미국의 7.4배, 일본의 1.4배를 내고 있다.

휘발유에 유독 세금이 많이 붙는 이유는 세원확보가 확실하기 때문이다. 또 자원을 아끼고 환경을 보호하자는 명분도 그럴싸하다. 그래서 다시 소비억제세금을 붙인다. 그만큼 휘발유에는 각종 세금이 덕지덕지 붙어 있는 것이다. 자동차 몰고 다니는 사람들은 어떻게 보면 모두가 애국 시민들인 셈이다.

주문을 많이 받아도 망하나?
비용의 U-커브

교실 밖, 펄떡이는 경제 이야기

기업의 규모가 크든 작든 경영자들은 늘 의사결정 트라이앵글^{Triangle}을 머릿속에 그리고 있다. 어떤 의사결정을 할 때 비용^{Cost}과 가격^{Price}과 가치^{Value}를 비교한다는 의미이다.

비용이란 재화와 용역을 생산하기 위해 투입한 원재료 비용과 상품을 만들고 판매하기 위해 고용한 사람들의 인건비를 의미하며, 가격이란 재화와 용역을 구입하는 사람이 지불하는 돈이고, 가치란 그 재화나 용역을 구입한 사람이 얻을 수 있는 편익이다.

기업의 순환과정에서 이 3가지 요소는 다음과 같은 요건을 갖추지 않으면 안된다.

가치 > 가격 > 비용

기업은 가격과 비용의 차이만큼의 이익을 얻으며, 소비자는 가치와 가격 차이만큼의 편익을 얻는 것이다.

한계비용 체감의 법칙에 의하면 생산량이 늘어날수록 최종 생산물의 단가는 낮아진다. 그러나 이것도 기존의 시설이 커버할 수 있는 정도를 넘어서는 순간 비용은 급격히 증가하여 이른바 U-커브를 그리게 된다. 이 U-커브를 잘못 관리하면 기업의 생존 자체가 위협을 받는 경우가 발생할 수 있다. 소니의 사례를 보자.

1955년 소니의 창업자 아케오 모리따는 조그만 트랜지스터 라디오 시제품 1대를 들고 미국으로 건너갔다. 당시 미국에는 라디오 방송국이 20여 개가 있었지만 아직 트랜지스터 라디오는 존재하지 않았다. 트랜지스터 기술 자체는 몇 년 전 미국의 과학자 샤클레이와 존 바딘이 발명한 것이었지만 이를 상업적인 상품으로 시도한 것은 소니가 최초였다.

트랜지스터 라디오 말고도 일본의 방식은 대부분 그러했다. 미국에서 개발된 원천 기술을 응용하여 작고 간편한 상품으로 만들어 미국 시장에서 돈을 번 것은 일본이었다.

모리따가 찾아간 곳은 시계, 가전 등을 만드는 블로바 사였다. 트랜지스터 시제품을 본 블로바 측에서는 흔쾌히 구매의사를 표시했다. 그러나 블로바 측에서는 조건을 하나 달았다. 블로바의 상표를 달아달라는 OEM 조건이었다. 그러자 모리따는 거래를 거절했다.

"50년 이내에 우리가 더 유명해질 거요!"

그는 또 다른 회사를 찾아갔다. 그 회사는 10만 대를 주문하겠다는 의사를 보였다. 그러나 모리따는 다시 거절했다. 당시 소니가 생산할 수 있는 단위는 월 몇 천 대 수준이었고 1만 대를 넘으면 시설을 확장해야만 했다. 그럴 경우 가격이 올라가게 된다. 3만 대, 5만 대를 주문받으면 가격은 더욱 올라간다. 5만 대를 주문받을 경우, 5천 대 주문보다 단가가 비싸지고 비용이 가파른 U-커브를 그리게 된다.

이것은 선택의 문제이다. 이 주문을 받을 경우 기업의 획기적인 도약이 가능할 수도 있으나 그 이후의 물량을 확보하지 못한다면 기업은 쓰러지고 만다. 10만 대 주문을 거절하자 미국 측 구매담당자는 주문량이 많아질수록 원가가 높아진다는 얘기는 처음 듣는다고 말했다. 그리고 결국 1만 대로 계약을 맺었다. 어떤 경우에는 적게 파는 것이 훨씬 더 유리하다는 것이다.

10여 년 전 지리산 녹차 산업이 대부분 영세가공 형태로 활발하게 전개되던 때였다. 추석을 맞아 거제도에 있는 대기업 조선소 임원이 찾아와 근로자들의 추석선물로 녹차를 검토하고 있으니 3억 원 정도의 물량을 준비할 수 있겠느냐고 물었다. 회사 측에서는 당연히 가능하다고 대답했다. 물론 시설은 턱없이 부족한 상태였지만 마을의 모든 인력을 총동원해서 시설을 확장하고 기계를 도입했다.

그러나 마지막 순간 노조의 반대로 거래는 무산되어 버렸다. 이 녹차 회사는 그날로 문을 닫고 10여 년 동안 그 후유증에 시달리는 처지가 되었다. 이런 일은 소규모 기업이 성장해가는 동안에 흔히 나타날 수 있는 함정이다.

이와는 반대되는 사례도 없지 않다. 미국 GM의 자회사인 사지노 스티어링 사는 미 육군과 기관총 시제품 생산을 주문받았다. 주문받은 물량은 281개였다. 거의 수작업으로 만들어야 하는 비싼 공정이었다. 그러나 스티어링 사는 기관총을 만드는 작업 대신 공장을 짓기 시작했고 대규모 공장을 완공한 후 납기 마감 직전에 기관총 생산에 들어갔다.

그 기간 동안 이 회사에서 만들어낸 기관총은 281개가 아니라 그 10배가 넘는 28,728개였다. 물론 개당 원가는 상상할 수 없을 만큼 줄어들었고 이것이 미 육군에 납품되면서 큰 이익을 올렸음은 물론이다.

이 사례들에서 무엇을 배울 수 있겠는가? 비용은 물량이 많으면 많을수록 장기적으로는 분명히 비용이 줄어든다. 그러나 단기적으로는 그렇지 않을 수도 있다. 소니가 10만 대 주문을 거절한 것은 모리따가 비용곡선의 본질을 훤히 꿰뚫고 있었다는 의미로 해석된다.

 소니 사의 경우에는 후속 주문을 기대할 수 있는 처지가 되지 못했지만 스티어링 사의 경우에는 시제품만 합격하면 납품이 거의 확실한 상황이었기 때문에 모험 아닌 모험을 할 수 있었다. 시제품의 품질을 확실하게 입증시킨 다음에 즉시 대량 납품을 할 수 있어 획기적으로 원가를 줄일 수 있었던 것이다. 두 경우 모두 옳은 결정으로 평가되고 있다.

자동차보다 자동차 등록 허가증이 더 비싼 나라

교실 밖, 펄떡이는 경제 이야기

싱가포르는 소문대로 역시 깨끗하고 질서가 엄격한 나라다. 술, 담배, 자동차에 대해서는 더욱 그렇다. 담배는 우리 돈으로 5천 원이 넘을 정도로 비싼데다가 담배갑에는 말기 폐암환자의 썩어가는 폐 사진을 의무적으로 부착시켜 놓고 있다. 담배를 피우고 싶은 마음이 사라질 정도로 섬뜩하다. 술은 공식적인 술집이 없어 보일 정도이다. 음식점에서 술을 곁들일 수는 있지만 우리나라처럼 왁자지껄하게 술을 마시는 곳은 거의 없다.

자동차에 대해서도 필요악쯤으로 보는 것 같다. 자동차 공해는 깨끗한 나라의 이미지와 상치되기 때문이다. 이 나라에서는 자동차를 마음대로 구입할 수도 없다. 정부의 판단에 따라 해마다 필요한 자동차의 수를 제한하기 때문이다. 정부에서는 도시 전체의 교통량과 대기오염의 정도 등을 고려하여 한 해 1만 대 하는 식으로 제한한다. 그러면 자동차를 구입하려는 사람은 입찰을 통해 자동차 등록 허가증 Certificate of Entitlement(COE)을 먼저 구입해야 한다. 이 가격이 자동차 가격과 거의 맞먹을 정도이다.

입찰 방식이므로 해마다 자동차 허용대수에 따라 입찰 가격이 다르다. 자동차 가격과 엇비슷하다고 보면 된다. 현대자동차도 진출해 있는데, 소나타, 매그너스 같은 중형 자동차 가격이 5천만 원 정도이고, 벤츠나 BMW 등은 2억 원이 넘는다. 자동차 등록 허가증은 유효기간이 10년인데, 이 기간이 지나면 다시 구입해야 자동차를 운행할 수 있다.

재미있는 것은 중고 자동차 가격이다. 중고 자동차는 자동차의 상태에 따라 결정되는 것이 아니고 남은 등록 유효기간이 얼마냐 하는 것이 더 중요하다. 주말 자동차 제도라는 것도 있다. 자동차를 구입할 때부터 '주말에만 운행하겠소' 하는 약속이다. 이 자동차는 가격이 70% 정도로 저렴하지만 이를 어기면 상당한 벌금을 물어야 한다.

또 통행혼잡을 줄이기 위해 낮 동안에 도심으로 진입하는 자동차에는 2천 원 정도의 도심 진입료를 물린다. 별도로 돈을 내는 게 아니고 자동차가 통과하면 센서가 자동으로 인식해서 처리하는 시스템이다.

자동차 사용을 억제하기 위해 세금을 많이 붙이기 때문에 휘발유 가격도 엄청 비싸다. 싱가포르와 말레이시아 국경에는 바다가 가로놓여 있는데, 말이 바다일 뿐 한강보다 폭이 조금 넓은 정도의 바다가 다리로 연결되어 있기 때문에 쉽게 국경을 넘을 수 있다.

국경에는 검문소가 있지만 제3국인들도 비자 없이 오갈 수 있는 곳이다. 원래 두 나라는 한 나라였으나 60년대에 분리된 나라다. 그런데 싱가포르에서 자동차를 타고 말레이시아로 들어가는 사람들에게는 까다로운 검문이 기다리고 있다. 신분증이나 여행 목적을 체크하는 게 아니다. 바로 자동차의 유량계를 체크하는 것이다. 국경을 통과하려면 기름을 2/3 이상 채워야 한다. 그렇지 않으면 벌금을 내야 한다. 자동차를 타고 기름이 싼 말레이시아로 가서 주유하는 것을 막기 위함이다.

싱가포르는 면적이 서울 정도이고 인구가 400만 명 정도인데, 자동차 대수는 공용을 합쳐서 73만 대 정도로 한적하다. 서울의 자동차 등록 대수가 287만 대이고 서울을 드나드는 수도권 자동차를 합치면 거의 500만

대 정도이니 싱가포르의 교통상황을 짐작할 수 있을 것이다.

이런 규제들이 개인주의가 만연한 서구의 시각으로 보면 독재라고 불릴 만하지만 공공의 복리를 우선시하는 국가의 정책에 대해 국민들은 별로 불만이 없어 보인다.

국가 전체로 보면 환경은 귀한 자원이다. 우리나라도 이를 유지·관리하기 위한 공공 마케팅에 좀 더 신경을 써야 할 시점으로 보인다. 그것이 장기적으로는 결국 국민의 삶의 질을 높이는 것이기 때문이다.

 기업의 존재 목적은 무엇인가?

입학 시즌이 되면 대학에 있는 사람들로부터 기상천외한 면접후기를 듣곤 한다. 학생들의 학력이 저하되었다는 말은 여러 경로를 통해 듣고 있었지만 직접 듣고 나서는 대체 중, 고교에서 무엇을 가르쳤기에 이런 현상이 나타났는지 궁금하기만 하다. 그 중 가장 웃기는 질문과 답변이 기업과 관련된 사항이다.

면접관 : 기업의 존재 목적은 무엇인가?

학생 : 공익추구와 사회기여입니다.

그렇지 않다. 기업의 존재 목적은 어디까지나 '이윤추구'에 있다. 오직 이윤추구이다. 공익추구나 사회기여는 어떤 경우에도 기업의 목적이 아니다.

면접관 : 현대자동차의 주인은 누군가?

학생 : 종업원들과 국민들입니다.

그렇지 않다. 기업의 주인은 그 회사의 주식을 수유한 주주들이다. 기업은 주주들의 이익에 충실할 뿐이다.

그러면 카네기나 록펠러처럼 자신의 부를 사회에 기부하는 행위는 무엇인가? 그것은 기업의 목적과는 전혀 상관이 없는 일이다. 돈을 많이 번 카네기나 록펠러 개인의 자선행위일 뿐이다. 기업으로서는 그런 기여를 해야 할 아무런 의무가 없다.

기업의 유일한 의무라면 돈을 번만큼 정당한 세금을 내는 것뿐이다. 그렇게 거둔 세금을 공익적인 목적에 쓰는 것은 국가가 알아서 할 일이다.

비행기는 공간을 파는 장사

교실 밖, 펄떡이는 경제 이야기

좁은 3등석 비행기 좌석에 오래 앉아 있으면 발 정맥의 흐름이 나빠지고 혈액 덩어리가 쌓이게 되는데 이것을 혈전이라고 부른다. 그러다가 다리를 움직이면 혈전이 심장을 거쳐 폐동맥으로 흐르는데 자칫하면 폐경색이 되어 치명적일 수도 있다. 이처럼 3등석 좌석에 오래 앉아 있을 때 나타나는 현상을 이코노미 클래스 증후군이라고 부른다.

비행기는 공간을 파는 장사이기 때문에 넓은 좌석에는 요금을 더 받는 것이 당연하다. 비행기 1등석은 좌석의 간격이 83인치, 2등석인 비즈니스 석은 50인치인데 비해 3등석인 이코노미 석은 34인치이다. 2등석은 이코노미 좌석보다 1.5배 넓지만 요금은 2배이고, 1등석은 이코노미의 2.4배 넓지만 요금은 4배나 비싸다. 항공사로서는 1등석이나 2등석을 많이 팔수록 유리하기 때문에 3등석은 턱없이 좁게 만드는 것이다.

기내식에도 차이가 난다. 이코노미에 저급 소고기를 준다면 1등석은 고급스럽고 부드러운 송아지 고기를 내준다. 실크 넥타이나 스카프 등을 선물하기도 한다.

그렇게 함으로써 3등석 손님은 2등석으로, 2등석 손님은 1등석으로 유도함과 동시에 3등석을 일부러 불편하게 만들어 1·2등석을 이용하는 고객들의 이탈을 막기 위한 의도인 것이다. 이렇게 되면 3등석을 타던 사람이 1·2등석에 앉아보면 별천지같이 느껴지겠지만 1·2등석 손님이 3등석에 앉으면 이건 완전히 지옥이다.

항공요금은 좌석에 의한 차이 외에도 계절과 수요, 또는 다른 여러 요인에 의해 수시로 변한다. 성수기에는 비싸고 비수기에는 싸다. 요일별로도 차이가 난다. 항공사별로 다르지만 주말에는 할증요금을 받고 주중에는 할인요금을 받는다. 월, 목요일은 정상요금이다. 또 오래전에 예약하면 저렴하고 출발 시간이 촉박할수록 항공요금이 올라간다.

초기의 아메리칸 항공은 경쟁 항공사의 예약율과 링크시킨 항공요금을 적용하여 화제가 되기도 했다. 뉴욕에서 마이애미로 가는 노선을 생각해보자. 그 노선을 운항하는 다른 항공사 노선이 텅텅 비어 있으면 아메리칸 항공은 경쟁사보다 더 저렴한 가격에 항공권을 판다.

반대로 다른 항공사 예약이 모두 차면 아메리칸 항공에 가면 아주 비싼 가격이지만 비행기표를 구할 수 있다. 특정 목적지에 급하게 가야 할 상황이 벌어진다면 비싸기는 하지만 언제든 아메리칸 항공을 이용할 수 있다는 것이다.

유럽에서 가장 저렴한 항공사를 목표로 1995년에 출발한 영국 항공사인 이지제트는 인터넷 예약 제도를 도입하여 인건비를 줄이고, 일찍 예약할수록 요금이 낮은 방식을 택하여 가격이 저렴해서 대부분의 노선에서 빈 좌석으로 출발하는 경우가 거의 없다. 이지제트 요금 제도를 잘만 이용하면 런던-파리를 단 2파운드(우리 돈 4천 원 정도)로도 갈 수 있다고 한다. 이런 성공을 바탕으로 이지제트는 지금 70여 대의 항공기를 소유하고 5천만 파운드 이상의 매출을 올리는 기업으로 성장했다.

동전의 가장자리는 왜 톱니모양으로 만들까?

교실 밖, 펄떡이는 경제 이야기

머니^{Money} 이야기를 해보자. 우리나라 최초의 화폐는 고조선 시대에 철로 만든 만들어진 자모전^{子母錢}이었다. 최초의 동전은 삼한 시대에 만들어진 철전이었다. 금, 은이 화폐로 사용된 것은 삼국 시대였으나 곡물이나 베 등의 물품 화폐가 더 많이 통용되었다고 한다. 동전이 본격적으로 주조되기 시작한 것은 고려 시대로 우리나라 최초의 엽전인 해동통보가 주조된 것도 그때였다. 본격적인 화폐 시대가 열린 것은 조선조였다.

동전의 가장자리는 왜 톱니바퀴가 있을까? 금이나 은으로 동전을 만들었던 시기에는 주화의 가장자리를 몰래 깎아내는 사람들이 많았기 때문에 그것을 방지하기 위해서 가장자리를 톱니모양으로 만들었다. 그것이 유래가 되었으나 명목 화폐가 된 지금도 습관적으로 그렇게 제조하고 있다.

초상화가 새겨진 기념 화폐는 주인공이 죽으면 가격이 폭등한다. 교황 바오로 2세의 초상화가 새겨진 3.88유로 가격의 기념 동전의 경우, 교황의 건강 악화설이 나돌자 60배로 오르더니 교황이 서거하자 8천 유로로 치솟았다. 2천 배가 넘게 폭등한 것이다.

왜 고액권에는 초상화가 들어갈까? 위조방지를 위해서는 초상화가 가장 안전하다. 예를 들어, 세종대왕 대신 풍경화나 다른 사물이 들어간다면 모작을 쉽게 가려내지 못하지만 인물에는 약간의 뉘앙스의 차이만 나도 금방 모조품임을 알아낼 수 있다. 그래서 고액권일수록 초상화가 많이 들어간다.

그렇다면 초상화를 넣지 않은 화폐에는 어떤 것이 있을까? 바로 유로화이다. 유로화는 EU의 공통 화폐이기 때문에 어느 나라 누구의 초상을 넣느냐는 문제를 결정하는 것도 쉽지 않기 때문이다.

10원짜리 동전과 10만 원 권 수표, 어느 것이 더 비쌀까? 10원짜리 동전이 더 비싸다. 10만 원 권 수표는 제조 가격이 28원, 10원짜리 동전은 38원이 든다. 10원짜리 동전은 1966년 처음 주조될 당시에는 구리 88%, 아연 12%로 구성되었으나 구리 가격이 오르자 구리 65%, 아연 35%로 바꾸었다. 구리 가격이 다시 오르자 10원짜리 동전의 가치는 멜팅 포인트(동전의 소재로 쓰이는 금속 가격과 화폐의 액면 가치가 같아지는 선)를 넘어버렸다. 10원짜리 동전을 녹여서 금속으로 팔면 훨씬 이익이라는 이야기다.

만약 누군가 동전을 녹여서 금속으로 팔면 어떻게 될까? 화폐를 훼손하는 행위는 경제질서를 교란하는 행위로 대부분의 선진국들은 이를 법률로 처벌하고 있으나 우리나라는 아직 이를 처벌하는 규정이 없다. 실제로 10원짜리 동전을 녹여서 팔찌로 만들어 5천 원 정도에 팔기도 한다.

그래서 한국은행에서는 2006년 12월 18일을 기해 다시 10원짜리 동전의 소재를 바꾸었다. 알루미늄에 구리를 씌운 값싼 소재로 바꾼 것이다. 크기도 줄였다. 종전의 22.86mm에서 18.00mm로 4.86mm 줄였다. 무게도 4.06g에서 1.2g으로 줄어들었다. 동전을 만들던 소재인 황동(구리 65%, 아연 35%)의 국제시세가 크게 올랐기 때문이다.

된장녀는 우리나라 만의 일이 아니다

교실 밖, 펄떡이는 경제 이야기

베블렌 효과 Veblen Effect는 미국의 사회평론가 베블렌이 그의 저서 《유한계급론》에서 지각없는 상류층 소비자들을 비난한 데서 비롯되었다. 베블렌 효과는 자신의 부를 과시하기 위한 상류계층의 소비행태로 가격에 구애받지 않으며, 가격이 비쌀수록 소비가 늘어나는 현상을 말한다. 이런 계층은 가격이 떨어지면 오히려 구매를 줄인다.

우리나라의 명품 가격이 일본이나 다른 나라에 비해 훨씬 비싼 이유도 우리나라 소비자, 특히 여성들 사이에 이 베블렌 효과가 만연했기 때문이라고 한다. 바로 '된장녀' 말이다.

된장녀란 'X인지 된장인지' 구별하지 못하고 가격만 비싸다면 무조건 달려드는 허영심 가득한 여성을 지칭하는 말이다. 이들은 가격이 비싸서 일반 소비자들이 쉽게 접근할 수 없는 상품이라야 비로소 지갑을 연다. 대중 명품인 메스티지 상품이 출현하자, 일부 명품 매장들이 문을 닫는 것도 바로 이런 현상 때문이다.

말이 나온 김에 몇 가지 관련되는 용어들을 정리해보자. 스놉 효과 Snob Effect라는 것도 있다. snob은 속물이라는 의미로, 다수의 소비자가 구매하는 상품을 꺼리고 남과 다른 나만의 개성을 추구하며 값비싼 의상을 즐겨 입는 과시적인 행동을 하는 사람을 말한다. 다른 용어로는 백로白鷺 효과라고도 부른다.

이와 상반되는 개념으로는 밴드왜건 효과$^{Band-Wagon\ Effect}$가 있다. 이는 자신의 철학이나 개성 없이 남을 모방하는 소비행태를 가리키는 말로 특정 재화에 대해 수요가 많아지면 다른 사람들도 따라서 여기에 가세하게 되어 계속해서 수요를 증가시키는 효과를 말한다.

밴드왜건이란 행렬을 선도하는 악대차를 말하는데, 악대차가 연주를 하면서 지나가면 사람들은 무엇 때문인지 궁금하여 모여들기 시작하고, 몰려가는 사람을 본 많은 사람들이 무엇인가 있다고 생각하고는 무작정 뒤따르면서 군중들이 더욱더 불어난다는 데서 유래한 말이다.

이 말은 선거에서도 사용된다. 여론조사 결과 어느 한편이 절대적으로 유리하게 나타나면 후보자를 정하지 못한 사람들도 여기에 동조하여 표를 던지는 경우에도 밴드왜건 효과가 나타난다고 표현한다. 이와 반대로 여론조사 결과가 불리하게 나타나면 동정 효과가 나타나 표가 모이는 경우를 가리키는 말로 언더도그 효과$^{Underdog\ Effect}$가 있다.

이 밖에 퍼팩셔니스트 효과와 헤도니스트 효과는 고가의 명품을 추구한다는 점에서는 같지만 퍼팩셔니스트는 상품의 품질에 무게를 두는 반면 헤도니스트는 감성적 요소에 무게를 두는 사람들이다.

세일의 정체

교 실 밖 , 펄 떡 이 는 경 제 이 야 기

우리나라 백화점 세일은 너무하다는 느낌이 든다. 세일이란 단골고객에 대한 감사의 표시로 1년에 한두 번 정도 저렴한 가격에 봉사하거나 백화점 입점업체의 경우 계절 넘기는 재고분을 저렴한 가격으로 고객에게 제공하는 것이다.

그런데 우리나라 백화점의 세일은 백화점 전체 세일과 개별 브랜드 세일을 합쳐서 1년에 200일 정도나 된다. 1997년에 각종 규제완화 분위기 속에서 세일규제도 함께 풀린 것이다. 그러다 보니 이전에는 정상 판매와 세일 판매의 비중이 7 : 3 정도이던 것이 이제는 3 : 7로 역전되고 말았다.

그러다보면 백화점에 입점하는 기업들은 세일을 감안하여 상품 가격을 매기게 된다. 세일이 정상 가격이고 정상 판매가는 인상 가격으로 둔갑하고 마는 격이다.

미·일·유럽의 백화점과 비교할 때 우리나라 백화점은 운영형태 자체가 다르다. 외국은 거의 직영매장 형태로 운영되고 있다. 즉, 백화점에서 자체적으로 기업으로부터 상품을 구입하여 적정 마진을 붙여서 판매하는 형태이다. 그에 비해 우리나라의 백화점들은 모두 임대매장이다.

외국의 백화점은 상품 유통의 한 형태지만 우리나라의 백화점은 유통이 아니라 매장을 업체에 빌려주는 '부동산업'이다. 업체가 매장을 빌리는 형식이다 보니 가격도 모두가 동일하다. 백화점으로서는 재고부담도 전혀 없다. 재고가 있다 해도 그것은 업체의 재고일 뿐 백화점과는 무관한 것이다.

대형 백화점들이 그렇게 세일을 해대면 소형 백화점이나 브랜드 상품의 대리점, 재래시장, 소형점포, 아울렛 등은 파리 날리게 된다. 돈을 버는 것은 초대형 백화점뿐이다.

피해는 소비자도 마찬가지다. 소비자들은 세일이라고 해서 싸게 사는 게 아니라 겨우 정상가로 구입하는 꼴이다. 그래서 다른 어느 나라에도 없는 연중 세일이 우리나라에만 있는 것이다. 백화점에 대한 전반적인 구조조정이 필요한 시점이다.

오기로 벌이는 경쟁은 공멸의 길이다

교실 밖, 펄떡이는 경제 이야기

자본주의 사회는 경쟁에 의해 발전하고 선의의 경쟁을 장려한다. 물론 이에 대한 폐해가 없지는 않다. 가장 큰 문제점은 빈부격차의 심화이다. 모든 것을 경제 주체들의 자유경쟁에 맡겨 두면 성공한 사람과 실패한 사람으로 나뉘게 된다는 것이다. 이것을 극복하려고 시도한 경제 사상들이 사회주의 형태로 나타났다.

무익한 경쟁, 오기에 의한 경쟁, 명분을 위한 무모한 경쟁은 모두의 공멸을 불러올 뿐이다. 남태평양 이스터 섬의 모아이가 그 대표적 사례이다.

남태평양 절해의 섬 이스터에는 모아이라는 이름의 거대한 석상이 남아있다. 이 섬은 칠레 령으로, 칠레에서 3700km 떨어진 고도이다. 1722년에 네덜란드의 로헤벤 제독은 이 섬을 부활절 아침에 발견했다 하여 이스터 섬으로 명명했다. Easter는 부활절이라는 의미이다.

제독이 이스터 섬을 처음 발견한 당시, 섬의 바닷가를 거대한 군인들이 지키고 있어 크게 놀랐다고 한다. 그러나 좀 더 가까이 다가가 보니 그것은 사람이 아니라 석상이었다.

3개의 화산섬으로 구성된 170평방킬로미터의 이곳에는 주거지, 농경지, 채석장 등 한때 융성했던 흔적과 함께 수백 개의 거대한 석상들이 남아 있다. 큰 것은 10m 정도의 거대한 석상으로 다리가 없고 몸통과 머리만 있는 특이한 석상이다. 많게는 무게가 90톤에 이르는 것도 있다. 흔적으로 보아 100여 개가 제작된 것으로 보이나 지금은 수십 개 정도만 남아 있다.

신앙의 대상이자 마을을 대표하는 조상의 상징 정도로 여겨지는 모아이는 숭배의 대상이었을 것이다. 모아이 연구가들에 의해 이곳에 살았던 부족들 간의 누가 더 웅장한 모아이를 세우느냐 하는 경쟁의 결과라는 그럴싸한 해석이 나오기도 한다. 싸움에서 이긴 부족이 다른 부족의 반역을 막기 위해 자신들의 수호신인 모아이를 만드는 일에 강제로 동원했을 거라는 학설도 있다. 어쨌든 다툼의 결과물인 것만은 확실해 보인다.

이 많은 모아이를 만들려면 산을 파헤치고 바위를 캐내야 했으며, 그 돌을 운반하기 위해서 그 섬을 울창하게 덮었던 나무를 대부분 베어야만 했다. 그러자 자연은 점점 더 황폐화되어 갔으며, 어느 순간 사람이 살 수 없는 환경으로 변해버린 것이다.

이 섬을 발견할 당시에 소수의 원주민들이 원시 생활에 가까운 생활을 하고 있었다고 한다. 모아이는 무모한 경쟁의 결과가 어떤 것인지를 보여주는 교훈적 상징물이 되었다.

교복 값은 왜 그처럼 비싸야 하는가?

교실 밖, 펄떡이는 경제 이야기

해마다 신학기가 되면 교복 값이 비싸다며 한바탕 소동이 일어난다. 그러다 조금 지나면 아무 일 없었다는 듯 잠잠해진다. 그러다 다시 이듬해가 되면 또 불거지는 게 교복 값 문제이다. 교복 값은 왜 해마다 문제가 되고 있을까? 우선 교복 값이 터무니없이 비싸기 때문이다.

우리나라 중고교생들의 교복 값이 어른 양복 값과 맞먹는다. 교복시장은 I, E, S 등 3사가 과점하고 있는 체제이다. 이들이 내는 교복 값은 기본형 20여만 원에 겨울코트와 여벌 와이셔츠, 바지, 체육복을 같이 사면 70만 원을 넘어선다.

교복 값이 문제가 되기 시작한 것은 전두환 정권 무렵인 90년대 후반경으로 거슬러 올라간다. 교복 자율화였던 당시, 사복을 입으면 빈부격차가 심하게 표출된다 하여 교복 제도를 도입했고 이 시장에 대기업들이 뛰어들면서 교복 값은 천정부지로 뛰기 시작했다.

그렇게 가격이 폭등한 이유는 무엇인가? 대기업들의 과도한 마케팅 비용과 가격담합 때문이다. 3~4개 회사의 과점 체제이다 보니 담합도 쉽다. 적발이 되더라도 벌금 몇 백만 원의 솜방망이 처벌이다 보니 해마다 반복된다. 또 교복선정 당사자인 학교와의 뒷거래가 악순환의 고리를 끊지 못하게 가로막고 있다. 이른바 떡고물인 셈이다.

교육청에서 각급 학교로 내려 보내는 공문을 보면 비리가 자리할 틈이 없어 보인다. 공문을 보면 '모든 중·고등학교에서 교복을 선정할 때는 학생, 학부모, 교사 등의 대표로 교복선정위원회를 구성하여 교복을 선정한 후 학교운영위원회의 심의를 거쳐 학교장이 결정하도록' 하고 있다. 여기에 '교복선정위원회는 반드시 민주적인 방법과 적법한 절차에 의해 충분한 협의를 하고 모든 결과를 투명하게 처리한다'고 명시하고 있지만 이는 그냥 참고사항일 뿐이다.

우선 학부모들의 참여가 사실상 봉쇄되어 있다. 학부모들로서는 자녀가 학교에 입학하자마자 입학식에 맞추어 곧바로 교복을 구입해야 하는데, 학부모 모임을 구성할 시간적인 여유도 없기 때문이다.

설사 학부모 모임을 구성한다 해도 학교에서 일방적으로 정한 것을 바꾸기에는 턱없이 무력하다. 학교의 결정을 추인해주는 수준에 그친다는 의미이다. 결국 학교와 교복업체 간의 뒷거래 속에 교복 값은 해마다 오를 수밖에 없는 구조적인 문제점을 내포하고 있다.

학교마다 교복이 다른 것도 문제다. 학생들의 교복을 유심히 보면 학교마다 조금씩, 아주 조금씩 소재나 색깔, 디자인의 뉘앙스가 다르다. 가로줄, 세로줄 하나 있고 없고 정도의 차이로 모두가 다르다는 것이다.

굳이 그렇게 하는 이유는 무엇일까? 표면적인 이유는 그렇게 해야 학생들의 방과 후 교외생활을 단속하기 쉽다는 이유이다. 그러나 실제 내막은 교복이 조금씩이라도 달라야 학생들의 선택의 폭이 좁아지고, 그래야 특정업체에 주문을 몰아줄 수 있다는 것이다. 세계에서 교복 디자인의 종류가 학교마다 다른 나라는 우리가 거의 유일하지 않을까 생각된다.

학교마다 다른 디자인을 채택하더라도 이것을 사전에 결정하여 공개입찰로 하면 간단해진다. 그러나 학교 측에서 쉽게 하려 들지 않는다. 뒷거래를 할 수 없기 때문이다. 또 업자들도 이를 반기지 않는다. 과점 체제의 이익을 빼앗기기 때문이다. 뒷거래를 하더라도 확실히 남는 장사를 굳이 입찰제를 통해 까먹을 필요가 없기 때문이다. 몇몇 학교에서 시범적으로 자유입찰을 시도했지만 이에 참여했던 군소업체는 왕따에 이어 퇴출되기 일쑤였다.

그렇다면 대안은 전혀 없는 것일까? 있다. 지금 학교마다 다른 교복의 디자인, 컬러를 크게 몇 가지로 통일하고 학생들로 하여금 자유롭게 구입할 수 있도록 해야 한다.

통제가 가해지는 모든 곳에는 비리가 도사리고 있기 마련이다.

미국은 왜 총기규제를 하지 못하나?

교실 밖, 펄떡이는 경제 이야기

2007년 4월에 일어난 미국 버지니아 공대 총격사건은 가히 충격적이었다. 이를 계기로 미국에서는 총기규제 문제가 다시 대두되고 있다. 총기류를 규제해야 한다는 측에서는 총기류를 법으로 제대로 규제해야 이번 버지니아 사태처럼 몇 년마다 주기적으로 발생하는 참사를 막을 수 있다고 주장한다.

미국에서 총기를 규제하지 못하는 가장 큰 이유는 미국의 문화 자체가 총기문화라는 점이다. 미국의 건국이념 자체가 '무장할 수 있는 권리Right to bear arms'이며, 이는 미국 헌법에 명시되어 있다.

그러나 좀 더 중요한 문제는 이권단체의 로비 때문이다. 미국에서는 이권단체의 로비가 합법이며 많은 로비단체들이 자신들의 이권을 위해 로비를 하고 있다. 중요한 이권단체로 각종 종교단체, 변호사협회, 의사협회, 자동차 노조, 참여연대, 그린피스 등 수도 없이 많다.

그 중 조용하면서도 가장 막강한 영향력을 행사하는 곳이 NRA라고 불리는 로비단체인 미국 총기협회National Rifle Association이다. 이 단체의 회장은 얼마 전까지도 영화배우 찰톤 헤스톤이었다. 그런 막강한 영향력 때문에 1980, 90년대의 끊이지 않는 각종 사고에도 불구하고 총기규제는 없었던 일이 되고 말았다.

오래전부터 미국에서 유럽 식의 철도인 유레일을 깔아서 미국과 캐나

다를 자유롭게 오가게 하자는 의견이 높지만 여전히 시행되지 않고 있다. 유레일의 경우 유럽 전체가 철도 하나로 연결되어 있어 방학 때면 배낭을 맨 젊은이들이 저렴한 비용으로 세상을 배울 수 있는 귀중한 여행이 된다. 이것이 미국에서 시행되지 못하는 이유 역시 자동차 회사와 항공사들의 로비 때문이라는 것이다.

현대자동차는 왜 매년 파업을 할까?

현대자동차는 1987년 이래로 한 해를 제외하고는 매년 파업을 했다. 한 번 파업에 대략 3천억 원 상당의 피해를 입은 것으로 알려지고 있다. 그런데도 왜 매년 파업이 일어나는 것일까? 이 글은 파업을 비난하려는 의도는 전혀 없다. 아니, 정당한 파업은 옳고 또 해야 한다. 다만 이 글은 정당한 파업이 아닌, 집단의 파워를 앞세우는 불법파업인 경우를 경제학적으로 고찰해보자는 것이다.

경제학적으로 보면 세상 모든 사람들은 자신에게 이득이 되는 방향으로 행동한다. 파업을 해도 자신들에게 이득이 돌아오기 때문이라는 것이다.

불법파업의 경우 근로자가 입을 손해는 무엇인가?

우선 파업 기간 동안에 임금을 받지 못하게 된다. 무노동 무임금의 원칙이 엄연히 존재하기 때문이다. 또 불법파업을 주도한 지도부나 폭력을 행사한 가담자에 대해서는 민·형사상의 책임이 기다리고 있다. 이런 것을 각오하고서라도 회사에 무언가를 요구한다는 것이다.

그런데 실제로는 어떠한가? 근로자들은 아무런 손해를 입지 않는다. 손해는커녕 오히려 득이 된다. 어쨌든 파업 이후는 더 많은 급여를 받아 왔기 때문이다.

무노동 무임금의 원칙? 물론 형식적으로는 지켜진다. 그러나 위로금이라는 명목으로 임금이 보전되기 때문에 근로자들은 전혀 손해를 보지 않는다. 파업의 결과로 노조 지도부의 위상은 더 높아진다. 협상을 하는 동안 뒷돈이 생기기도 한다. 이처럼 근로자들 누구도 손해를 보지 않는다는 것이다. 그래서 파업이 사라지지 않는 것이다.

그럼 반복되는 불법파업을 막을 방법은 없는가? 있다. 그것도 아주 간단하다. 불법파업을 할 때마다 파업 주동자나 가담자에게 분명하고도 확실한 손해가 돌아가게 하면 된다. 그 손해란 무엇인가? 어떤 명분이 있더라도 무노동 무임금의 원칙을 철저히 지키고, 불법파업의 책임자에 대해서 민·형사상의 책임을 분명하게 묻는 것이다.

미국의 사례를 보자. 1981년 레이건 대통령이 취임하자 항공 관제사들이 불법파업을 일으켜 공항이 마비될 지경이었다. 재미있는 것은 미국의 항공노조는 1980년 대선에서 공화당 소속의 레이건을 지지한 유일한 노조였다는 사실이다. 그 이전에는 거의 모든 노조가 민주당 편이었다. 그런 항공노조였으니 대통령이라도 감히 자신들을 건드리지 못할 것으로 믿었다.

그러나 레이건은 항공노조에 대해 48시간 이내 직장복귀 명령을 내렸다. 이에 응하지 않으면 전원 해고하겠다는 최후통첩과 함께였다. 노조는 '감히 우리를!' 하면서 말을 듣지 않았다. 48시간이 지나자 레이건은 만 명이 넘는 항공노조원 전원을 해고해버렸다. 해고에 그친 게 아니라 불법파업을 주도한 노조원에 대한 엄청난 손해배상 소송으로 이어졌다. 미국 사회는 경악했고, 노조는 마침내 백기를 들었다.

우리나라의 경우 이런 불법파업이 사라지지 않는 것은 기업과 정부의 의지가 없기 때문이다. 단기적인 생산차질을 우려하는 기업과 표를 의식해서 좋은 게 좋다는 식으로 마무리하려는 정부의 무능 때문인 것이다. 단 한 번의 결정적인 승부수를 던지지 않으면 불법파업은 영원히 막지 못할 것이다.

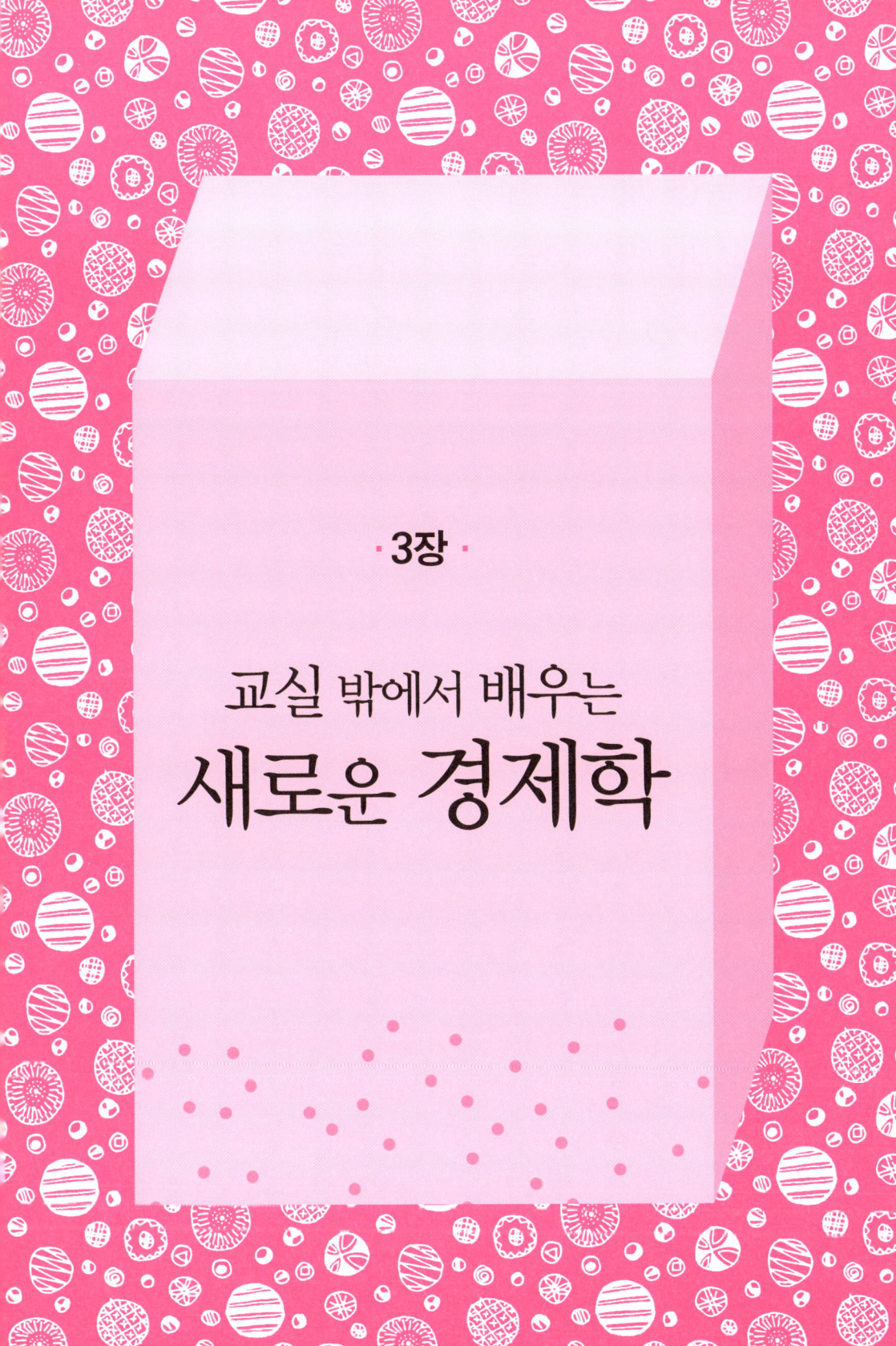

3장

교실 밖에서 배우는
새로운 경제학

청소년들에게 드리는 인생 마케팅 전략

교실 밖, 펄떡이는 경제 이야기

마케팅에서는 21세기를 지배하는 가장 핵심적인 요소로 브랜드, 디자인 그리고 감성을 든다. 브랜드란, 내가 무엇인가 하는 물음에 대한 하나의 '의미'이며 '정체성'이다. 21세기에는 주위에서 보는 물리적인 상품은 물론이고, 보이지 않는 무형의 상품이나 서비스, 심지어는 개인도 브랜드가 되어야 한다. 세상이 복잡해지고 정보가 넘쳐나기 때문에 나를 표현하기가 점점 더 어려워지면서 나를 가장 잘 표현해줄 수 있는 심플한 하나의 의미가 필요하다는 것이다.

21세기에는 '나' 자신이 하나의 브랜드가 되어야 한다

나 자신을 유명 브랜드로 키우는 방법은 무엇일까? 먼저 5년, 10년 후 나 자신의 미래상을 생각해보자. 나는 어떤 사람이 되고 싶은가, 아니 다른 사람들이 나를 어떤 사람으로 인정해주기를 원하는가? 그것은 한 마디로 무엇인가? 그것을 위해서 나는 지금부터 어떤 말과 행동을 할 것인가?

성공한 사람들은 대부분 그들을 한마디로 표현할 수 있는 정체성을 가지고 있었다. 케네디는 '패기와 용단'의 정치가일 것이다. 그는 위기일수록 냉철한 판단을 거쳐 큰 결단을 내리는 정치인이었다. 쿠바 미사일 위기를 드라마처럼 멋지게 해결한 것도 그의 이런 결단력이었다.

인도의 독립을 성취한 간디는 당시만 해도 세계 최강이었던 영국과 맞서 인도를 해방시켰다. 그가 내건 원칙과 철학은 무엇일까? 그의 정체성은 무엇이었는가? '무저항 비폭력', 그 1줄의 철학이 인도를 구한 것이다.

2차 대전을 거치면서 파시즘으로부터 세계를 구한 영국의 처칠은 '불의와 타협하지 않는다'는 고집이 있었다. 독일과 전쟁을 하는 동안 국내외로부터 수많은 협상의 유혹과 압력을 받았으나 처칠은 이를 단호히 거절했다. 불의와는 타협하지 않는다는 자신의 원칙에 충실한 것이다.

벤처기업가 안철수는 '약속은 손해를 보면서도 지킨다'는 원칙을 가지고 있었다. 그것이 단기적으로는 손해가 되겠지만 장기적으로는 사람들의 신뢰를 얻을 수 있는 가장 빠른 길이더라는 것이다.

성공도 습관이다. 성공하는 경험을 쌓아야 쉽게 성공할 수 있다. 인생의 목표를 한 판의 승부로 결정지으려 하지 말고 몇 개의 작은 목표로 나누어 하나씩 승부해보자.

농구의 신이라고 불리는 마이클 조던은 고교 시절에는 정식 농구선수가 될 수 없었다. 장학금도 받을 수 없어 아르바이트를 하면서 학교를 다녀야 했던 조던은 세계 최고의 선수가 되겠다는 자신의 꿈을 여러 단계의 작은 목표로 나누어 하나씩 격파했다.

1단계 : 우선 고교의 대표선수가 된다.
2단계 : 시카고 불스에 입단한다.

그리고 각 단계마다 목표달성을 위한 구체적인 방법론, 행동수칙을 마련하여 실천했다. 고교의 대표선수가 되기 위해 조던은 하루 800회의 슈팅연습을 했다고 한다.

사법 시험에 수석으로 합격한 고승덕 변호사의 공부 방법도 도움이 될 것이다. 그의 고시 합격전략은 너무나도 단순명쾌하다. 다른 사람은 몇 년을 공부해도 어렵다는 사시, 행시를 그는 1년 만에 합격한다는 목표를 세웠다. 합격을 위해서는 보통 기본서 50권을 5회 정도 정독해야 한다. 그는 좀 더 확실하게 하기 위해 7회 정독을 목표로 정했다. 그러면 하루에 읽어야 할 페이지 수가 나온다. 이를 충실히 지켰더니 수석 합격이더라는 것이다.

인터넷 쇼핑몰에서 가격비교를 해본 적이 있을 것이다. 동일한 아이템이라면 가격이 싼 곳으로 몰린다. 인터넷 세상이 되면 모든 것이 횡적으로 비교가 가능하기 때문에 1등만 살아남는 세상이 된다. 그래서 여러분은 꼭 1등을 해야 한다.

그렇다면 그 방법은? 모두가 분야를 달리하는 것이다.

모두가 공부에서 1등을 할 수는 없다. 공부가 되었건 무엇이 되었건 간에 자신이 가장 잘할 수 있는 분야 하나를 찾아서 1등을 하라는 의미이다. 여러 분야에서 고르게 2등을 하는 것은 하지 않는 것만 못하다.

다른 사람이 하지 않는 분야에서 1등을 하는 것이 오히려 자신의 희소가치를 높여가는 길이다. 이것을 마케팅 용어로 표현하자면 차별화이며, 틈새 시장이다.

수평 네트워크 시대의 도래

교실 밖, 펄떡이는 경제 이야기

자연계의 생존법칙에는 2가지 관계가 있다. 하나는 사자와 토끼의 관계처럼 먹고 먹히는 관계이고 다른 하나는 꽃과 벌의 관계처럼 서로가 도와주는 관계이다. 먹고 먹히는 관계를 수직적이라고 하고 서로가 도와주는 관계를 수평적이라고 부른다.

수직적인 관계는 불평등 관계이다. 강한 자와 약한 자의 관계이기 때문이다. 그러나 수평적인 관계는 절대평등의 관계이다. 꽃과 벌은 온전히 자율적인 의사에 의해 그들의 관계가 설정된다.

수직적인 관계의 조직에서는 존재 목적이 하나뿐이다. 수직적인 구조를 가지고 있는 기업은 조직이 아무리 크다 해도 그것이 존재하는 목적은 오직 하나, 주주를 위해 '돈을 벌어주는 것' 뿐이다.

그러나 수평적인 관계에서는 개체 하나하나가 모두 존재의 목적을 가진다. 꽃을 위해 벌이 존재하는 것도 아니고, 벌이 꽃을 위해 존재하는 것도 아니다. 꽃과 벌 모두 고유의 존재 목적을 가지고 있는 것이다.

앞으로 우리가 살아갈 21세기는 수평적인 관계가 우선이다. TV와 인터넷을 보자. 우리는 TV 시대를 거쳐 이제 인터넷 시대로 접어들었다. TV와 인터넷의 결정적인 차이는 바로 수직이냐, 수평이냐 하는 차이다. TV는 수직으로 연결되어 있는 반면 인터넷은 수평으로 연결되어 있다. TV는 일방적인 정보전달이지만 인터넷은 쌍방 커뮤니케이션이다. TV가

'앞으로 나란히'라면 인터넷은 '옆으로 나란히'다.

앞으로 나란히는 앞사람 하나만 보고 따라하면 되지만 옆으로 나란히는 좌도 보고 우도 봐야 한다. 나와 양쪽 사람이 서로 보조를 맞추어야 한다는 것이다.

그러면 옆 사람과의 긴밀한 협조를 의미하는 '옆으로 나란히'가 왜 그리 중요한 개념일까? 비즈니스 모델을 가지고 설명해보자.

서울에 꽃집을 운영하는 A, B가 있다고 가정해보자. A는 수직적인 조직, B는 수평적인 조직을 갖추고 있다. 이들이 고객으로부터 서울에서 부산으로 장미꽃 바구니를 보내달라는 의뢰를 받았다면 A, B는 각각 어떻게 행동할 것인가?

A는 수직적인 조직이므로 직원 한 명이 꽃바구니를 들고 KTX 열차를 타고서 부산으로 내려갈 것이다. 물론 요금은 심부름 값에다 열차 요금이 더해져서 엄청 비싸다. 그럼 B는? B는 수평적인 조직이므로 부산에 있는 C라는 꽃집과 제휴관계를 맺고 있다. 고객의 의뢰를 받으면 즉시 인터넷을 통해 부산으로 주문을 넣는다. 꽃의 종류/장미, 형태/바구니, 가격대/10만 원 등이다. 그러면 부산에 있는 C는 30분 이내에 꽃을 전달할 수 있다.

외국에 출장을 가면 우리나라 사람들은 모두가 똑같은 질문만 되풀이한다고 한다. 기술자가 와도, 영업이나 마케팅 부서의 사람이 와도 판에 박은 듯한 질문만 하다가 돌아간다.

왜 그런 일이 일어나는가? 출장을 다녀와서는 자신의 부서장에게만 보고를 하기 때문이다. 부서장은 다시 담당 임원에게 보고하면 끝이고 그것으로 보고서는 서류철에서 먼지를 뒤집어쓰고 있다. 바로 수직적인 관계이기 때문이다.

수평적인 조직을 생각해보자. 처음 출장을 갔던 사람의 보고서를 관련 부서의 직원들과 함께 '수평으로' 공유하는 것이다. 그러면 다음 사람이 출장을 갈 때는 기존의 출장 보고서를 참고로 하여 좀 더 진전된 새로운 정보를 얻을 수 있다. 그래서 옆 사람과의 관계가 훨씬 더 중요해진다.

21세기에는 연단에 올라가 큰 소리로 열변을 토하는 사람이 무서운 게 아니라 옆 사람과 도란도란 이야기 나누는 사람이 가장 무섭다는 것이다.

21세기는 디자인이 지배한다

교실 밖, 펄떡이는 경제 이야기

감성은 가슴으로 느끼는 것이다. 진정으로 사람의 마음을 사로잡을 수 있는 것은 감성이며 그 감성이 숨쉴 수 있는 공간이 디자인이라는 것이다. 그래서 21세기에는 브랜드와 함께 디자인이 가장 중요한 마케팅 수단이 된다.

아이디어 훈련 10가지 방법

이노 디자인 대표 김영세. 그는 서울대 산업 디자인과를 나와 미국으로 유학을 가서 일리노이 대학 교수가 됐지만 디지털 바람이 불기 시작하던 1986년에 교수직을 버리고 벤처 기업의 산실인 실리콘밸리로 건너가 디지털 전문 디자인 회사인 이노 디자인을 설립했다.

여기서 나온 작품들이 미국 디자인계의 아카데미상으로 불리는 IDEA에서 금·은·동을 휩쓸었으며, 유럽에서도 최고 권위의 상인 레드 닷 어워드 등 국제적인 상들을 받으면서 세계적인 디자이너로 떠올랐고, 마이크로소프트의 빌 게이츠 회장은 그가 디자인한 제품을 두고 디지털 시대를 선도하는 디자이너라고 극찬했다.

우리나라 디지털 제품으로 세계를 석권한 아이리버의 mp3, 삼성전자의 애니콜 등이 그의 작품이다. 경쟁이 치열하던 mp3 시장에서 김영세가 디자인한 아이리버는 4년 만에 80배나 매출이 올랐다. 말하자면 디자인은 차별화의 핵심적인 요소일 뿐 아니라 스스로 가치를 창출하는 가치

혁신의 1등 공신인 셈이다.

그는 다음과 같은 10가지 방법의 아이디어 만들기 훈련을 스스로 실천하고 있으며 다른 사람들에게도 권하고 있다.

상상하기

아이들은 상상을 많이 하지만 어른이 되면 상상과는 멀어진다. 되도록이면 긍정적인 상상을 많이 해야 한다. 긍정적인 상상은 희망과 용기를 준다. 상상을 하다 보면 흩어져 있는 정보들이 하나로 합쳐지면서 체계적인 지식이 된다.

메모하기

모든 것을 기억하려 하지 말라. 어떤 생각이든 생각날 때 메모하라. 그는 레스토랑에서 식사를 하다가도 무언가 떠오르는 것이 있으면 냅킨에도 메모를 하는 것으로도 유명하다.

정보 샤워하기

오래전에 축적된 정보는 새롭게 다듬어야 한다. 틈날 때마다 새로운 정보로 업데이트시켜라.

고정관념 깨뜨리기

항아리에 물이 가득 차 있으면 더 이상 물을 부을 수가 없다. 늘 창조적이고 새로운 생각이 자리할 수 있도록 공간을 비워라.

집중하기

사람이 무슨 일을 하든 24시간 내내 집중할 수는 없다. 언제든 집중할 수 있는 시간에 집중하라.

대화하기

눈사람과도 대화할 정도로 다양한 사람들과 다양한 대화를 나눠라. 거기에 아이디어의 힌트가 있다.

학습과 독서

학교에서 배운 지식은 5년이 지나면 쓸모가 없어진다고 한다. 자신의 분야에서 최고가 되기 위해서는 꾸준히 공부하고 자기계발을 게을리해서는 안된다.

호기심

창조하는 사람은 늘 아이들과 같은 호기심을 가져야 한다. 무슨 일에든 '왜?' 라는 질문을 3번 이상 하라. 그것이 문제의 본질에 가장 가깝게 접근하는 길이다.

실험하기

실험은 실패를 전제로 하는 것이다. 실패를 두려워해서는 아무것도 나오지 않는다. 스스로의 지식을 과감히 실험에 옮겨라.

두뇌 조깅

육체의 건강을 위해 헬스를 하는 것처럼 두뇌의 건강을 위해서도 조깅이 필요하다. 차 한 잔을 들고 밖을 내다보며 혹은 숲길을 걸으면서 생각을 정리해보고 사색을 하라.

'텐바이텐', '1300K', '코즈니', 'DCX' ······

위의 단어들은 모두 톡톡 튀는 감성 디자인의 문구류 브랜드들이다. 이들은 모두 독특하면서도 이색적이며 다양하다. 손바닥 크기의 앙증스런 디자인의 공책이 있는가 하면 독특한 디자인의 장난감 카메라, 하트 모양의 펜슬, 입술로 말하는 라디오, 여행·음식·영화 등 다양한 테마로 구성된 수첩 등 한마디로 기발한 아이디어와 디자인의 팬시 제품들이다. 불황이 깊다는 요즘에도 이들 매장만은 늘 만원이다.

이들 디자인의 특징은 실용성은 물론이고 10대와 20대, 특히 20대 여성들을 겨냥하여 아주 감성적이라는 점이다. 이들이 공통적으로 추구하는 것은 예쁜 것, 멋있는 것, 나만의 것들이다. 이들이 추구하는 마케팅 역시 감성에 호소하는 감성 마케팅이다. 요즘의 신세대들은 머리보다 가슴으로 먼저 느낀다는 것이다.

이들 중 선두를 달리고 있는 텐바이텐은 '내가 좋아하는 10가지 스타일의 10가지 상품'이 있는 곳으로 대학생 5명이 지하 2평에서 시작한 것이 연매출 25억의 기업으로 성장한 사례이다.

역시 상위권을 달리는 코즈니의 경우 삼성동, 명동, 압구정동 등 이들의 직영매장은 이제 10대, 20대들의 약속장소로 더 유명해졌다. 명동 매장만도 하루 방문객이 2만 명에 이른다.

다양한 소품을 파는 1300K의 경우, 양손이 자석으로 되어 있는 포옹하는 개구리가 있는가 하면, 책상전용 진공청소기도 있다. 젖소 모양을 하고 있는 이 청소기는 책상 위의 먼지나 지우개 가루를 먹어 치운다. 시계 조명 램프도 있다. 낮에는 시계역할을 하고 밤이면 은은한 조명구실을 한다. 마술 재떨이도 있다. 음료수 캔처럼 생겨 담배꽁초를 집어넣으면 금세 불이 꺼지고 냄새는 전혀 밖으로 새어나오지 않는다. 이밖에도 수많은 아이디어 상품들이 예쁜 디자인을 하고서 주인을 기다리는 곳이다.

학자들은 디지털 문화가 심화되어 가는 포스트 디지털 시대가 되면 디자인이 마케팅의 핵심적인 가치로 떠오를 것으로 전망하고 있다.

왜 유태인의 무일푼의 철학은 위대한가?

교 실 밖, 펄 떡 이 는 경 제 이 야 기

세계에서 가장 부자가 많은 민족이 유태인들이다. 부자뿐 아니라. 그들은 세계 인구의 0.25%에 불과하지만 노벨상 역대 수상자의 30%를 차지하고 있으며 경제학상만 보면 41%가 유태인들이다. 그들은 소수이면서도 어떻게 이렇게 성공을 거둘 수 있었을까? 이번에는 경제, 금융계를 지배하는 유태인들의 굵직한 면면을 살펴보자.

대표적 인물로는 석유재벌 록펠러, 세계 반도체 산업을 좌우하는 인텔의 앤디 그로브, 마이크로소프트의 빌 게이츠와 스티브 발머, 델 컴퓨터의 마이클 델, 오라클의 래리 애릭슨, 금융계의 황제 조지 소로스, 골드먼 삭스, JP 모건 등이 있으며 미국의 금융가 월스트리트Wall Street를 장악하고 있는 사람들도 유태인들이다. 미국 명문 대학 교수의 60%가 유태인이며 미국의 3대 신문, 3대 방송 모두를 유태인들이 소유하고 있다.

월스트리트가 미국 금융의 중심지가 된 사연도 유태인들과 관련이 있다. 2차 대전 당시 유태인들이 나치의 박해를 피해 미국으로 몰려들자 미국은 허드슨 강가에 이들의 정착촌을 만들어주었고 강물이 범람하자 이를 막기 위해 유태인들이 옹벽을 설치했다. 옹벽은 물막이용 담벼락Wall을 말한다. 그 Wall을 중심으로 유태인들이 일으킨 금융가가 지금의 월스트리트이다. 이런 전통 때문인지 지금도 월가의 임직원의 30% 정도가 유태인인 것으로 알려져 있다.

　미국은 산업 자본주의를 거쳐 완전한 금융 자본주의로 진입하였으며, 금융을 지배하는 자가 미국을 지배한다고 본다면 미국의 정치·경제 등 주요 분야는 모두 유태인들이 좌우한다고 보면 맞을 것이다.

　유태인들을 이해하기 위해서는 이들이 살아온 역사적 배경과 돈에 대한 철학을 알아야 한다. 2천 년 동안 나라 없이 세상을 떠돌면서 살아야 했던 그들이 믿고 살아갈 수 있는 것은 돈뿐이었다. 유태인들은 서구 기독교 사회에서 가는 곳마다 박해를 받았다. 예수를 죽인 민족에 대한 증오일지도 모른다.

　유태인들은 직업도 마음대로 가질 수가 없었다. 그들은 제한된 구역으로 밀려나 살아야 했으며, 물건을 만들어 판매하는 제조업도 그들에게는 금지되어 있었다. 특히 기독교가 모든 것을 지배하던 중세에는 유태인들이 할 수 있는 것은 대금업뿐이었다. 당시 기독교에서는 이자를 받고 돈을 빌려주는 대금업을 금지했기 때문이었다. 그래서 그들은 평생을 아끼고 절약하여 목돈을 만든 다음 대금업을 했다. 그 대금업이 지금의 금융업의 모태가 된 것이다.

　유태인의 금전철학에는 남다른 점이 있다. 유태인들은 자녀에게 돈이란 인간을 축복해주는 고마운 것이며 부유함은 견고한 요새이고 빈곤은 폐허와 같다고 가르친다. 그러나 그들은 무일푼 철학에서 출발한다. 부모가 돈을 물려주지 않는다는 의미이다. 무일푼에서 지혜를 짜내어 목돈을 만들고 여기에 부가가치를 더하여 각 분야로 나아가 성공을 거두는 식이다.

무일푼 철학은 왜 위대한가? 큰돈 없이 돈을 벌려면 아직 아무도 하지 않는 분야를 찾아야 한다. 그것이 성공 가능성도 높고, 일단 성공만 하면 큰 부를 축적할 수 있다는 점에서다. 지금의 용어로 설명하자면 블루 오션인 셈이다. 그래서 유태인들은 지금도 남들이 성공한 분야는 쳐다보지도 않고 아무도 하지 않았거나 남이 실패한 분야를 찾아 적은 돈으로 승부를 건다.

우리나라는 '무일푼의 철학'이 없다는 점에서 유태인들의 그것과 크게 다르다. 부모가 이룩한 것을 물려주기만 해서는 절대로 크게 일어서지 못한다. 새로운 분야, 미래의 성장 분야를 찾을 수가 없기 때문이다.

먼저 꿈을 심어주고 그 꿈을 이루기에 합당한 교육을 시키며, 그릇이 된 다음에 그에 필요한 최소한의 지원에 그쳐야 한다. 꿈이 없는 아이에게 돈을 물려주면 작은 현실에 안주하고 만다. 그래서 무일푼 철학이 위대한 것이다.

 부자들의 돈을 모두 나누어 가지면 모든 국민이 평등하게 잘살까?

돈은 양이 적을 때는 그냥 '돈'이라고 부르지만 임계치를 넘는 규모가 되면 '자본'이라고 부른다. 돈과 자본은 큰 차이가 난다. 우선 성격 자체가 바뀌게 된다. 돈은 재화나 서비스로 소비되지만 자본은 '새끼'를 치는 특성을 가지게 된다. 즉, 자본은 다시 돈을 낳게 된다는 의미로 처음에는 사람이 돈을 벌지만 나중에는 돈이 돈을 벌게 된다.

만약 부자들의 부를 빼앗아 국민 모두가 나누어 가지면 어떨까? 모든 국민이 평등하게 잘살게 될까? 아니다. 아무리 큰 부자의 돈이라도 국민 모두가 나누어 가지면 적은 돈이 되어 소비되고 만다. 그리하여 한순간은 조금 넉넉한 생활을 할 수 있을지 모르지만 다음 단계의 투자가 이루어지지 않기 때문에 모든 기업이 문을 닫고 결국 국민 모두가 실업자가 된다.

세계 최고의 부자인 빌 게이츠의 전 재산 460억 달러를 전 세계인들에게 나누어 준다면 대략 8천 6백 원 정도 돌아간다. 이 돈으로는 세계 인구가 하루 먹고살 정도도 되지 않는다. 한 사람에게 모아져 있기 때문에 세계적인 영향력을 행사할 수 있는 것이다. 이것이 자본의 위력이다.

처음 마련된 목돈은 상업 자본이 된다. 가격이 싼 곳에서 물건을 떼어다가 먼 곳으로 가져가 비싼 가격에 팔았다. 곡물이나 소금, 비단 등이 초기 상업 자본의 투자 대상이었다. 이렇게 하여 축적된 돈의 규모가 좀 더 커지게 되면 산업 자본이 되어 공장을 짓고 대규모 생산설비를 갖추어 공산품을 만들어내게 된다.

이것이 좀 더 규모가 커지면 금융 자본이 되어 다른 나라의 금융 시장이나 산업 분야나 원자재 등에 투자하여 계속 새끼를 치게 된다. 따라서 돈이 새끼를 치려면 어느 정도 이상의 규모가 되어야 한다는 점이 중요하다. 임계치인 어느 정도 이상의 규모는 사람에 따라, 업종에 따라 천차만별이다.

세계에서 이재에 가장 밝다는 유태인이나 중국인들은 어려서부터 돈에 대해 배운다. 인생을 살아가는 동안에 돈이 얼마나 중요하며, 종자돈을 마련하기 위해 어떻게 노력해야 하는가 등이다. 그래서 중국인이나 유태인들은 세계 어느 곳에서든 금융을 장악하고 있다.

일반 사람들이 정상적인 방법으로 한 푼 두 푼 모아서는 자본을 형성하기가 지극히 어렵다. 그러나 혼자서는 어렵지만 많은 사람들이 참여하면 쉽게 자본이 될 수 있는 것이 돈이다.

은행저축을 예로 들어 보자. 국민 개개인으로서는 한 푼 두 푼을 저축하는 셈이지만, 수많은 사람들이 저축을 한다면 은행에는 큰 규모의 돈이 쌓이게 된다. 이 돈을 기업에 빌려주면 공장을 지어 생산적인 곳에 쓰일 수 있다. 그것이 결국은 나에게로 돌아온다는 것이다.

자본은 어디로 흘러가는가, 자본은 '새끼를 칠 수 있는 곳'으로 흘러가는 특성이 있다. 은행, 증권, 부동산 등 새끼를 가장 많이 칠 수 있는 곳으로 끊임없이 이동하는 것이 자본이다. 우리나라가 외환위기를 겪은 것도 산업기반 자체가 허약해서 당한 것이 아니었다. 새끼를 치기 위해 몰려왔던 외국의 금융 자본이 일시에 빠져나가면서 일어난 지불불능 사태였다. 그만큼 우리가 금융의 속성에 대해 잘 몰랐다는 이야기다. 앞으로의 세계는 금융이 지배하는 금융 자본주의 사회가 된다.

미국이 전 세계를 향해 문호를 개방하라고 외치는 것도 미국의 자본이 들어갈 환경을 조성하기 위한 것이다. 이것이 글로벌 스탠더드이다. 이제는 국가에서 정책적으로 유능한 금융 전문가를 키울 때이다.

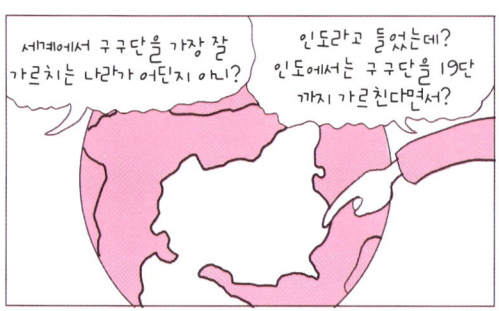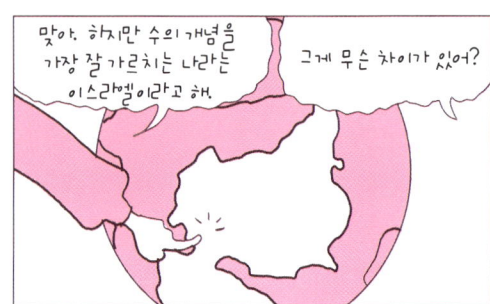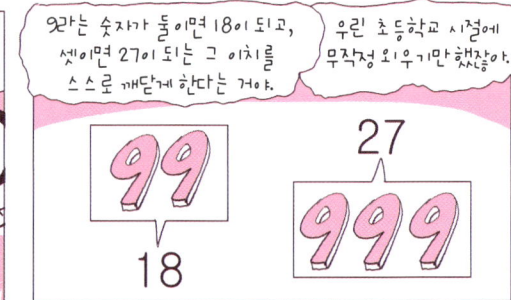

미래의 장사는 어떤 형태?

교실 밖, 펄떡이는 경제 이야기

서울 강남, 예술의 전당 건너편에는 조금 이상한 가게가 하나 있다. 그 가게에서는 여름보다 겨울에 수영복이 더 많이 팔린다. 물론 일반 가게에서도 겨울 수영복은 팔릴 수 있다. 겨울에도 실내수영장을 찾는 사람들의 숫자가 점점 늘어나고 있으니 말이다. 그런데 이 가게는 겨울 수영복이 훨씬 많이 팔린다. 알고 보니 그 집은 수영복 전문점이 아니고 '신혼여행용품 전문점'이었다.

주제, 테마를 가진 가게

여름보다는 늦은 가을, 겨울, 이른 봄에 결혼하는 사람들이 더 많을 것이고, 대부분 바다가 있는 동남아로 신혼여행을 떠나다 보니 수영복은 필수가 된다는 이야기다. 이 가게는 취급하는 상품의 종류도 아주 다양하다. 신혼여행에 필요한 상품의 종류는 줄잡아 100여 가지는 되지 않을까 싶다.

예비 신랑, 신부 둘이서 신혼여행에 필요한 쇼핑 리스트를 만들어놓고 쇼핑을 한다고 하자. 백화점, 남대문, 동대문을 하루 종일 돌아다녀야 할 것이다.

그러나 이 가게에서는 신혼여행에 필요한 모든 상품을 한 자리에서 취급한다. 우선 거기에 들어서면 편안한 소파를 권한다. 소파에 앉아 차를 마시면서 쇼핑 리스트에 체크만 하면 끝이다. 가격도 시중에 비해 비싸지 않고 오히려 저렴하다. 신혼여행에 필요한 이런 저런 상품과 서비스도 얹어 준다. 가격이 비싼 캠코더나 샘소나이트 가방은 빌려주기도 한다.

이런 가게라면 여행사와도 제휴관계를 맺어도 좋을 것이다. 여행사에서는 여행용품 구입처로 가게를 소개해주고 이 가게에서는 여행사로 고객을 안내해줄 수도 있기 때문이다. 이런 경우를 상생의 관계라고 한다.

배낭여행을 가려는 사람들에게 이들이 필요한 모든 것을 취급하는 가게도 있다. 이런 것들이 테마 숍$^{Thema\ Shop}$이다.

이 이야기를 장황하게 전개하는 이유는 이것이 앞으로 전개될 미래의 숍 모델이기 때문이다. 자, 이제 본격적으로 미래의 장사 형태를 탐색해 보기로 하자.

일반 가게-전문점-테마 숍-라이프스타일 숍

가게 형태는 일반적인 가게에서 전문점, 테마 숍을 거쳐 라이프스타일 숍으로 옮겨가게 된다. 일반적인 형태라면 슈퍼마켓이나 변두리 동네에 있는 가게들이 전형적인 사례이다.

일반적인 형태의 가게는 70~80년대가 전성기였고 지금은 쇠퇴기를 맞고 있다. 돈을 벌지 못한다는 것이다. 전문점은 지금 일부 분야를 제외하고는 성장 후기 정도에 와 있다. 즉, 어느 정도 돈은 벌 수 있겠지만 투자 자금이 많이 든다.

지금 막 도입기를 맞이하고 있는 형태가 테마 숍으로 위에서 설명한 신혼여행용품 전문점이 그것이다. 한 마디로 상품 그 자체를 파는 것이 아니라 하나의 주제, 테마, 보이지 않는 가치를 파는 곳이다.

일반점에서 전문점으로, 테마 숍으로, 라이프스타일 숍으로 옮겨갈수록 상권이 넓어지게 된다. 일반 가게는 주변의 고정인구와 일부 유동인구가 고객이지만 전문점이 되면 도시의 한 블록이나 소도시 하나 정도를 커버할 수 있을 정도로 상권이 넓어진다. 테마 숍이 성공하면 거의 전국을 하나의 상권으로 엮을 수 있다. 그리고 라이프스타일 숍이 되면 같은 라이프스타일을 공유하는 세계인 모두가 고객이 될 수 있다.

장사 중에서 유형의 물리적인 상품을 파는 장사꾼이 가장 하수이고, 보이지 않는 가치를 파는 사람들이 가장 고수이다.

테마 숍 사례를 하나 더 들어 보자. 일본에 가면 'Best 10' 상품만 취급하는 가게가 있다. 각 분야별로 10위권 안에 드는 상품만 골라서 취급한다. 책이라면 금주의 베스트셀러 10권만 진열해두고 있다. 여기서 취급하는 상품은 책 외에도 음반, 비디오, 잡지 등 각 분야의 Best 10이다. 이것도 일종의 테마 숍이다.

인터넷 사이트 중에 '곰신닷컴'이라는 곳이 있다. 고무신을 파는 곳은 아니다. 남자친구가 군에 간 사이 변심하는 여자들을 지칭하는, 고무신 거꾸로 신는다는 말의 뉘앙스를 뒤집은 것이다. 즉, 이 사이트는 고무신을 거꾸로 신지 말자는 여자들이 모이는 곳이다. 모여서 서로를 위로하고 정보도 나누는 곳으로 동시에 군대 복무 중인 남자친구가 필요로 하는 모든 상품을 취급하는 것이다.

이번에는 미국의 한 속옷 가게 이야기를 보자. 고급 브랜드의 여성용 속옷을 취급하는 가게였지만 상권이 나빠서 장사가 잘 되지 않았다.

참고로 여성들을 위한 고급 상품은 고급스런 장소가 아니면 팔리지 않는다. 상품 수준과 매장 수준이 일치해야 한다는 것이다. 여자들은 이게 '어디서 얼마를 주고 산 것인데' 하면서 혼자서 뿌듯해 한다.

'무언가 탈출구가 없을까' 하고 고민하던 주인은 무릎을 쳤다. 가만 보니 그리 많지 않은 고객들이지만 그중 남성 고객이 적지 않더라는 것이다. 이들은 모두 선물용으로 여성 내의류를 구입하는 남자들이었다. 이들은 매장 수준은 전혀 개의치 않는다. 고급 브랜드이기만 하면 된다. 그래서 그 가게는 남자들이 많이 찾더라는 것이다.

여기서 가게 주인은 테마 숍의 힌트를 얻게 되었다. 그 가게를 '사랑고백' 점으로 리포지셔닝Repositioning을 했다. 여자친구에게 속옷을 선물하려는 남성들을 위해 속옷을 포장해서 꽃과 사랑의 메시지를 담아 함께 배달해 주었다. 인터넷으로도 연결시켜 전국 어디서나 클릭만 하면 여자친구에게 속옷과 함께 사랑을 전달할 수 있도록 했다.

이처럼 앞으로의 장사는 비록 유형의 상품을 팔더라도 무형의 주제, 테마, 가치를 담아내지 않으면 살아남지 못하게 된다. 이것이 테마 숍이다.

라이프스타일 숍은 아직 본격적으로 상륙하지 않은 형태이다. 10년 정도 지나면 본격화될 수 있을 것으로 추정된다.

미국에 가면 '할리 네이비슨'이라는 유명한 오토바이 브랜드가 있다. 젊은이들은 미국의 상징이자 자존심 그 자체로 받아들일 정도로 할리 데이비슨에 열광한다. 길을 가다가도 할리를 타고 오는 사람을 만나면 오토바이에서 내려 뜨거운 포옹을 나눈다. 남녀노소를 가리지 않는다. 이들이 즐겨 입는 재킷과 검은 부츠, 이들만의 독특한 안경 등 이것이 그들의 문화이다.

1년에 한 번씩 해변에서 개최되는 할리 데이비슨 동호인 모임은 그야말로 광란의 도가니가 된다. 이들이 먹고 마시고 입고 하는 모든 것은 그들 나름대로의 가치가 있는 것에 한정된다. 아무리 유명 브랜드라 해도 그들의 라이프스타일에 맞지 않으면 거들떠보지도 않는다. 이렇게 하여 하나의 라이프스타일이 탄생하는 것이다.

 앞으로의 장사는 하나의 라이프스타일에 초점을 맞추어 전문화 하지 않으면 안된다. 우리나라에서는 아직 라이프스타일 문화가 본격화되고 있지 않으나 미국에는 40여 개 이상으로 라이프스타일 세분화가 이루어지고 있다. 우리나라 역시 10년 정도 후에 이런 시장이 형성될 것이다.

21세기 사라지는 직업, 뜨는 직업

교실 밖, 펄떡이는 경제 이야기

미래학자 앨빈 토플러는 21세기에 사라질 직업으로 노조 지도자, 사진관 등 다음과 같은 10가지 직업을 꼽았다.

사라지는 직업군

노조 지도자

노조 지도자와 간부 등 전임 노조원을 말한다. 즉, 회사 내에 설립된 또 하나의 조직인 셈이다. 기업은 상품이나 서비스를 생산하고 이를 판매하여 이익을 내기 위한 조직이지만 노조는 근로자의 권리를 보장받기 위해 결성된 조직이다. 노조 전임자들은 노조 일에만 매달릴 뿐 회사 일은 하지 않는다.

미래에는 노동자의 권익 보호를 위한 노조의 존재 자체는 남아 있더라도 전임자라는 형태로는 살아남지 못한다. 앞으로의 노조는 회사의 지원을 전혀 받지 않고 스스로 독립적인 조직을 운영할 것이다. 노조 지도부가 없어지거나 있더라도 소수의 핵심 인원만 남고 나머지는 모두 현장으로 돌아가게 된다.

노조 지도부가 근로자들을 위한 봉사가 아닌 스스로의 권력을 갖는 순간 존재의미가 사라진다. 회사와의 협상에서 뒷돈이 오가고 근로자 채용에까지 입김이 미칠 정도면 이미 존재가치를 잃었다는 것이 앨빈 토플러의 말이다.

사진관

그 옛날 동네에 하나 있는 사진관은 일종의 문화적인 기능을 담당했었다. 그러나 지난 몇 년 사이에 가장 처참하게 몰락해가는 곳은 아마도 사진관일 것이다. 디지털 카메라의 보급으로 사진을 현상하는 대신 컴퓨터에 저장하고, 전자앨범으로 보관하는 사람들이 빠르게 증가했기 때문이다.

기존의 아날로그 사진관들은 이미 상당수 문을 닫았으며 앞으로 남은 사진관은 새로운 변신을 하지 않으면 살아남지 못하게 된다. 이는 단순히 디지털 기자재를 도입하여 사진출력 서비스를 해주는 것에 국한되지 않는다.

우선 디지털 영상을 이용하여 각종 기프트 상품을 만들어 부가가치를 높일 수 있다. 디지털 영상으로 머그컵이나 접시류, 타일 등에 전사하여 응용상품을 만들고, 골드, 실버 등 각종 메탈상품을 만들 수 있다. mp3나 휴대폰, 티셔츠나 의류 등 각종 팬시상품에 적용이 가능할 것이다.

한 디지털 사진관은 퍼즐 사진으로 액자나 각종 액세서리, 홍보물, 유치원 교육교재를 만들어주고 있다. 어느 사진관은 사진관을 아예 아이들의 놀이터로 바꾸었다. 돌맞이 아이가 때때옷을 입고 한참 동안 신나게 놀고 나면 아이들의 노는 모습이 사방에 설치된 카메라에 담기고 이를 이용하여 앨범을 만들어주는 것이다.

일본의 한 디지털 사진관은 동화 속의 나라를 연출해주는 아이템으로 제2의 전성기를 구가하고 있다. 아이들이 원하는 동화 속의 주인공으로 사진을 찍어 스토리북과 함께 앨범으로 제작해주는 것이다. 앞으로의 사진관은 이렇듯 일종의 크리에이티브 숍Creative Shop으로 거듭나야 한다.

석유 채굴자

앨빈 토플러에 의하면 앞으로 곧 사라질 직업 중 하나가 화석연료 채굴업자들이다. 석유, 석탄, 천연가스 등 화석연료들이 거의 바닥이 나기도 했지만 그것이 아니라도 수소, 태양, 풍력 등을 이용하는 대체 에너지가 그 자리를 대신하게 되기 때문이다.

콜센터 안내원

기업이나 관공서, 은행 등의 교환원을 말한다. 이들은 이미 상당수 자동응답기로 대체되어 가고 있는 중이다. 상담원이 그 자리를 대신하게 될 것이다.

전투기 조종사

앨빈 토플러는 전투기 조종사도 곧 사라질 직업 중 하나로 꼽고 있다. 선투기 조종사를 직업으로 봐야할지는 조금 의문이긴 하지만 무기 체제가 스마트로 바뀌게 되면 로봇이 그 자리를 대체하게 된다.

따라서 전쟁이 나도 대량 인명을 살상하는 고전적인 전투는 더 이상 일어나지 않는다. 조종사 대신 로봇이 원하는 목표물만 정확히 타격하는 방식으로 전개된다는 것이다.

건설 노동자

앨빈 토플러는 앞으로 몇 십 년 이내에 건설 노동자도 사라질 것이라는 전망을 내놓고 있다. 일부 숙련된 기능공을 제외하고서 말이다.

3차원 프린팅 기술이 상용화되면 입체 복사물의 대량생산이 가능해질 것이다. 2차원 프린터가 사물을 종이 위에 찍어내는 기술이라면 3차원 프린터는 이집트의 피라미드를 다층적인 과정을 거쳐 그대로 복사해낼 수 있다는 것이다. 이것이 실용화되면 건설, 제조, 의료 분야는 그야말로 혁명적인 변화를 맞게 될 것이라는 것이 토플러의 예견이다.

광부

광부도 건설 노동자와 같은 운명이다. 미래의 탄광에서는 사람 대신 박테리아가 광석을 추출하게 된다. 티오바실루스 페룩시단스 같은 박테리아가 광석에서 금속을 추출하는 바이오 마이닝 시대가 도래한다. 현재까지의 연구에 의하면 이 박테리아는 금가루를 한데 뭉치는 '채집자'의 역할을 하는 것으로 알려지고 있다.

CD점

앞으로의 음악 산업은 작곡가는 디지털 음악을 작곡하고, mp3가 판매자 역할을 맡게 된다. CD는 기념품으로서 책장에서 추억을 회상하게 될 것이다.

브리태니커

영국의 권위 있는 백과사전 브리태니커의 운명도 사양길에 접어들고 있다. 과거에는 호화로운 장정의 브리태니커 백과사전 한 질이 응접실에 진열되어 있는 것만으로도 주인은 지식인 행세를 할 수 있었지만 이제는 거의 지난 일이다. 인터넷의 발달로 누구나 언제든 무료로 무한의 지식을 전달받을 수 있게 될 것이다.

Cashier

계산원이라고 불리는 Cashier도 곧 사라지게 된다. 현재는 백화점이나 대형 할인점에서 일하는 이들이 계산대에서 일일이 바코드를 체크하여 요금을 계산하지만 앞으로는 상품을 바구니에 담는 순간 모든 계산이 이루어진다. RFID$^{\text{Radio Frequency Identification}}$이라고 불리는 이 장치는 물건을 바구니에 담는 순간 또는 쇼핑 카트를 끌고 계산대를 통과하는 순간에 모든 계산이 이루어진다.

창고 관리도 마찬가지다. 이전이라면 창고에 입고되는 물건의 종류를 일일이 체크하였으나 이 시스템이 도입되면 정문을 통과하는 순간 입고로, 정문을 나가는 순간 출고로 체크된다. 세계적인 유통업체 월마트에서는 이미 삼성전자에서 만든 이 시스템을 도입했다. 앞으로 이의 시장 규모는 700~800억 달러에 이를 것이라고 전문가들은 추정하고 있다.

이에 비해 21세기에는 대부분 무형의 가치를 다루는 직업군이 각광을 받을 것으로 전망된다.

뜨는 직업군

기업 가치 평가 전문가

이는 단순히 숫자로 나타나는 기업 가치를 말하는 게 아니다. 이전의 기업 가치라면 기계, 설비, 매출 등을 숫자로 분석했을 것이나 앞으로는 무형의 가치, 예를 들면 브랜드나 기업의 신용도, 기업이 가지고 있는 노하우 등의 요소들이 더 중요한 가치를 가지게 되고 이를 평가하는 기업 가치 평가 전문가가 떠오르는 직업이 된다. 여기서 한 발 더 연장한다면 미래에는 기업 인수합병 전문가가 중요한 역할을 하게 될 것이다.

만화영화 전문가

21세기는 영상의 시대가 된다. 컴퓨터 소프트웨어의 발달로 만화영화의 제작은 훨씬 더 정교해지고 있다. 수요 또한 어린이에서 어른까지 다양해졌다. 앞으로의 만화는 정보전달의 주요 매체기능까지 담당하게 될 것이다. 이 수요에 대비할 수 있는 만화영화 작가가 21세기의 떠오르는 직업이 될 전망이다.

Financial Plannner

주식, 증권 전문가들은 주위에 수도 없이 많다. 그 사람들로부터 정보를 얻는다 해도 막상 어디에 투자해야 할지 늘 막막하다. 앞으로의 투자는 주식, 증권에 한정되지 않는다. 중·소규모 업체의 전망을 바탕으로 투자수익을 예측하고 고객을 상담해주는 전문 Financial Planner가 새로운 직업으로 각광을 받게 될 것이다. 앞으로는 증권 회사뿐 아니라 모든 금융기관에서 이런 전문가를 필요로 하게 된다.

환경, 공해방지 전문가

전 세계적으로 환경 문제는 이제 더 이상 미룰 수 없는 발등의 불이 되었다. 우리나라만 해도 이상고온 현상이 불과 몇 년 이내에 커다란 사회 문제를 일으킬 것이 분명하다. 그러나 문제의 심각성을 의식하면서도 아직은 별로 돈을 쓰려 하지 않는다. 미국이 이제 연간 10억 달러를 쓰는 정도이다. 그러나 이는 빠르게, 아주 빠르게 성장할 것이 틀림없다.

앞으로 제조업을 하는 모든 기업에는 환경, 공해방지 전문가를 의무적으로 고용하지 않으면 안될 것이다. 이에는 환경영향평가사, 수질 전문가, 대기오염방지 전문가, 소음 전문가, 폐기물 전문가 등 다양한 분야로 다시 한번 전문화될 전망이다.

물류 전문가

이제 물류 이동은 글로벌 베이스로 이루어지고 있다. 상품과 정보의 흐름을 관리하는 직업이다. 이러한 전문가들은 기업의 일원으로도 일할 수 있겠지만 그보다는 물류전문 회사에서 컨설팅을 하는 방향으로 진로를 설정하는 것이 좀 더 바람직 할 것이다.

걸프전 때 군수물자 운송을 담당했던 책임자 거스 패거니스는 시어스에 물류 시스템 개선 책임자로 자리를 옮겨서 4천 5백만 달러의 비용절감을 이룩했다. 시어스로서는 대형 할인점 월마트에 1위의 자리를 빼앗긴 터라 물류비용 절감에 가장 예민할 수밖에 없다.

미국의 항공화물 배송업체 패더럴 익스프레스의 창업자 스미스는 물류 흐름에 혁신을 일으켜 항공화물업계를 제패한 인물이 되었다. 미국 100대 도시 간에 항공화물 운송을 한다고 해보자. 기존의 기업들은 100대 도시마다 지점을 설치하고 화물을 접수받은 다음에, 해당 도시로 갈 비행기 편에 실어 보내는 방식을 택했다. 그럴 경우 100개 도시 각각에서 다른 도시 99개소로 모두 9,900편의 비행기가 필요하게 된다(100×99).

그러나 스미스는 100대 도시에서 접수한 화물을 가상의 지점 X로 집결시킨 다음, 여기서 100개 도시로 분류하여 실어 보냈다. 그러면 X지점으로 집결 시 비행기 100편, 다시 돌아갈 때의 비행기 100편, 모두 200편이면 충분하게 된다(100×2).

앞으로의 제조업은 원자재 발주에서부터 완성 제품의 유통까지 물류관리의 중요성이 훨씬 더 증가되고 있다.

미치과

앞으로 치열을 아름답게 가꾸어주는 미치과가 인기 직종의 하나가 되리라는 전망이다. 치아교정, 치아미백 등을 전문으로 하는 미용치과인 셈이다. 미국의 경우, 지난 3년 동안 미치과를 찾은 사람들의 숫자는 2배가 늘어난 3천 5백만 명에 이르렀다.

미래를 지배하기 위한 마케팅적 발상법

교실 밖, 펄떡이는 경제 이야기

인류의 진보는 결국 새로운 생각, 새로운 아이디어를 가진 사람에 의해 이루어졌다. 이는 기존의 틀을 깨뜨리는 새로운 발상이라는 의미이다.

아이디어는 논리가 아니다. 그래서 지나치게 논리적이거나 연역적인 사고에 물들면 아이디어가 나오지 않는다. 사람은 세상을 살아가면서 많은 규칙의 굴레에 얽매어 있다. 이것은 이래서 안 되고, 저것은 저래서 안 되고……. 결국 관습의 굴레에 얽매이게 된다.

그러나 아이들은 경험이 없기 때문에 아주 단순하게 생각한다. 어른과 아이가 아이디어 내기를 하면 아이들이 이기는 것도 관습에 얽매이지 않기 때문이다.

더하고 빼고

아이디어는 이질적인 요소의 이합집산의 결과이다. 인간은 유사점을 바탕으로 관계를 형성하고 차이점을 바탕으로 성장한다고 한다는 금언도 있다. 동일한 생각과 성장배경을 가진 사람들이 모이면 안정적일지는 모르지만 새로운 아이디어는 나오지는 않는다.

동일한 생각을 갖는 사람들만 보이면 기존에 자신들이 가지고 있는 생각과 행동이 하나의 규범으로 작용하기 때문에 새로운 것에 대해서는 이질감을 느끼게 된다는 것이다.

더하고 빼는 방식은 이질적인 요소들을 더하고 빼면 전혀 새로운 개념을 얻을 수 있다는 것이다. 이 방법을 구체적으로 소개한 사람은 재일교포 3세 손정의 소프트뱅크 사장이다(지금은 일본으로 귀화함).

손정의는 미국 유학 시절에 이 세상에 없는 전혀 새로운 상품 아이디어를 200개 정도 만들었다고 한다. 그리고는 일본으로 돌아와서 40개로 압축하여 그 중 몇 개의 아이디어로 소프트뱅크를 설립, 일본 제일의 부자로 등극했던 인물이다.

그는 이렇게 했다고 한다. 우선 카드를 300장 준비하여, 카드마다 하나씩의 상품이나 서비스 이름을 하나씩 적은 다음 아침에 일어나 정신을 통일한 다음에 그 중 3개의 카드를 꺼내어 딱 30분 동안 몰두한다. 이것을 더하면 무엇이 될까, 빼면…… 이렇게 했더니 1년 동안에 200개의 아이디어가 나오더라는 것이다.

30분 동안 몰두해도 아이디어가 나오지 않으면 그날은 그것으로 종료다. 이는 다음에 설명하는 '시한'과도 관련이 있다. 만약 그날 뽑은 카드가 트랜지스터 라디오, 카세트, 헤드폰이었다면 그는 어떤 상상을 할 수 있었을까? 바로 20세기 최고의 히트 상품인 워크맨의 아이디어가 나올 수 있다는 말이다.

멀쩡한 자동차의 지붕을 제거해버리면 스포츠카가 되고 자전거 타이어를 넓고 울퉁불퉁하게 바꾸면 산악용 자전거가 된다. 산악용 자전거는 죽어가던 자전거 산업을 다시 살려낸 빅 아이디어였다. 이전의 자전거는 이동수단이었지만 자동차가 대중화된 다음의 자전거는 자동차를 많이 타고 다녀서 운동량이 부족한 현대인들의 레포츠 수단이 된다.

학생들이 쓰는 크레파스는 크레용과 파스텔을 합쳐서 만들어낸 히트 상품이었다. 크레용은 너무 끈적거려서 사용에 불편하고, 파스텔은 너무 부스럭거려서 사용에 문제가 있다. 이 둘의 특성을 반반씩 섞으면? 그래서 탄생한 것이 일본의 한 아이디어맨이 만든 세계적인 히트 상품인 크레파스이다.

20세기 후반 세계 패션의 흐름을 바꾸어 놓은 2가지 사건도 덧셈, 뺄셈의 소산이었다. 미니스커트와 찢어진 청바지가 그렇다. 미니스커트란 무엇인가? 긴 치마를 가위로 싹둑 잘라버리면 미니스커트가 된다. 찢어진 청바지란 과연 무엇인가? 찢어지고 얼룩지고 돌에 짓이겨 놓은 듯한 청바지가 기성세대에 저항하는 젊은이들의 사고와 맞아 떨어지면서 세계적인 상품이 된 것이다.

뒤집어 보기

뒤집어서 생각해보는 것도 아이디어를 얻을 수 있는 좋은 방법이다. 스포츠에서 재미있는 사례 하나를 보자.

1968년 10월 20일, 해발 2,240m의 멕시코시티 올림픽 스타디움에서는 실로 놀라운 광경이 벌어졌다. 당시 21살이던 미국의 높이뛰기 대표 딕 포스베리가 높이뛰기에서 2.24m를 뛰어넘어 금메달을 차지했다. 그가 2.24m를 뛰어넘어 금메달을 차지한 것이 놀라운 것이 아니라 그가 바(높이뛰기의 가로막대)를 넘는 방법이었다.

그때까지의 높이뛰기는 먼 곳에서 달려와 도움닫기를 하면서 다리를 벌리고, 가슴을 아래로 하여 바를 정면으로 넘는 방식이었다. 그러나 포스베리는 자세를 일반 선수들과는 반대로 몸을 비틀어 옆으로 누운 자세로 바를 넘은 것이다.

우리 몸의 무게중심은 배꼽 아래 2.5cm 지점이라고 한다. 우리가 알고 있는 단전 부위다. 일반 선수들이 높이뛰기 바를 넘을 때처럼 팔을 아래로 내리고 허리를 숙이면 팔과 다리가 만드는 공간으로 무게중심이 옮겨간다. 무게중심이 아래로 처진다는 이야기다.

그러나 포스베리의 방식으로 공중에서 등과 허리와 다리를 뒤로 젖히면 그보다 무게중심이 훨씬 더 위쪽이 된다. 그래서 동일한 점프력으로 더 높이 뛸 수 있다는 것이다.

포스베리가 기록을 깨뜨리자 모든 선수들이 그 방법을 따르게 되었고, 이제 '포스베리'라는 이름은 스포츠 용어의 하나로 자리를 잡게 되었다. 1992년 미국 올림픽 위원회는 그를 올림픽 명예의 전당에 올렸다. 무엇을 이루었느냐 하는 것도 중요하지만 어떻게 이루었느냐는 것이 더 중요하다는 것이 그 이유였다. 발상의 전환을 높이 평가한 것이다.

뒤집어 생각하기는 아인슈타인의 상대성 이론이 태어나는 데에도 결정적인 역할을 했다. 이제 그 이야기를 잠시 살펴보자.

19세기 물리학자들의 최대 관심은 빛이었다. 빛의 속도는 어떤 상태에서 측정해도 일정하다는 사실이 알려진 것이다. 달리는 기차를 정지한 상태에서 측정한 속도와 자동차를 타고 기차를 따르면서 측정했을 때의 속도와 기차와 반대 방향으로 달리면서 측정했을 때의 속도는 완전히 다르다.

그러나 빛의 경우에는 어떤 상황에서 측정해도 30만 km/s로 일정했다. 모든 물리학자들의 관심은 그 원인을 규명하는 일에 몰두해 있었다. 왜 광속은 어떤 경우에도 항상 일정한가? 여기에 아인슈타인이 등장했다.

그는 중학교 물상 교과서를 꺼냈다. 거기에는 이렇게 나와 있었다. 자동차가 달린 거리는 속도 곱하기 시간이다. 이를 식으로 표현하면 $S = v \times t$가

된다. 이를 속도에 대해서 풀면 v = S/t가 된다. 이를 광속에 적용할 때, 광속이 어떤 경우에도 일정하다면 S/t도 일정해야 한다.

즉, 빛이 달리는 공간(S)과 시간(t)은 분자, 분모의 관계로 맞물려 있으므로 공간이 늘어나면 시간도 늘어나야 하고, 공간이 수축되면 시간도 수축되는 구조여야 한다. 그래야 속도 v가 일정할 수 있기 때문이다. 그렇다면 빛이 이동하는 우주공간에서는 시간과 공간이 맞물려 있을 수밖에 없다.

이것이 상대성 원리이다. 중학교 2학년 수준의 물리학 공식을 뒤집어 20세기 최대의 이론인 상대성 이론을 정립한 것이었다. 이를 정리하자면 아인슈타인 이전의 물리학자들은 빛의 속도는 왜 일정한가, 하는 문제를 연역적으로 규명하기 위해 노력하고 있었다. 그러나 아인슈타인은 간단히 귀납적으로 뒤집어 생각한 것이다.

아이손이라는 중소기업도 역발상의 주인공이다. 이 회사는 무거운 운동화를 만들어 연간 150억 원의 매출을 올리는 기업이다. 모든 운동화들이 가볍고 편함만을 추구하고 있을 때 이 회사는 무거운 운동화를 생각했다. 일반 마라톤화의 무게가 300~400g대인 것에 비해 이 회사의 운동화 무게는 1kg이 넘는다.

이런 운동화가 어떻게 팔리는가? 바로 '다이어트용' 운동화로 포지셔닝한 덕분에 날개를 단 듯 팔려나가고 있다. 이 회사의 대표는 코오롱 마라톤 팀에서 일하던 사람이었다고 한다. 마라톤 선수들은 훈련을 할 때 발목에 모래주머니를 달고 달린다. 여기서 다이어트 운동화에 대한 아이디어를 얻었다고 한다.

실험 결과 무게 1kg이 넘은 운동화를 신고 30분만 걸으면 300kcal의 열량을 소모하는 것으로 이는 40분 동안 등산을 하거나 축구를 하는 것과 같은 효과를 얻을 수 있다고 한다. 이 운동화는 2004년에 대한민국 기술대전에서 금상을 수상했다.

수평적 사고

아이디어라는 것은 기존에 존재하지 않는 문제해결 방식을 말한다. 얼핏 많은 사람들이 아이디어를 논리나 수학과 같은 범주로 생각하는 경향이 있는 것 같으나 사실은 별 관련이 없다. 논리적 사고나 분석적 방법은 기존의 아이디어를 좀 더 유용하게 가공하는 데에는 쓸모가 있으나 세상에 없던 새로운 아이디어를 내는 데에는 무용지물이다.

아니, 지나치게 논리적인 사고에 젖어 있는 사람은 오히려 아이디어 발상에 지장을 받게 된다. 논리적 사고는 수직적인 방법이기 때문이다. 그래서 교육을 많이 받은 사람들이 오히려 아이디어 발상 즉, 수평적 사고에 취약한 경우가 많다.

반면 많은 교육을 받지 않은 아이들은 사고의 지평을 넓힐 수가 있어 수평적 사고에 능한 경우가 많다.

시한 정하기

일에도 시한이 필요하지만 아이디어 발상에 있어서도 시한 설정은 매우 중요하다. 이 문제의 해결을 위한 아이디어는 오늘까지, 이번 주까지 등으로 시한을 설정해놓고 여기에 몰두하면 대개는 아이디어가 나오게 마련이다. 시한 설정은 일종의 자기최면이다.

폴 마이어 이야기를 해보자. 이 사람은 모티베이션 인터내셔널의 창립자로 30대에 백만장자가 된 사람이다. 독일계 미국인인 그는 정상적인 교육을 받지 못할 정도로 가난한 집안에서 태어났다. 어느 날 마이어는 길거리에서 고급 승용차가 지나가는 것을 보면서 가슴속에서 일종의 분노 같은 것이 치밀어 오르는 것을 느꼈다.

"다 같은 인간인데 누구는 고급 승용차를 타고 누구는 깡통을 차고 다니는가?"

그 순간 그는 큰 사업가가 되겠다고 결심했다. 그러나 당장 사업을 시작할 돈이 없었기에 우선 세일즈맨으로 돈을 벌겠다고 결심했다. 그리하여 보험 회사에 취직을 했으나 3주 만에 쫓겨나고 말았다. 말을 더듬었기 때문이다.

그러나 그는 좌절하지 않고 오히려 전의를 불태웠다. "나는 백만장자가 될 수 있다"며 미친 사람처럼 중얼거리고 다녔다. 그런 그의 노력이 인정을 받아 다시 보험 회사에 들어간 그는 27세의 나이에 보험 역사상 최고의 기록을 세우며 백만장자가 되었다. 그가 말하는 성공 비결은 이렇다.

- 성취하고자 하는 목표를 분명하게 정하라.

- 구체적인 계획과 시한을 정하라.
- 꿈을 불태우며 스스로에게 동기를 부여하라.
- 자신의 능력을 믿고 사랑하라.
- 목표를 향해 전의를 불태워라.

엉뚱한 일하기

아이디어 개발에 '엉뚱한 일하기'는 맞지 않아 보일지 모른다. 그러나 아이디에이션^{Ideation} 작업 과정에서 이는 아주 중요한 요소이다. 인간의 뇌는 좌측 뇌와 우측 뇌로 나누어져 있는데, 좌뇌는 논리적인 영역, 우뇌가 바로 아이디어, 상상력, 영감을 지배한다는 것이다.

현대적인 의미의 교육을 많이 받으면 받을수록 좌뇌가 활성화되는 반면 우뇌의 기능은 위축된다. 우뇌가 활성화되어야만 아이디어가 나온다. 좌뇌가 논리적인 일이라면 우뇌가 바로 엉뚱한 일하기이다.

우뇌를 활성화시키는 방법은 좌뇌의 기능을 모두 써버리라는 것이다. 좌뇌가 더 이상 작동하지 않으면 그때부터 우뇌가 활성화되어 무궁한 아이디어가 나오게 된다.

이런 경험이 있을 것이다. 수학시험을 치룰 때 분명히 풀어본 문제인데 공식이 생각나지 않은 경우이다. 마지막까지 머리를 짜내도 도저히 생각이 나지 않는다. 그러다 시험시간이 종료되어 답안지를 제출하고 교실 문을 나오는 순간에 공식이 떠오르는 경우 말이다. 수학문제를 푼다는 것은 좌뇌를 사용하는 논리적인 활동이다. 그래도 문제가 풀리지 않는다. 그럴 경우에는 논리적인 사고를 던져버리라는 것이다. 그러면 우뇌가 활성화되면서 아이디어가 나온다는 의미이다.

　어떤 일에 막힘이 있으면 그 문제를 풀기 위해 우선은 논리적으로 접근한다. 모든 자료를 총동원하여 밤새도록 머리를 짜내 본다. 그렇게 해서 풀리면 다행이고, 아니면 문제를 잊어버리고 훌쩍 여행이라도 떠나라는 것이다. 그러면 그때부터 우뇌가 활성화되어 무수한 영감이 쏟아져 나오기 시작한다.

브레인스토밍

　브레인스토밍$^{Brain\ Storming}$은 집단 창의력 개발에 유용한 방법이다. 우선 동일한 문제로 고민하는 사람들이 모여서 다양한 아이디어를 낸다. 현실성이 없어 보이는 쓸모없는 아이디어라도 좋다. 일단 많은 아이디어를 모은다. 그렇게 나온 아이디어 중에서 조금만 고치면 훌륭한 아이디어가 나온다는 것이다.

　사례를 하나 들어 보자. 미국의 한 작은 도시는 겨울이면 눈이 많이 와서 골치였다. 눈이 많이 내리면 송전선에 눈이 쌓여 전선이 끊어지는 사례가 빈번했던 것이다. 이의 해결을 위한 브레인스토밍이 열렸다.

　A : 전선을 흔들면 눈이 떨어지지 않을까요.
　B : 어떻게 전선을 흔들지요?
　C : 전신주를 흔들면 전선이 흔들리겠군요.
　D : 전신주가 땅에 고정되어 있는데 어떻게 흔드나요?
　E : 전봇대 위에 꿀단지를 올려놓으면 곰들이 올라가 눈을 치울텐데.

F : 전봇대 위에 꿀단지를 어떻게 올리지?

G : 헬리콥터로 올리면.

I : 아, 헬리콥터 날개의 바람으로 눈을 날리면 간단히 해결되겠군요!

이 사례에서 보았듯이 브레인스토밍은 직접적으로 도움이 안되어 보이는 쓸데없는 아이디어라도 존중해줘야 한다. 다양한 많은 아이디어를 얻는 게 일차적인 목표이며, 실제로 유용한 아이디어는 그 중에서 다듬어 사용한다는 접근 방식이다.

신자유주의와 한·미 FTA

교실 밖, 펄떡이는 경제 이야기

최근 활발한 논쟁이 일고 있는 신자유주의도 결국은 먹고사는 문제이다. 18, 19세기를 풍미했던 애덤 스미스의 자유방임주의는 경제적인 자유주의와 정치적인 민주주의를 기반으로 성립되었다. 그러던 것이 1930년대의 대공황을 맞으면서 국가가 경제 영역에 깊이 개입하는 뉴딜 정책을 낳았고, 정치적으로는 파시즘의 등장, 사회주의 국가의 등장 등으로 결정적인 고비를 맞았다.

2차 대전 후 미국은 국가의 개입을 어느 정도 인정하는 수정 자본주의의 길을 걸었지만 70년대의 오일 쇼크를 기점으로 미국과 서유럽의 경기가 둔화되자 이의 원인을 과도한 국가의 간섭 때문으로 진단하면서 경제활동을 다시 시장의 자율 기능에 맡기자는 주장이 제기되었다. 이것이 신자유주의다.

구체적으로는 자유 무역의 걸림돌이 되는 국가의 산업 보호를 없애고, 관세와 제도도 뜯어고치고, 공기업도 민영화하고, 정리해고 등 구조조정을 통해 기업을 활성화시키는 것이 결국은 국부의 창출로 이어진다는 생각인 것이다. 한미 FTA 협상도 이런 관점에서 이해되어야 할 것이다.

한·미 FTA와 구조조정

한·미 간에 체결된 FTA 조약이 발효될 경우, 국가 전체의 부는 분명히 증가된다. 시장규모 자체가 확대될 것이며, 산업 전반에 걸쳐 효율성이 증대된다. 관세철폐로 인한 전반적인 물가하락, 이로 인한 국민소득의 상대적인 증대 효과가 나타날 것이다.

그러나 비교우위에 있는 산업 분야는 수출이 늘어나고 고용이 증가하게 되겠지만 이에 적응하지 못하는 분야나 농업, 축산업, 교육, 서비스, 의료, 법률 등 경쟁력이 약한 산업 분야는 황폐화될 가능성이 높다. 경쟁력 있는 기업이나 부자는 더욱 부자가 될 수 있겠지만 가난한 자는 더욱 가난해질 수 있다는 문제점을 안고 있다.

그리고 정치, 노사, 각종 규제 등의 문제들이 글로벌 스탠더드로 구조조정을 하지 못하는 산업 분야 전반이 위축될 가능성도 없지 않다. 이러한 내부적인 문제들을 해결한 나라들은 개방을 통해 성공했다.

처음부터 글로벌 스탠더드를 갖춘 싱가포르는 1989년에 1만 달러, 1994년에 2만 달러를 돌파하고 지금 3만 달러를 눈앞에 두고 있다. 아일랜드, 네덜란드, 룩셈부르크 등도 성공적인 개방을 이룩한 국가들이다.

반면 개방 실패의 대명사처럼 되어 온 멕시코나 아르헨티나, 스페인, 뉴질랜드, 포르투갈 등은 개방의 충격으로 오히려 경기가 침체된 국가들이다. 이런 나라들은 모두 정치 불안과 노사 문제, 자원의 비효율적인 분배 등이 문제점으로 지적되고 있다.

이처럼 한·미 FTA는 우리 경제의 체질을 개선하는 큰 계기가 될 수도 있고, 침체를 가져올 수도 있다는 것이다.

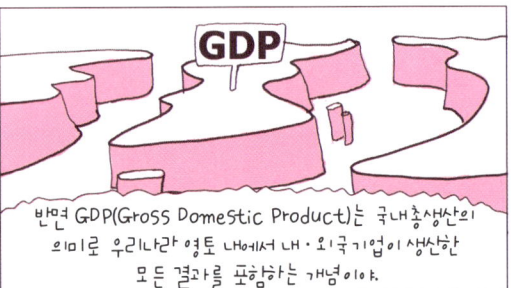

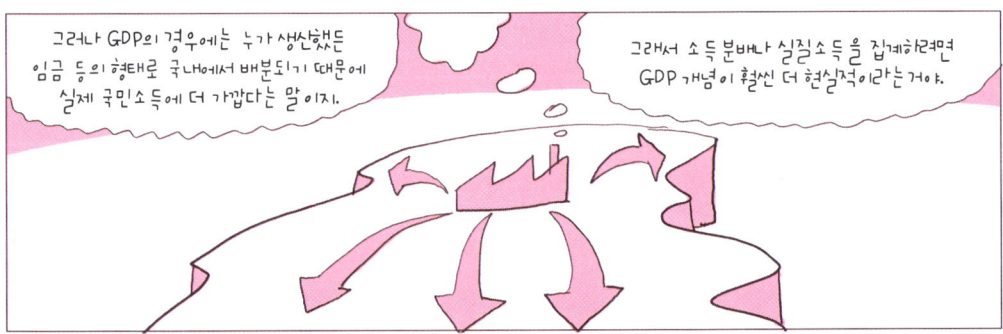

FTA 이후 떠오를 직업군

한·미 FTA가 시행되면 우리나라가 경쟁력을 가진 제조업 분야는 활기를 찾겠지만 농업, 교육, 의료, 금융 등의 분야는 타격이 확실하다. 전문가들의 의견을 빌리자면 농업, 축산업, 제약 등 경쟁력이 떨어지는 분야에서는 4만 7천 명 정도의 일자리가 없어지는 대신 제조업 분야에서는 13만 5천 명, 서비스 분야에서는 46만 3천 명 정도의 일자리가 생겨날 것으로 전망하고 있다.

실제로 우리보다 먼저 미국과 FTA를 체결했던 코스타리카의 경우 제약 분야에서 가장 많은 일자리가 사라진 것으로 조사되었다. 제조업 중에서는 자동차 등 기존에 우리가 경쟁력을 갖춘 분야를 포함해서 섬유, 신발, 가죽 분야가 새롭게 각광을 받을 전망이다.

개별 직업으로는 환경 관련 직종이 새롭게 떠오르게 된다. 환경영향평가사, 수질 전문가, 소음진동 전문가, 폐기물 전문가 등의 몸값이 크게 높아질 것이다.

서비스 분야에서는 부동산과 금융 전문가, 부동산법률 전문가가 각광을 받을 것이며, 양국 사이에 늘어나게 될 무역 분쟁을 조정할 변리사, 특허 전문가, 통상 및 협상 전문가에게는 블루 오션이 될 것으로 전망된다.

일반 법률 분야의 경우 앞서 부동산법률 전문가에서 보듯이 특화된 법률 전문가는 여전히 귀한 몸값을 유지할 것이나 특화된 전문 지식을 갖추지 못한 변호사는 입지가 좁아지게 된다.

어느 분야든 확실한 전문가가 되어야만 살아남을 수 있다는 이야기다. 그리고 어느 분야든 영어는 필수불가결하게 될 것이다.

 비정규직 문제도 시장의 기능에 맡겨 두어야 하는가?

아침에 출근하는 사람 10명 중 6명은 비정규직이라는 말이 있을 정도로 비정규직은 이제 우리 사회의 흉물스러운 모습이 되어버렸다. 비정규직 문제의 발단은 IMF 사태로 거슬러 올라가야 한다. 당시 금융위기로 많은 사람들이 일자리를 잃고 거리로 쏟아져 나오자 정부에서는 기업들을 부추겨 낮은 임금의 허드렛일이라도 좋으니 일자리만 만들어달라고 부탁했다. 직원 채용에 대해 일정 기간 비용을 정부가 부담해주기도 했다.

기업으로서는 해고도 어렵고 임금조정도 어려운 정규직 대신 비정규직을 선호하지 않을 수 없게 되었다. 이것이 국민의 정부, 참여정부를 거치는 동안에 사회 전반으로 확대된 것이다.

이렇게 양산된 비정규직은 정규직에 비해 월등히 낮은 임금 등 각종 차별을 받으면서도 정규직이 아니라는 이유로 제 목소리를 내지 못하고 있는 실정이었다. 그러던 것이 2007년 7월 1일자로 시행된 비정규직보호법이 비정규직 문제를 다시 악화시켰다. 보호하려는 비정규직들이 이 법으로 오히려 퇴출되고 마는 사태가 일어난 것이다.

이 법에 의하면, 2년 이상 고용된 비정규직은 의무적으로 정규직으로 전환시켜야 하며, 동일 임금에 대한 차별도 금지시켰다. 그러나 그 법이 오히려 비정규직의 대량 해고사태를 낳게 된 것이다. 최근 사회 문제가 된 이랜드의 경우 홈에버의 2년 이상된 직원 520명을 선별 절차를 거쳐 정규직으로 전환시켰으나 뉴코아의 비정규직 계산원은 외주로 돌리기로 하여 대량 해고사태를 맞은 것이다.

사태를 악화시킨 원인은 이 법이 시행되면 늘어나는 기업 부담 때문에 대량해고와 외부 용역으로의 전환이 불을 보듯 뻔한데도 이를 외면하고 '비정규직 보호'라는 생색

내기에 급급했던 정부, 정치권의 무책임 때문이었다.

이 법의 시행으로 상당수 기업들은 경영부담을 안을 수밖에 없다. 이 경우 기업들이 할 수 있는 방법은 몇 가지로 요약된다.

우선, 특정 비정규직 근로자가 2년 계약이 만료되었을 때 그 사람이 필요하다고 인정되면 채용하면 그만이다. 반대로 해당 인력이 더 이상 필요치 않다고 생각되면 해고하면 그만이다. 바로 이랜드가 선택한 카드였다. 법적으로는 아무런 문제가 없다는 것이다.

비정규직 문제를 해결하는 방법은 시간이 걸리겠지만 장기적으로는 정부가 나서지 않고 시장의 기능에 맡기는 것이다. 비정규직보호법도 만들지 말았어야 한다.

돈을 버는 것이 목적인 기업으로서는 경기가 좋아지면 저절로 고용을 늘리게 마련이다. 경기가 좋아지고 장사가 잘되면 더 우수한 인재를 채용하기 위해 더 나은 조건을 제시할 수밖에 없을 것이고, 그것이 선순환을 이룬다면 비정규직 문제는 저절로 해결된다. 경기가 나쁘고 장사가 안되는데 비정규직을 없애라, 고용을 늘리라고 해서 될 일이 아니라는 것이다.

다음으로 노동의 유연성을 확보해야 한다. 우리나라 기업의 경우 강성노조들이 버티고 있는 상황에서 정규직원은 일단 채용을 하면 해고가 거의 불가능해진다. 그런 부담 때문에도 기업은 정규직을 기피하는 것이다. 그래서 결원이 생기거나 새로운 일감이 생기면 비정규직이나 외주로 돌리게 되는 것이다. 경기파동에 따라 기업들이 직원 채용을 늘렸다 줄였다 할 수가 있어야 정규직 채용을 두려워하지 않는다는 말이다.

마지막으로는 황제처럼 군림하는 강성노조가 비정규직을 위해 자신들의 기득권을 대폭적으로 양보하지 않으면 안된다. 우리나라 강성노조의 경우, 자신들의 기득권을 양보하기는커녕 비정규직을 오히려 자신들의 기득권을 지키는 완충지대 역할로 이용하는 경우도 있다. 노조가 이들 비정규직들 위에 다시 군림하는 격이 되고 말았다. 그래서는 비정규직 문제를 영원히 해결할 수가 없다.

지도자의 비전이 나라를 살리기도 하고 죽이기도 한다

교실 밖, 펄떡이는 경제 이야기

리더는 비전을 제시하고 그 비전을 대중과 함께 공유하며, 대중의 적극적인 참여를 이끌어내는 사람이다. 그리고 강한 리더십을 가진 지도자는 조직 내부의 에너지를 자신이 원하는 방향으로 결집시킬 수 있는 사람이다. 그런 경우에는 조직과 리더가 일체화되기도 한다.

로마를 전율시킨 것은 카르타고의 군대가 아니라 한니발이었으며, 알렉산더나 칭기즈칸이 없었으면 마케도니아도 몽골도 존재하지 못했을 것이다. 위대한 지도자는 비전을 제시하고, 그 비전을 구성원들 모두가 공유하도록 하고 그것을 위해 구성원 모두가 기꺼이 땀을 흘릴 수 있도록 해야 한다. 덩샤오핑이 없는 오늘의 중국을 상상할 수 없으며, 리콴유가 없는 싱가포르 역시 생각할 수 없다.

덩샤오핑이 위대한 것은 석고처럼 굳어버린 사회주의 이데올로기의 껍질을 깰 수 있었다는 점이다. 그는 마오쩌둥의 유산으로서는 중국을 먹여 살릴 수 없다는 것을 깨닫고는 과감히 그 틀을 깬 사람이었다.

고르바초프도 개혁과 개방을 시도했으나 개방만 했을 뿐 진정한 개혁은 시도도 해보지 못하고 구소련의 해체만 가져왔다. 그러나 덩샤오핑은 개혁과 개방을 동시에 추진하여 공산주의 체제를 유지하면서도 자본주의적 요소를 도입하여 생산성을 비약적으로 발전시킨 장본인이다. 공산당

체제를 유지하면서도 당의 소유를 농민과 노동자, 상공인들에게 넘겨주고 문호를 개방함으로써 고도성장의 기틀을 마련했다.

훌륭한 리더는 구성원과 비전을 공유하면서 이들을 정신적으로 이끌어가던가, 아니면 구성원에게 물질적인 혜택을 주어 자발적으로 참여를 유도할 수 있어야 한다.

덩샤오핑은 후자의 경우였다. 고르바초프의 개혁과 개방은 그로 인해 득을 보는 사람보다 손해를 보는 사람이 더 많은 방향이었기에 실패했지만 덩샤오핑은 절대 다수의 인민들에게 득이 되는 방향으로 이끌었기에 성공할 수 있었다. 이런 것이 진정한 리더십이다.

싱가포르를 보자. 1965년 싱가포르가 말레이시아 연방으로부터 독립할 당시 말레이시아 사람들 누구도 싱가포르가 지금처럼 발전할 수 있으리라고 생각지 못했다. 싱가포르-말레이시아 국경에는 거대한 파이프라인이 통과하고 있다. 바로 말레이시아에서 싱가포르로 물을 공급하는 라인이다. 이렇다 할 자원은 물론 마실 물조차 말레이시아로부터 공급받아야 하는 조그만 나라가 선진국 대열에 합류할 수 있으리라고는 상상할 수 없었다.

그것을 가능하게 한 것이 리콴유의 리더십이었다. 위대한 지도자는 꿈을 꾸는 사람이다. 그리고 그 꿈을 구체화시킬 수 있는 길을 찾고 그 길로 구성원들을 이끌어가는 사람이다.

이번에는 아랍 에미리트의 조그만 토후국 두바이를 중동의 허브로 바꾸어가고 있는 지도자 셰이크 모하메드를 보자. 두바이는 서울 면적의 절반 정도, 인구 120만 명 정도인 도시국가이다. 1970년대의 두바이는 전형적으로 석유에 의존하고 있던 아랍국가의 하나였다.

당시 왕세자였던 셰이크 모하메드는 석유가 고갈되는 2016년 이후의 먹고살 방법에 대해 고민하고 있었다. 그러다 내린 결론이 2011년까지 석유의존도를 '0'으로 만들고 대신 두바이를 세계 제일의 관광지, 교역 중심지로 만들어 먹고사는 문제를 해결한다는 계획이었다.

열사의 나라, 더위와 모래뿐인 이곳을 어떻게 세계적인 관광지로 만들 것인가. 셰이크 모하메드는 기상천외한 역발상들을 쏟아냈다. 지중해의 물을 끌어들여 물길을 만든 다음 여기에 다시 야자수 모양의 인공섬을 만들고, 스키장을 만들고 세계 제일의 호텔을 지어 관광객을 유치한다는 복안이었다.

이것이 먹혀들어 한 해 관광객이 천만 명, 우리나라의 1.78배에 이르며 관광수입이 차지하는 비중이 GDP의 17%나 된다. 그리하여 이곳은 지금 하루가 다르게 물류, 관광, 쇼핑, 금융을 아우르는 나라로 떠오르고 있다. 이곳에는 세계 유일의 별 7개인 호텔 '버즈 알 아랍'이 있다. 321m 높이에 돛단배 모양을 하고 우뚝 솟은 호텔이다. 공식적으로 호텔의 별은 5개까지지만 자타가 '7개'로 부른다. 그래도 조금도 손색이 없다. 가장 저렴한 방값이 150만 원 정도이다.

직접 보지 않으면 아무도 믿을 수 없을 정도라는 야자수 모양을 본뜬 환상적인 인공섬 팜 아일랜드가 있는가 하면 사막 한가운데에 스키장이 있고, 세계에서 가장 고급스러운 리조트가 조성되고 있으며 전 세계에서 몰려 온 180여 개의 금융 회사들이 몰려들어 중동의 금융허브로 떠오르고 있다.

지금 짓고 있는 '버즈 두바이'는 세계에서 가장 높은 800m의 빌딩이다. 불과 몇 십 년 전만 해도 사막이었던 이곳을 이렇게 변모시킨 것은 지도자 셰이크 모하메드의 상상력과 비전의 산물이었다. 사막 한복판에 스키장을 건설한다는 발상도, 바다 속에 호텔을 지어 관광객을 유치한다는 발상들은 처음에는 그야말로 꿈에 불과했다.

"Dreams have no limits, Go future!"(꿈은 무한하다, 미래로 가자!)

두바이의 청사진을 제시하면서 셰이크 모하메드가 내건 구호이다. 그리고 그는 꿈을 이루어냈다. 그 꿈을 위해 그는 처음에는 싱가포르를 벤치마킹했다. 싱가포르와 여러모로 비슷한 환경이었기 때문이다. 지금 그는 싱가포르의 리콴유가 이룩한 것을 훨씬 더 능가하고 있다. 그 꿈으로 국민들을 설득하고 이끌어간 것은 그만의 리더십이었다.

성(城)을 쌓는 자는 망하리라

교실 밖, 펄떡이는 경제 이야기

도전은 에너지를 한 곳에 집중하는 것이지만 안주는 분출된 에너지를 잠재우는 것이 된다. 이는 필시 성장동력을 고갈시키고, 쇠락의 길을 가게 만든다. 몽골의 울란바토르 근교에는 돌궐족의 명장이자 재상이었던 돈유쿠크의 묘지가 있다. 그 묘비에는 다음과 같은 비명이 적혀 있다.

"성을 쌓는 자는 반드시 망할 것이며 끊임없이 이동하는 자만이 살아남을 것이다."

칭기즈칸은 이 말을 평생의 좌우명으로 삼았다. 유목민들이 성을 쌓고 안주한다는 것은 유목민으로서의 정체성을 버리는 것을 의미한다. 그러나 정복에 성공한 칭기즈칸의 후손들은 정복한 땅에 성을 쌓기 시작했고 그 안에서 사치와 호사스러움에 안주하기 시작했다. 성안에 쌓아둔 금은보화와 미녀들이 너무 많아서 이들은 더 이상 움직일 수가 없었던 것이다. 이것이 명나라를 건국한 주원장에게 중국 대륙을 내주고 다시 몽골 고원으로 쫓겨나는 결정적인 계기가 되었다.

이번에는 로마를 보자. 전성기의 로마는 동으로는 메소포타미아, 남으로는 사하라, 서쪽으로는 대서양에 이르는 광대한 땅을 지배했다. 로마의 흥망에 관해서는 많은 학설이 있으나 그 중에서도 강력한 군대와 로마시민으로서의 높은 자긍심, 그리고 기회균등의 분위기에 의한 자유경쟁을 들고 싶다.

초기의 로마군대는 귀족과 자유시민들의 자원 입대자들로 구성되어 있었다. 군인이 된다는 것은 일종의 노블리스 오블리제(Noblesse Oblige)와 같은 대단한 자긍심이었다. 이 자긍심이 강력한 군대를 뒷받침했으며 누구든지 전쟁에서 공을 세우면 높은 자리로 올라갈 수 있었다. 병참지원을 하던 노예들도 전공을 세우면 자유시민이 될 수 있었다. 이들의 주인의식이 강력한 군대의 밑거름이 되었던 것이다.

실제로 구미사회를 지탱하는 모멘텀 역시 노블리스 오블리제 정신으로 보아도 무방할 것이다. 그러나 후기로 가면서 로마군대는 처음에는 직업군인으로, 나중에는 살 곳을 찾아 로마로 유입하는 게르만인들을 용병으로 대체하면서 완전히 정체성을 잃어버렸다. 그리고는 결국 게르만인들에 의해 멸망하고 말았다.

경제적인 측면으로 보면 로마는 선순환적인 구조를 갖지 못하고 정복전쟁에서 빼앗은 전리품과 노예들로 지탱되는 구조를 가졌다. 후기로 가면서 전리품과 노예공급은 줄어들었지만 로마 귀족들의 사치와 향락은 오히려 극에 달해갔다. 이들의 사치를 위해 피클은 스페인에서, 햄은 프랑스 북부에서, 와인은 프랑스 동부에서, 석류는 리비아에서, 굴은 브리타니아에서, 유황은 아라비아에서, 후추는 인도에서, 향료와 비단·보석은 아시아에서 조달했다. 그리고 이를 조달하기 위해 전리품으로 얻은 막대한 양의 금화를 소진해야 했다.

다이어트 특효약 같은 경제정책들

교실 밖, 펄떡이는 경제 이야기

우리나라는 종교 천국이다. 온갖 교리를 내세우는 사교(邪敎)들이 있는 나라다. 사교는 상식을 벗어나는 믿음을 가리킨다. ○○월 ○○일 세상의 종말이 온다거나 전 재산을 바치면 영생한다는 것 등이다. 즉, 간교한 인간의 이기심을 비집고 유혹하는 것이 바로 사교이다.

다이어트 약이라는 것도 이런 그릇된 믿음 중 하나이다. 왜 살이 쪘는가? 말 돌리지 말고 솔직히 대답해보자. 영양과다 때문이다. 아프리카나 북한 거리의 모습을 사진으로 보면 비만인 사람 자체가 없다. 영양이 부족하거나 먹은 것보다 운동을 더 많이 하면 살은 빠지게 마련이다. 운동 중에서도 유산소 운동이 좋다. 그리고 식이요법이 가장 좋다. 엄밀히 말하면 이것 말고는 다른 다이어트 방법이 없다.

비만인 사람들은 이렇게 생각한다. 운동하기는 너무 힘들고 귀찮고, 살을 뺄 수 있는 지름길이 없을까? 바로 이 틈을 노리는 것이 다이어트 비법들이다. 원푸드, 약, 주사, 침, 지방흡입, 바르는 약 등 그 종류도 수도 없이 많다.

다시 경제 이야기로 돌아가 보자. 정치인치고 나라가 잘 되는 것을 원하지 않는 사람은 없을 것이다. 다만 방법론에서 잘못되었거나 능력이 없는 것뿐이다. 정치인들이 가장 유혹을 느끼는 것이 바로 분배 문제이다. 기존의 국부를 국민들에게 모두 나누어 준다면 인기가 상승할 것이 틀림없다. 그러나 그렇게 되면 투자재원마저 고갈되기 때문에 곧 빈곤의 나락으로 추락하게 된다.

미국의 레이건 대통령도 유사한 경우였다. 1980년 당시 대통령 후보였던 레이건에게 사교 경제학자들이 달라붙었다. 선거공약을 만들기 위해서였다. 사교 경제학자들은 소득세율의 인하를 공약으로 건의했다. 소득세를 인하하면 당장 인기가 오를 것이라고 말이다. 그럼 세수가 줄어드는 것은 어떻게 하냐고 반문하자, 사교 경제학자들은 소득세율을 낮추면 오히려 세수가 늘어날 것이라고 주장했다. 소득세율이 낮아지면 소득이 늘어나고, 소득이 늘어나면 근로의욕 또한 증대되어 더 열심히 일하게 될 것이고, 더 열심히 일한 만큼 세수는 더 늘어나리라는 괴변이었다.

그 결과, 미국은 재정적자와 무역적자라는 쌍둥이 적자에 시달리게 되었다.

우리나라에도 분배우선을 주장하는 경제학자들이 엄연히 존재한다. 그들은 나누어 주는 일 말고는 대부분을 반대로 일관했다. 경부고속도로 건설, 포항제철, 중공업 투자, 조선 사업 등 모든 것에 반대했다.

경제학자는 아니었지만 지독한 운동권으로 개발독재를 강하게 비난했던 사람 중 하나인 김문수 경지지사가 어느 강연에서 "그때 고속도로, 자동차, 중공업을 육성해놓지 않았으면 지금 우린 무엇을 먹고 살까."라고 말했다.

정부에서 가난한 사람을 도와주는 가장 좋은 방법은 기업들이 투자할 수 있는 환경을 만들어주고, 이것이 고용창출과 소득증대로 이어지는 선순환의 고리를 만들어주는 것뿐이다.

한심한 청년실업 문제

교 실 밖, 펄 떡 이 는 경 제 이 야 기

경제 문제는 처방을 잘못하면 자칫 사회 문제로 이어질 수 있다는 점에서 문제의 심각성이 있다. 우리나라 경제 문제 가운데 가장 큰 문제는 청년실업이다. 흔히 말하는 것처럼 이태백이란 말이 무색하지 않을 정도다.

현재 우리나라의 청년실업자 수는 대략 100만 명으로 전체 청년인구의 8% 정도이다. 여기에 임시직, 취업 불만자, 취업 포기자 등을 합치면 더 늘어난다. 미국에 유학 중인 학생과 어학연수생 등을 합치면 10% 선으로 보는 것이 옳다. 이를 방치할 경우 자칫하면 사회불안 요인으로 작용하게 된다.

여기에는 3가지 원인이 있다.

첫째, 경기불황이다. IMF 사태 이전, 비교적 경기가 좋던 1995년의 20대 취업자 수는 502만 명이었으나 2006년은 407만 명으로 95만 명의 일자리가 감소했다. 이는 경기가 회복되면 어느 정도는 회복될 수 있는 부분이다. 그러나 이미 해외로 빠져나간 생산시설을 감안해야 할 것이다.

둘째는 산업의 소프트화이다. 마침 우리나라가 IMF를 맞이하는 동안에 전 세계적으로 소프트화의 바람이 불었다. 수많은 IT 기업들이 등장하여 새로운 기록을 갈아치울 때였다. 산업이 소프트화되면 많은 인력이 필요하지 않게 된다. 예를 들면 아날로그 산업이라면 1,000억 원의 매출을 올리기 위해 1,000명의 인력이 필요했지만 소프트 분야에서는 200명 정도면 충분하다는 것이다.

1990년대 초반에 이미 미래학자 레프킨이 고용 없는 성장 시대가 온다고 예견한 일이다. 우리나라 전자, 반도체, 정보통신 등 첨단 기술 분야를 보면 지난 2~3년 동안의 평균 성장률은 27.8% 정도였으나 이의 고용증가율은 3.4%에 불과했다. 즉 산업이 고도화될수록, 소프트화될수록 고용창출 효과는 그리 높지 않다는 이야기다.

지금 정부 당국자나 정치인들, 전문가들은 경기만 살아나면 실업자 문제가 해결될 수 있으리라고 생각하는 모양이나 천만의 말씀이다. 이제는 경기가 살아나도 이전처럼 고용창출 효과가 높지 않기 때문에 실업자 문제는 여전히 남는다.

맥킨지의 워퍼 회장은 앞으로의 소프트화된 기업에서는 경영전략을 컨트롤할 수 있는 핵심인재 외에는 채용을 하지 않으려 한다고 지적한다. 모두가 아웃소싱에 의존하게 된다.

세 번째는 인력수급의 불균형 문제이다. 우리나라 청년실업의 상당 부분이 잘못된 교육 제도 때문이라는 것이 전문가들의 일치된 견해이다. 잘못된 교육 제도란 기업과 사회에서 필요로 하는 인력과 대학에서 배출하는 졸업생의 수와 질의 불균형을 말한다.

우선 수의 불균형을 보자. 우리나라 대학 진학률은 80년 27.2%, 90년 33.2%, 2000년 68.0%, 그리고 2005년은 82.1%였다. 이는 OECD 국가의 평균치의 3배 정도이다. 이는 교육 평등주의 사상의 산물이다. 교육의 격차가 빈부격차를 낳고 이는 다시 사회적인 양극화를 부추긴다는 논리로

'맹물 대학생'을 대량으로 양산한 결과물이다.

그래도 이들의 일자리가 모두 보장된다면 그보다 좋은 일은 없겠지만 그렇지 못하다는 데에 문제가 있다. 대학 졸업생 수에 비해 일자리 자체가 턱없이 부족한 현실을 외면한 인력 수급정책 때문이다. 그래도 비싼 수업료 들여서 대학을 나왔으니 3D나 기름때 묻히는 곳에서는 일하기 싫고, 모두가 깨끗한 일자리만 찾으니 문제가 생기는 것이다.

지금도 3D 업종이나 기름 묻혀야 하는 중소기업에는 인력이 모자라 하는 수 없이 외국인 근로자를 고용하는 현실이다. 3D 업종이나 중소기업의 일자리는 10만 개나 되지만 대학물 먹은 사람들은 거들떠보지도 않는다. 지금의 20대 실업자들은 우리나라 역사상 가장 배부른 어린 시절을 보낸 사람들이기 때문이다.

이번에는 질의 문제를 보자. 명문대학 이공계에 입학한 학생들이 수학의 가장 기초인 미분과 적분 수업을 진행할 수 없을 정도이고, 인문계 학생들은 원서를 읽을 능력이 없어 기초영어를 다시 가르쳐야 하는 것이 대학의 현실이다. 명문대학이 그럴 정도이니 다른 대학이야 말해 무얼 하겠는가.

이는 교육의 평등화가 아니라 사회적인 공해이다. 대학생 수를 1/3로 줄이는 대신 대학에 진학하지 못하는 나머지 학생들에 대해서는 세분화되고 전문화된 직업교육을 시켜야 할 것이라고 전문가들은 지적한다. 물론 정부의 책임 하에서 말이다.

지난 몇 년 동안 노무현 정부에서 시행한 청년실업 대책은 근본적인 해결책을 제시하지 못했다. 정권 출범 4년 동안 청년실업 문제를 해결하기 위해 무려 2조 4,000억 원을 투입했다. 연봉 2,000만 원짜리 일자리 12만 개를 만들 수 있는 돈이며, 월 50만 원짜리 직업훈련을 40만 명에게 시킬 수 있는 돈이었다.

그래도 청년실업은 8%대에서 꼼짝하지 않았다. 직장체험 프로그램, 인턴 프로그램, 급여보조 프로그램, 간병, 보육, 장애인과 노인 지원 등 사회서비스 일자리 창출 등에 예산을 투입했지만 대부분 1년 미만의 단기고용에 그쳤다.

왜 이런 일이 발생했을까? 그것은 단기적인 실적에 급급한 나머지 고용을 공급의 측면에서만 보았기 때문이다. 기업이 투자를 늘리고 그 결과로 고용이 창출되어야 일자리가 늘어나는 것이지 보조금 몇 푼 준다고 해결되는 일이 아닌 것이다.

기업들의 투자환경을 개선시켜 외국으로 빠져나가는 일자리라도 막는 정책이 훨씬 더 효과적일 수 있다.

왜 인터넷 콘텐츠 사업인가?

교실 밖, 펄떡이는 경제 이야기

우리나라 인터넷 시장은 몇 가지 흥미로운 점이 있다. 인터넷 창업을 하려는 사람 거의 대부분이 인터넷에서 물건을 파는 쇼핑몰에만 주목한다. 그리고 그 중에서도 옷가게가 가장 많다. 이 점도 외국과는 다르다.

인터넷 창업은 여러 분야로 나눌 수 있겠지만 크게 상품을 판매하는 사업과 콘텐츠Contents 사업으로 구분할 수 있다. 인터넷에 사이트를 개설하여 특정 주제에 관한 정보를 올리고 상담을 해주며 관련 상품도 소개해서 광고를 유치하는 방식이다. 인터넷 콘텐츠 사업은 일단 궤도에 오르기만 하면 무한대의 부가가치 창출이 가능한 모델이지만 우리나라에서는 그리 활성화되지 않고 있다.

낚시를 예로 보자. 전국의 낚시꾼을 대상으로 매주 새로운 낚시 정보를 올리는 것이다. 이번 주에는 저수지별로 물때가 어떠하고 조황이 어떠하고, 어디에는 어떤 미끼와 장비가 필요한지를 날씨 정보 등과 함께 올리는 것이다. 일종의 낚시잡지 또는 주간지 정도로 생각하면 된다. 그러면서 낚시 관련 상품을 판매하는 업체들과 제휴도 하고, 상품도 내걸고, 광고를 유치하는 방식이다.

여성 관련 콘텐츠라면 아이를 키우는 엄마들이 필요로 하는 거의 모든 정보를 다룬다. 취미, 요리, 육아, 재테크, 건강, 다이어트, 인터넷 교육,

자녀 교육, 취업, 창업 등의 정보를 올리고 상담도 해주고, 다른 전문기관들과 제휴하여 온·오프라인 강좌도 개성하는 식이다.

회원 수가 어느 정도 이상 늘어나면 관련 상품이나 서비스를 취급하는 기업들의 광고가 들어오게 된다. 우리나라의 드림미즈 같은 곳이 여성 콘텐츠를 기반으로 하는 곳이다.

패션 콘텐츠를 생각해보자. 올해 세계의 패션 키워드는 무엇이며, 칼라는 어떠하고, 스타일이나 색조는 어떠한가, 세계의 주요 도시 즉 런던·파리·밀라노·뉴욕·도쿄의 올 봄 거리풍경은 어떤 분위기가 주류를 이루었는가, 이런 것들을 정기적으로 업데이트시키는 것이다.

뜨개질이라면 관련 사이트를 만들어 제자도 양성하고, 자신의 작품도 팔고, 재료도 판매하고, 광고도 유치하는 방식이 될 것이다. 열대어를 좋아하고 판매하는 사람이라면 열대어 기르기 콘텐츠를 만들어 자신의 노하우도 공개하고, 열대어 분양도 하고, 먹이도 팔고, 회원들이 늘어나면 광고도 유치하는 방식이 될 것이다.

콘텐츠 사업은 당장은 돈이 생기지 않는다. 일단 사람들이 많이 몰려들어야 한다. 그래야 거래도 일어나고 광고도 유치할 수 있다. 그러기 위해서는 콘텐츠가 좋아야 하고, 정기적으로 업데이트시켜야 한다. 그러나 일단 궤도에만 올라가면 안정적으로 운영할 수 있는 비즈니스 형태이다. 자신의 전문 분야가 있다면 그것을 사업으로 전개하자는 방식이 콘텐츠 사업이다.

21세기는 전략적 혁신이 필요하다

교 실 밖, 펄 떡 이 는 경 제 이 야 기

21세기 인터넷 시대에는 상품과 서비스도 이에 맞게 전략적인 변신을 해야 한다. 시장은 유기체와 같아서 늘 변한다. 단지 그 변화의 속도가 늦고 빠르고의 차이일 뿐 시장은 항시 흐르는 물과 같이 변화한다.

이제는 Mass Customization 시대

세계 최대의 인터넷 서점 아마존에서 도서나 음반을 구입하면 아주 특별한 체험을 할 수 있다. 만일 A라는 도서를 주문했다고 하면 독자의 독서 취향을 고려하여 관심 분야에 관한 도서정보를 보내준다. 여기에는 책의 내용설명, 서평, 원클릭 주문 서비스 등이 담겨져 있다. 또 같은 도서를 구입한 사람들은 어떤 사람들이며, 그 사람들이 구입한 다른 도서에는 어떤 것들이 있는지 상세히 알려 준다. 클릭 한 번으로 독서 전문가로부터 직접 상담을 받는 듯한 느낌이다.

이처럼 인터넷 시대의 특징은 대량 맞춤화이다. 여러 분야에서 이런 서비스가 빠르게 진행되고 있다. 이것이 인터넷 시대의 특징이기도 하다. 이것이 활성화될 수밖에 없는 것은 소비자들은 각자가 자신에게 맞는 특별 서비스를 받고 있음을 느낄 수 있기 때문이다.

델 컴퓨터

Mass Production과 Customization을 합성한 비즈니스 컨셉이다. 소비자 개개인의 특성에 맞추어 상품과 서비스를 제공하되, 이를 대량생산과 연계시킨다는 의미이다. 이를 최초로 선도한 기업은 델 컴퓨터였다.

창업자 마이클 델. 그도 여느 성공한 벤처기업가처럼 텍사스 대학을 중퇴하고 1984년에 단돈 1,000달러로 창업에 성공한 사람이었다. 인터넷을 통해 소비자 개인의 취향에 따라 다양한 사양의 주문을 받으면 텍사스 주 오스틴의 공장에서 조립에 들어간다. 사양, 용량, 옵션, 소프트웨어의 종류 등 '나만의 컴퓨터'가 조립되는 것이다.

델은 대리점이나 소매점도 가지고 있지 않다. 초기에는 전화나 팩스로 주문을 받았지만 이제는 거의 인터넷으로 주문을 받아 조립과정을 거친 후 소비자에게 직접 전달된다. 그렇게 하면 거의 절반 가격에 납품할 수 있다고 한다.

맞춤형 대량생산

델은 신제품 개발에 적극적이지는 않다. 대신 경쟁자가 새로운 모델을 시장에 내놓으면 이를 면밀히 체크한 후 시장 볼륨이 확대되기 시작할 즈음에 훨씬 더 저렴한 가격에 공급하는 것이 그들의 전략이다. 델의 R&D 투자가 이를 말해주고 있다. 델의 기술투자금액은 휴렛패커드의 1/10 수준이다.

기술 분야 제품의 경우 먼저 만드는 것이 능사는 아니다. 보급 단계에 이를 무렵 훨씬 더 저렴한 가격에 공급할 수 있는 자가 이긴다는 것이다.

이렇게 할 경우 기업의 원가부담도 훨씬 줄어든다. 일반적인 컴퓨터 회사들이 일주일 분량의 부품 재고를 확보하고 있는 것에 비해 델은 7시간 분의 재고만 가지고도 고객의 주문에 충분히 대응할 수 있었다.

이러한 방법은 일본의 마쓰시다가 즐겨 사용하는 전략이기도 하다. 전자레인지는 일본의 샤프에서 처음 만들었다. 물론 개발에 많은 돈을 들였을 것이다. 그러나 상품이 시장에 나오자 소비자들은 어리둥절했다. 불도 아니고 끓는 물도 아닌 방식으로 음식을 익힌다는 것이 낯설었던 것이다.

샤프는 일일이 소비자들을 찾아다니면서 사용방법을 설명하기 시작했다. 그 시점에 마쓰시다는 대량생산, 대량광고를 통해 일거에 시장을 장악해버렸다. 이래서 기술 분야에서는 이를 처음 선도한 기업이 시장을 차지하지 못하는 경우가 생기는 것이다.

이러한 전략은 나름대로의 강점을 가지고 있으나 때로는 변화에 기민하게 대응할 수 없는 약점을 가지고 있다.

다시 델 컴퓨터를 보자. 이들은 수요가 가장 많은 데스크탑 PC에 핵심역량을 기울인 나머지 떠오르는 시장인 랩탑 분야는 상대적으로 등한시했다. 랩탑 분야가 빠르게 신장하자 2006년 3, 4분기 동안 PC 시장 1위를 HP에 내주고 말았다. 이를 반영하듯 순익은 전년대비 33%나 감소했다.

무형의 부가가치가 미래의 경쟁력

교실 밖, 펄떡이는 경제 이야기

부가가치란 기존의 재료, 원자재에 수고를 더해서 좀 더 편리하고 쓸모 있는 형태로 가공될 때에 생기는 가치를 말한다. 연필에다 지우개를 달면 사용가치는 훨씬 더 높아진다. 철사에다 철사 토막을 엇갈리게 매어놓으면 가시철조망이 되어 역시 가치가 올라가게 된다. 지우개 달린 연필이나 가시철조망은 역사상 가장 돈을 많이 번 특허가 되었다.

동물의 가죽은 그리 비싸지 않은 가격에 거래되지만 이를 구입하여 옷이나 구두를 만들면 훨씬 비싼 가격에 팔 수 있다. 동물의 가죽이 100이라는 가격에 거래된다면 이를 구입하여 옷이나 구두로 가공한다면 300, 500의 가치를 가지게 된다는 의미이다.

강가에 있는 한 줌의 모래는 아무런 경제적인 가치가 없지만 이를 가공해서 예쁜 유리잔을 만들면 몇천 원에 팔 수 있는 상품이 된다. 다시 그 유리잔에다 아름다운 문양을 그려 넣으면 상품의 가치는 더 올라가게 된다.

두루마리 휴지는 그리 비싸지 않지만 휴지를 일정한 규격으로 잘라서 예쁜 종이상자에 담으면 티슈가 되어 훨씬 더 비싼 가격에 팔린다. 이런 것들이 모두 부가가치를 더해가는 과정이다. 기업들이 하는 일도 기존의 재료를 부가가치가 높은 상품으로 가공해가는 과정이다. 따라서 한 나라의 부는 기업들이 얼마나 많은 부가가치를 창출해내느냐 하는 문제에 달려 있다.

2004년을 기준으로 할 때 우리나라 10대 기업이 창출한 부가가치는 55조 3,000억 원, 30대 기업으로 확대하면 이들이 생산한 부가가치는 82조 5천억 원으로 GDP의 11.9%가 된다. 다시 이를 100대 기업으로 확대하면 117조를 넘어 GDP의 16.88%를 차지한다. 그 중 가장 많은 부가가치를 창출한 기업은 삼성전자로 14조 5,000억 원, 국부의 2%를 만들어낸 셈이 된다. 우리나라가 선진국으로 진입하기 위해서는 이런 일류기업 4~5개 정도가 더 나와야 한다고 전문가들은 지적한다.

앞서의 유리잔 이야기로 돌아가자. 모래에서 석영을 추출하여 유리잔을 만드는 것도 부가가치를 높이는 방법이지만 그보다는 유리잔에 멋진 그림을 그려 넣는 것이 투입한 노력에 비해 훨씬 더 높은 부가가치를 창출할 수 있다.

이처럼 부가가치는 유형의 상품보다는 무형의 상품에서, 제조업보다는 서비스 부문에서 높게 나타나는 것이 보통이다. 전문가들은 우리나라가 외환위기 이후 회복이 늦은 것이 제조업의 부진보다는 서비스 부문의 활력이 떨어지기 때문인 것으로 보고 있다.

외환위기 이후 평균 6%까지 떨어졌던 부가가치 증가율은 2006년의 경우 8.9%로 회복되었지만 서비스 부문은 여전히 2~3% 선에 머물고 있다. 우리나라의 경우 서비스 산업이 차지하는 비중은 업종 수로는 49%, GDP로는 60%에 달한다. 이런 큰 비중을 가진 서비스업종이 성장 동력을 잃고 있다는 것이 우리가 해결해야 할 과제이기도 하다.

높은 부가가치의 상품을 만들기 위해서는 무형의 요소들에 훨씬 더 많은 노력을 기울여야 한다. 디자인, 브랜드, 친절, 서비스 등 눈이 보이지 않는 모든 요소들이 무형의 부가가치를 높이는 요소들이다. 이는 기업뿐 아니라 개개인에서도 눈에 보이는 요소보다는 눈에 보이지 않는, 남들이 갖지 못한 무형의 자산을 기르는 것이 경쟁력 확보에 지름길이다.

스토리도 무형의 가치에 속한다. 인터넷 콘텐츠 사업도 물론 무형의 가치를 지니지만 가슴에 와 닿는 스토리는 그 자체가 무형의 상품 가치를 가진다.

이탈리아에 가면 셰익스피어의 작품 속의 주인공인 줄리엣의 무덤을 볼 수 있다. 수많은 관광객들이 소설 속 인물인 줄리엣의 묘를 찾아 꽃을 바친다. 덴마크에 가면 안데르센의 동화 〈인어공주〉를 기념하기 위해 바닷가에 머메이드(인어) 동상을 만들어놓고서 관광객을 끌고 있다. 이런 요소들이 물리적인 상품보다 훨씬 더 많은 부가가치를 창출한다는 것이다.

우리나라는 오랜 역사로 역사적 콘텐츠가 풍부하기 때문에 이 모든 것을 무형의 상품으로 가다듬어야 한다. 그리고 그것은 바로 이 책을 읽는 청소년 여러분들의 몫이다.

 ## 변화는 임계치 이상의 에너지가 필요하다

성장이란 정(正)의 방향으로의 변화를 의미한다. 개인이든 기업이든 국가든 성장을 위해서는 에너지가 필요하다. 작은 에너지로는 질적인 변화가 일어나지 않는다. 질적인 변화를 위해서는 임계치 이상의 에너지를 단기적으로 쏟아 부어야 한다. 비행기가 이륙하는 것과 같다.

비행기가 이륙하기 위해서는 252km/h~288km/h 정도의 속도로 활주로를 질주해야 한다. 그 이하의 속도로는 하루 종일 활주로를 달려도 비행기는 이륙하지 못한다. 우주공간으로 발사되는 로켓이 지구의 중력을 이기고 우주 공간으로 비상하기 위해서는 11.2km/s 가속도를 가져야 한다. 이것이 중력탈출에 필요한 임계속도이다.

이처럼 지금까지와는 전혀 다른 비약이나 도약을 양자 물리학에서는 퀀텀점프(Quantum Jump)라고 부른다. 원자에 에너지를 가하면 전자의 회전속도가 빨라지다가 임계치 이상의 에너지를 가하면 전자는 한 단계 더 높은 궤도로 뛰어오르는데 이를 퀀텀점프라고 부른다. 이런 현상이 일어나면 물질은 전혀 다른 성질로 변한다는 것이다.

사람도 지금까지와는 전혀 다른 '나'를 원한다면 이런 퀀텀점프가 필요하다. 아이들이 말을 배우는 과정도 퀀텀점프와 동일한 패턴을 보이고 있다. 아이들은 첫돌까지는 엄마, 아빠 등 겨우 2~3개의 단어만 구사하다가 두 돌을 전후한 시기에 '갑자기' 말문이 열린다.

이는 어른들이 보기에는 갑작스러운 일일지 모르나 아이의 입장에서는 결코 갑자기가 아니다. 아이들은 단어 하나를 익히기 위해 수백 번, 아니 수천 번을 반복해서 듣고 속으로 연습을 한다. 그리하여 에너지가 어느 정도 이상으로 축적되면 말문이 열리게 되는 것이다.

외국어를 공부하는 사람들도 비슷한 얘기를 한다. 일정 기간 이상 집중적인 노력을 쏟아 부으면 어느 순간 귀가 트이고 말문이 열린다는 것이다.

5천 년 동안 잠자던 우리 민족이 불과 몇 십 년 동안의 집중적인 노력으로 세계 10위권으로 진입한 것도 이런 맥락에서 이해하여야 할 것이다. 1960년 79달러이던 국민소득은 70년에 254달러, 80년에 1,645달러, 90년에는 6,147달러, 그리고 95년에 11,432달러로 1만 달러를 돌파했으나 97년의 외환 위기로 7,000달러 선까지 추락했다가 2000년에는 다시 1만 달러를 회복하더니 2006년에는 1만 6,000달러로 2만 달러 돌파를 눈앞에 두고 있다. 이것이 전형적인 에너지 집중의 효과이다.

달리다가 멈추고 달리다가 멈추고를 반복해서는 이륙에 필요한 에너지가 절대 생기지 않는다는 점을 명심해주기 바란다.

임계치 이론은 한 개체에만 해당되는 것이 아니고 집단 전체에 대해서도 그대로 적용된다. 집단 전체를 하나의 유기체로 보는 입장이다. 이른바 형태장(形態場) 이론이 그것이다. 100번째 원숭이 이야기를 보자.

1952년 동경대학교 교수들이 일본 규수 인근의 코시마라는 섬에 집단으로 서식하는 원숭이들에게 다양한 종류의 먹이를 주면서 이들의 먹이학습 과정을 관찰했다.

일반 고구마를 주자 원숭이들은 이를 맛있게 받아 먹었다. 다음으로 진흙이 잔뜩 묻은 고구마를 주자 이들은 한동안 먹을 방법을 찾지 못하다가 그 중 한 마리가 고구마를 물에 씻어서 먹는 방법을 알아냈다. 그러자 이를 본 다른 원숭이들도 하나둘 이 방법을 따르기 시작했다. 그리하여 마침내 100번째 원숭이가 이 방법을 따라하게 되자 섬 전체의 원숭이들이 이 방법을 따랐고, 다른 섬이나 심지어 산에 서식하던 원숭이들도 이 방법을 터득하더라는 이야기다.

여기서 '100'이라는 숫자는 상징적인 의미에 가깝다. 이는 일정 수 이상의 개체가 특정 행동을 하게 되면 그 행동이 형태공명을 일으키면서 종 전체로 확산된다는 이론이다.

부록 논술에 자주 나오는 시사·경제 용어

가처분소득
DI ; disposable income
假處分所得

개인소득 중에서 소비, 저축을 자유롭게 할 수 있는 소득. 전체 소득에서 세금, 이자 등 비소비성 지출을 뺀 나머지를 말한다. 가처분소득은 국민경제에 있어서의 소득분배의 평등 정도를 측정하는 데 많이 이용되며 개인의 소비 및 저축의 계획을 세우는 지표로도 사용된다.

가치공학
Value Engineering
價値工學

제품이나 서비스의 기능과 효율에 관한 연구. 1960년대 일본에서 처음 시작된 VE 운동은 4단계로 전개된다.
품질은 동일하게 유지하면서 가격을 내리는 단계, 가격은 현상대로 유지하며 품질을 올리는 단계, 품질을 올리며 가격을 내리는 단계, 가격과 품질을 모두 올리는 4단계를 통해 목표치를 높여가는 접근방법이다.

게임 이론
Game Theory

집단이나 기업에서 어떤 행동의 결과가 게임에서와 같이 참여자 자신의 행동에 의해서만 결정되지 않고 동시에 다른 참여자의 행동에 의해서도 결정되는 상황에서 자신에게 최대의 이익이 되도록 행동하는 것을 분석하는 수리적 접근법. 1921년 프랑스의 수학자 에밀 보렐에 의해 처음으로 소개된 이 이론은 2차 대전을 겪으면서 군사 문제와 관련해 발전을 이뤘다. 2차 대전 당시 잠수함 전투에 P. 모스가 이 이론을 응용했다. 군사학에의 응용을 시작으로, 경영학·정치학·심리학 분야로 확산되고 있다.

구상 무역

상대국 간에 협정을 맺어 일정 기간 동안 두 나라 간의 수출입액을 완전히 균형을 맞추어 차액을 남기기 않음으로써 무역의 활성화를 꾀하려는 무역 방식. 구상무역은 원래 두 나라의 순수한 물물교환 제도인 바터시스템을 말한다.

국제 통화 기금
IMF ; International Moneytary Fund

가맹국의 출자로 공동의 외화 자금을 만들어 이를 각국이 이용하도록 하여 외화 자금조달을 돕고 나아가서는 세계 각국의 경제적 번영을 도모하는 것을 목적으로 하는 국제기구. IMF는 세계 여러 나라의 외환 위기를 극복하기 위하여 해당 국가에 기금을 출현하는 한편 경제 전반에 걸쳐 개입하고 있다. 우리나라도 1997년에 IMF로부터 구제금융을 지원받은 적이 있다.

기후 경제학

기후와 경제의 관계를 분석하는 분야. 최근 들어 엘니뇨 현상 등의 영향으로 예측하기 어려운 양상을 자주 보여주고 있다. 이런 기후변화는 경제 전반에 걸쳐 영향을 미친다.

이와 같은 기후변화에 따른 영향을 계량화하고 도로·항만·제방 등 사회 간접시설 등에 대한 수요를 예측하고, 오염방지 대책수립 등을 연구대상으로 삼는다. 이밖에도 농산물, 에너지 수요, 수자원 관리, 교통시설 설계 및 운영 등 광범위한 분야에 걸쳐 활용되고 있다.

그레샴의 법칙
Greshams Law

영국의 토머스 그레샴이 16세기에 제창한 학설로 '악화는 양화를 구축한다'는 말로 유명한 법칙. 실질가치가 다른 2가지 이상의 화폐가 같은 명목가치로 유통될 경우, 악화만 명목가치로 유통되고 양화는 그 소재가치가 있기 때문에 오히려 소장용으로 이용되거나 혹은 사람들이 가지고 내놓지 않아 유통에서 없어지고 만다.

같은 액면금액을 가진 종이돈과 금화를 동시에 유통시킨다면 금화는 숨어버리고 종이돈만 유통된다는 것이다.

다국적 기업
multinational corporation
多國籍企業

여러 나라에 제조, 영업 거점을 가지고 세계적인 범위와 규모로 영업을 하는 기업. 이 경우 국내활동과 해외활동의 구별이 없으며 이익획득을 위한 장소와 기회만 있으면 어디로든지 진출한다. 2차 대전 당시의 국제 기업(international business)이 본사와 세계 각지 영업지점 간에 제품수출·자금투자가 이루어지고 이익이나 이자 및 배당 등은 본사로 송금되는 반면 다국적 기업의 경우 각 지점은 모두 독립적인 이익관리단위로서의 성격을 가지며 이익은 각 거점의 경영충실화를 위해 재투자되는 것이 원칙이다.

다운사이징
Downsizing

기구 축소나 감원을 뜻하는 장기적인 경영전략. 수익성이 없거나 비생산적인 부서 및 지점을 축소 또는 제거하고 기구를 단순화하여 관료주의적 경영 체계를 지양하고 원활한 의사소통과 신속한 의사결정을 도모하는 경영전략이다.

디플레이션
deflation

통화량의 축소에 의해 물가가 하락하고 경제활동이 침체되는 현상. 인플레이션이 광범위한 초과수요가 존재하여 물가가 상승하는 상태임에 비해 디플레이션은 광범위한 초과공급이 존재하여 물가가 하락하는 상태이다.
호경기와 불경기가 교대하면서 일어나는 순환 디플레이션과 인플레이션 억제를 위한 정책적 디플레이션이 있는데 후자는 금융긴축이나 재정긴축 등에 의해 유발된다.

러브 콜
love call

단골고객들을 대상으로 하는 백화점의 편법 세일. 바겐세일을 시작하기 전에 단골고객들에게 연락, 세일 가격으로 쇼핑하게 하고 대금결제는 세일기간 중에 판매한 것처럼 조작하는 방식이다.

로드 쇼
Road Show

해외채권을 발행하거나 해외시장에 주식을 상장하기에 앞서 세계 주요 도시를 방문해 개최하는 기업에 대한 투자설명회. 원래 로드 쇼는 연극에서 사용되는 용어로 지방 여러 도시를 순회하며 갖는 공연을 의미한다.

로열티
royalty

특허권, 저작권 또는 산업 재산권의 사용료. 흔히 외국으로부터 기술에 관한 권리를 도입한 후 권리사용에 따른 대가를 지불한다. 기술개발 촉진에 따라 외국으로부터의 선진 기술 도입이 확대되고 상표도입 등이 늘어나면서 로열티 지급이 점차 확대되는 추세에 있다.

리스 산업
Lease

기업이 필요로 하는 기계 설비 등을 장기간 빌려주고 그 대가로 사용료를 받는 산업. 시설임대 산업이라고도 한다. 물건(기계설비)의 종류, 규격, 가격들을 기업이 결정하면 리스 회사는 기계설비 제조회사에 대금을 지급하는 형식으로 대여를 해준다.

리스트럭처링
Restructuring

사업구조를 바꾸거나 비교우위가 있는 사업에 투자 재원을 집중적으로 투입하는 경영전략. 사양사업에서 고부가가치의 유망사업으로 조직구조를 바꾸어 불경기 극복에 대응하고자 하는 전략이다. 또한 채산성이 낮은 사업은 과감히 철수, 매각하여 사업영역을 축소시키므로 재무상태도 호전시킬 수 있다.

리엔지니어링
re-engineering

기업 간의 경쟁이 치열해지면서 미국·유럽 등지의 기업들 사이에서 나타난 새로운 경영전략. 우리말로는 조직 재충전 정도로 해석할 수 있다. 핵심내용은 개선 차원이 아니라 원점에서 출발, 완전히 재창조하자는 것이다. 리엔지니어링은 사업과정을 혁신적으로 재설계(redesign)하고 그것을 고유기능이 무시된 혼성팀이 수행하도록 하는 것을 골자로 한다. 리엔지니어링은 전통적인 패러다임을 거부하는 대신 유기적이고 신속하고 효율성 있는 업무의 조직화로 급변하고 있는 경영환경에 능동적으로 대처하는 새로운 모델을 추구한다. 90년 이후 IBM, 포드, 코닥 등이 이 개념을 도입하여 적극적으로 경영에 활용하고 있다.

리콜제
recall制

상품의 소환수리제도. 자동차 등에서 시행되고 있는 소비자보호제도이다. 2만여 개의 부품으로 구성된 자동차의 경우 부품을 일일이 검사한다는 것은 기술적으로 불가능하며 대부분 표본검사만 하기 때문에 품질의 신뢰성이 완벽하지 못하다. 이에 대한 사후보상으로 애프터서비스제와 리콜제가 있는데 애프터서비스제가 전혀 예기치 못하는 개별적인 결함에 대한 보상임에 비해 리콜제는 결함을 제조사가 발견하고 생산일련번호를 추적, 소환하여 해당부품을 점검·교환·수리해준다. 리콜은 반드시 공개적으로 해야 한다. 소비자에게 신문이나 방송 등을 통해 공표하고 우편으로도 연락해 특별점검을 받도록 해야 한다.

리콜은 정치적인 용어로 사용되기도 하는데, 이 경우에는 일반투표에 의한 공직자를 해임시키는 것을 가리킨다.

메이저
international oil majors

석유의 탐사, 채굴, 회수 등 소위 상류(上流) 부문에서부터 파이프라인이나 탱커에 의한 수송, 정제, 판매, 석유화학 등 하류(下流) 부분에 이르기까지 석유 시장을 분할·독점하고 있는 국제 석유 독점체. 엑슨, 모빌, 걸프, 소칼, 텍사코 등 미국계 5개사와 네덜란드·영국계인 로열 더치 셸, 영국의 브리티시 페트롤리엄(BP)의 7사를 메이저라고 하며 세븐시스터즈(Seven Sisters)라고도 부른다. 여기에 프랑스 석유(FP)를 포함시켜 8대 메이저라고 하는 경우도 있다.

모라토리엄
Moratorium

일시적인 지불유예 조치로 본래 긴급한 경우 일정 기간 법령에 의거하여 일체의 지불을 중지한다는 경제 용어. 일시적인 외환부족으로 대외 채무에 대해 지불 불능 상태가 된 국가가 채무 불이행이나 일방적 연기를 선언하는 경우에 사용된다.

미래를 지배할 첨단 기술, 6T

18세기에 등장한 증기기관이 산업혁명에 불을 질렀고, 20세기의 전기, 전자, 화학 분야가 현대문명을 주도했다면 21세기에는 6T라고 불리는 첨단 분야가 그 역할을 담당하게 될 것이다.

a. IT(Information Techonology)

정보통신기술은 20세기가 끝날 무렵에 등장하여 21세기 벽두를 화려하게 장식하고 있다.

b. BT(Biotechnology)

생명공학기술은 식량문제 해결과 난치병 치료 등의 분야에서 21세기의 고부가가치 산업이다. 세계의 석학들은 BT가 2010년경에는 IT에 이어 새로운 산업 분야로 떠오를 것이라고 전망하고 있다.

c. NT(Nanotechnology)

나노기술의 약자로 이는 물질을 원자나 분자 수준의 크기에서 분석하고 조작하는 기술을 말한다. BT와 함께 21세기를 주도할 기술이다.

d. CT(Culture Technology)

문화기술을 가리킨다. 디지털 미디어에 기반을 둔 첨단 문화예술 산업 전반을 가리킨다.

e. ET(Environment Technology)

환경기술을 말한다. 환경오염을 줄이거나 예방하고, 복원하는 기술과 에너지기술, 해양환경기술을 포함하는 기술로 지구적 차원의 관심이 쏠리고 있는 분야이다.

f. ST(Space Technology)

우주항공기술로, 인공위성 개발에 관련되는 반도체, 전

자, 컴퓨터, 소재 기술의 복합체이다.

밀레니엄 라운드

우루과이 라운드(UR)에 이은 차세대 국제 무역 협상. 새로운 세기가 시작되는 2000년부터 협상이 시작되었다고 하여 '밀레니엄 라운드'라고도 한다. 밀레니엄 라운드에서는 농업 서비스, 무역, 환경 보호 연계, 국제 투자 법규, 공정 경쟁, 정부 조달 문제 등 UR에서 충분히 다루지 못한 모든 분야를 총망라해 논의해야 한다는 게 EU 측 입장이기도 하다.

버블
Bubble ; 거품

시장 가격과 내재가치 간의 차이로, 내재가치는 그대로 있는데 시장 가격이 급격하게 상승하는 것. 폭등하던 주가가 꺼지면서 대공황의 시발이 되었던 1930년대의 미국 주식 가격이 대표적인 버블의 사례로 거론된다. 이외에도 네덜란드의 튤립 투기, 일본의 부동산 버블 등이 있다.

배드뱅크
bad bank

금융기관의 부실채권이나 자산을 사들여 이를 전문적으로 처리하는 부실채권 전담은행을 가리키는 말로 은행의 우량 자산과 부채는 남겨둔 채 부실채권만을 은행이 단독 또는 정부와 합작으로 설립한 은행에서 인수하는 제도. 배드뱅크는 인수한 부실자산을 매각해 정리하는 업무를 전담하며 자산을 모두 정리할 때까지 한시적으로 운영된다. 이 방식은 부실금융기관을 신속하게 정리하면서도 충격을 줄일 수 있기 때문에 미국에서 가장 많이 활용되는 방식이다.

백기사
白騎士
White Knight

적대적 인수합병(M&A)을 시도하는 세력과 경영권 다툼을 벌이고 있는 기업 사이에서 인수대상기업의 대주주를 돕기 위해 나선 우호적인 제3자. 시장 경제 체제 하에서 한 기업이 다른 기업을 인수하는 것은 정당한 행위이다. 이 경우 상대방의 동의 하에 주식을 사들여 기업을 인수할 수도 있지만 상대방의 의사에 반하여 경영권을 장악하기 위해 주식을 사들이는 경우도 있다. 이것을 적대적 M&A라고 부르고 이를 시도하는 기업을 흑기사라고 부른다.

이때는 보통 시가보다 비싼 가격으로 상대방의 주식을 매입하는 공개매수방식을 쓴다. 여기서 인수대상이 된 기업이 자금력이 풍부하다면 자사의 주식을 사들여 경영권을 방어할 수 있지만 그렇지 못할 경우에는 흑기사보다 더 나은 조건을 제시하는 제3자를 찾을 수 있다. 제3자는 보통 기존의 경영진을 유지하면서 흑기사보다 더 나은 조건을 제시하는 경우가 보통이다.

벤처 기업
Venture企業

고도의 기술력이나 지식, 아이디어로 출발하는 모험 기업. Venture는 모험을 가리키는 단어이다. 새로운 기술이나 아이디어로 무장한 신생 기업으로 이것이 맞아 떨어질 경우에는 큰 기업으로 성장할 가능성을 가지고 있다.

우리가 알고 있는 마이크로소프트나 애플, 아마존 등이 모두 벤처 기업으로 출발했다.

벤치마킹
Bench Marking

기업들이 특정 분야에서 뛰어난 업체를 선정, 상품이나 기술, 경영 방식을 배워 자사의 경영과 생산에 합법적으로 응용하는 것. 잘하는 기업의 장점을 배운 후 새로운 생산 방식을 재창조한다는 점에서 단순 모방과는 다르다. 미국의 「포춘」지가 '쉽게 아이디어를 얻어 새 상품 개발로 연결시키는 기법'이라며 '벤치마킹'이라고 이름을 붙였다.

부의 효과
Wealth Effect

자산가격이 상승하면 소비도 증가하는 현상. 자산 효과라고도 한다. 부의 효과는 현재의 소비가 현재의 소득뿐만 아니라 미래의 소득에 의해서도 영향을 받는다는 점에 근거를 두고 있다. 주가나 땅값이 올라 주식이나 부동산 같은 자산가격이 오르면 소비가 늘게 된다. 이는 자산으로부터 창출되는 미래 소득이 늘 것으로 생각해 사람들이 소비를 늘리기 때문이다. 반대의 상황을 '역(逆) 부의 효과'라고 한다.

블라인드 테스트
blind test

20여 년 전 펩시콜라가 코카콜라에 대해 공격적으로 구사했던 선전 기법. 소비자의 눈을 가리고 2가지 콜라를 마시게 해 맛이 좋은 콜라를 가려내도록 하는 시험방법. 상표나 선입견에 의해 왜곡될 수 있는 제품의 평가를 제대로 해보자는 시도이다.

블루칩
blue chip

건전한 재무구조를 가지고 있는 우량주. 우량주는 경기변동에 강하고 장기간에 걸쳐 고수익, 고배당을 실행하기 때문에 주식 투자가들이 선호하는 업종이다.

빅딜
Big Deal

'비지니스 스왑'을 뜻하는 한국식 영어로 기업체끼리 계열사 간 사업을 맞바꾸는 방식. 빅딜의 논리는 외부에 의존하는 구조 조정으로는 한계가 있다는 인식에 기초한 것이다. 국내 기업끼리 특정 기업이나 사업 부문을 주고받아 경쟁력을 높여야 하는데 자금 여력이 없는 만큼 서로 남고 부족한 부분을 교환하자는 것이다.

빅뱅
Big Bang

우주가 처음 만들어질 당시의 에너지 대폭발을 의미하는 과학용어. 미국이나 유럽에선 은행, 증권, 보험 등 금융 산업 간 벽이 허물어지는 것을 두고 빅뱅이라고 일컫는다. 국내에서는 금융 산업이 대폭 개편되고 구조조정이 강력히 진행되는 과정을 가리켜 빅뱅이라고 한다.

사내 벤처
社內 venture

기업이 본업 이외의 다른 분야로 진출하기 위해 기업 내부에 설치하는 독립적인 사업조직. 경험이 없는 새로운 사업인 만큼 다른 부서의 간섭을 받지 않고 기술개발·생산·

판매·재무 등 폭넓은 기능을 갖추고 독립된 기업처럼 활동한다.

사외이사제
社外理事制

회사의 경영을 직접 맡은 이사 이외에 회사 밖의 전문가들을 이사회 구성원으로 선임하는 제도. 사외이사는 일단 회사경영진과 직접 관계가 없기 때문에 객관적인 입장에서 경영상태를 감독하고 조언할 수 있다.

사이드카
Side Car

주식 시장이 아닌, 선물 시장이 급등락 할 경우 시장에 미치는 영향을 최소로 하기 위해 일시적으로(5분) 거래를 중단시키는 제도. 5분이 지나면 다시 거래는 정상화된다.

사회간접자본과 인프라

사회간접자본은 SOC(social overhead capital)라고 불리는 경제학 용어인 반면 인프라(infra)는 사회적 생산기반이라는 의미의 시사 용어이다. 정확히는 인프라스트럭처(infrastructure)가 맞는 표현이지만 대부분 사람들이 줄여서 '인프라'라고 쓰고 있다.

개인이나 기업의 경우에는 직접적으로 이윤이 발생하지 않는 곳에는 투자를 하지 않는다. 도로나 항만 같은 시설들이다. 그러나 아무리 좋은 상품을 만들어도 도로나 항만 등의 시설이 없으면 수출을 할 수가 없다. 따라서 이런 시설들은 개별기업이 아닌 정부나 지방자치단체 차원에서 투자가 이루어져야만 경제가 돌아간다. 이런 유형의 시설들을 사회간접자본 또는 인프라라고 부른다.

그러나 엄격히 정의하자면 차이가 없지는 않다. 사회간접자본(SOC)이 도로, 항만, 토지개량, 상하수도, 공영주택, 병원, 복지시설, 치산, 치수 등 기업활동에 간접적으로 도움이 되는 하드웨어와 소프트웨어를 포괄하는 개념이라면 인프라는 기간시설을 가리키는 단어 정도로 이해하면 된다.

사회원가
socal costs
社會原價

사회적 비용 또는 국민 경제적 원가. 경기변동이나 산업구조 전환에 따른 실업구제비용, 도로 철도 항만 시설 등 사회 간접자본 투자, 상하수도 등 생활기반에의 투자, 혹은 직업병 치료를 위한 부담이 사회적으로 요구되는 것 등을 가리킨다.

서브프라임 모기지
Sub-prime Mortgage

미국 경기가 침체하자 은행들은 신용등급이 낮은 저소득층의 주택을 담보로 높은 금리의 돈을 빌려주기 시작했다. 우량 주택의 담보대출이 아니기 때문에 비우량(sub-prime)이란 말이 붙어 있다. 비우량 주택을 담보로 하기 때문에 신용도가 일정 기준 이하인 사람들에게 제공되며, 그만큼 높은 변동금리가 적용된다. 그러다 금리가 오르자 대출을 받은 서민들이 대출금을 갚지 못하고 금융기관에 충격을 주면서 국제 금융 시장의 불안요소가 되고 있다. 연체율 상승으로 서브프라임 모기지에 투자한 펀드와 금융 회사가 연쇄적으로 손실을 보면서 글로벌 금융위기로 번지고 있다.

서킷 브레이커
Circuit breaker

전기회로에 과부하가 걸릴 경우 화재 등의 피해를 막기 위해 회로를 차단시키는 장치. 퓨즈는 일단 끊어지면 그만이지만 서킷 브레이커는 일정 시간이 지나면 다시 복원된다는 점이 다르다. 마찬가지로 주식 시장에서 주식가격이 일정폭 이상으로 급등락할 경우 시장에 미치는 영향을 완화하기 위해 주식매매를 일시정지시키는 제도이다.

1998년 12월 7일, 미국에서 주가폭락사태로 인한 주식 시장 붕괴를 막기 위해 처음 도입했다. 우리나라의 경우에는 종합주가지수가 전일 대비 10% 이상 등락한 상태가 1분간 지속될 경우 발동된다. 하루 한 번만 발동할 수 있다.

선물 시장
Futures Market

선물 거래란 미래의 어느 시기에 특정 상품을 일정한 가격으로 거래하기로 하는 계약이다. 가을에 수확할 과일을 봄이나 여름에 미리 구입하기로 계약하는 경우를 생각하면 쉬울 것이다. 석유나 곡물 가격 폭등이 예상된다면 현재 시점의 가격으로, 혹은 좀 더 높은 가격으로라도 1년 후에 인도받을 물량을 계약하는 방식이다.

선물 시장은 미래의 시장이라는 의미에서 'Futures'라는 단어를 사용하고 있다. Futures의 's'에 유의한다.

소믈리에
Sommelier

식생활 패턴의 변화와 웰빙 바람으로 우리나라의 와인 소비량이 크게 늘어나고 있다. 2006년 와인 수입량은 금액으로 88,607만 달러, 전년보다 31.0%가 늘어났다. 국별 수입량은 프랑스가 가장 많고 칠레, 미국순으로 이어진다. 칠레의 경우는 자유무역협정으로 수입량이 크게 늘었다. 미국과의 자유무역협정이 발효되면 미국산도 크게 증가할 것으로 보인다.

와인은 마시기 까다로운 술이다. 음식에 따라, 취향에 따라, 분위기에 따라 고르기가 여간 까다롭지 않다. 호텔이나 고급 레스토랑 등지에서 와인만 전문적으로 서비스해주는 사람을 소믈리에라고 부른다.

손님이 주문한 음식에 따라 가장 적합한 궁합의 와인을 추천해주는 일이다. 일류 소믈리에가 있는 레스토랑에서는 식사보다 와인 매출이 더 많은 곳도 많다.

우리나라에서도 와인 소비량의 증가에 힘입어 스몰리에의 인기도 높아지고 있다. 2000년부터 개설된 와인 아카데미에서는 대략 5,000~6,000명 정도의 전문가를 배출하고 있는데, 새로운 전문직종으로 자리 잡을 것으로 보인다. 직장인들의 취미나 세컨 잡으로서도 유망한 직종이라고 한다.

소수주주권
少數株主權

대주주의 횡포를 방지하기 위해 지분이 적은 주주가 단합해 대주주에게 대항할 수 있도록 상법상 부여한 권리. 개인

뿐 아니라 여러 명이 지분을 합하여 일정 지분율에 이를 경우 가능하다.

소호
SOHO

작은 사무실(Small Office)이나 가정을 사무실(Home Office)로 사용하는 사업. 국내에서는 3,000만 원 안팎의 적은 자본으로 운영하는 스몰 비즈니스를 말한다. 주로 소프트웨어나 IT 분야가 이들의 무대이다.

슈퍼 301조
Super 301 Article

미국이 자국의 대외무역 불균형을 시정하기 위해 1988년 8월 입법된 종합 무역법의 한 조항. 1974년 통상법 301조의 내용을 강화시켰다. 미국 무역 대표부가 수입 장벽을 두는 국가들을 선정, 수입 장벽의 철폐를 요구하고 3년 이내에 철폐에 응하지 않을 경우에는 관세 인상 등 보복 조치를 발동한다는 것을 골자로 하고 있다.

스왑
Swap

서로가 가진 금융자산을 상대방의 것과 교환하는 것. 서로 다른 통화를 교환할 수도 있고, 기업 간에 변동금리와 고정금리를 서로 교환할 수도 있다. 교환의 대상이 무엇이든 당사자들이 비교우위를 가지고 거래를 통해 차익을 남길 수 있으면 스왑이 가능하다.

스태그 플레이션
stagflation

경기 침체를 의미하는 스태그네이션(stagnation)과 인플레이션(inflation)의 합성어로 경제활동이 침체되고 있음에도 인플레가 지속되는 상태. 일반적으로 물가와 실업률은 반대 방향으로 움직여야 한다. 즉, 총수요가 증가해 물가가 상승할 때에는 GNP가 증가하고 실업이 감소하는 반면 경기가 침체돼 물가가 하락하면 GNP가 감소하고 실업이 증가하는 것이다. 그러나 1970년경부터 주요 선진국에서는 긴축정책으로 경기가 침체해도 이전소득의 증대, 임금의 하방 경직화 등으로 물가가 오히려 상승하는 새로운 현상이 나타났다. 이를 스태그플레이션이라고 부른다.

스톡옵션
Stock Option ;
주식매입선택권

회사가 임직원에게 주는 일정량의 자사 주식을 일정한 가격에 살 수 있는 권리. 스톡옵션은 성과급 보너스의 일종으로 생각하면 쉽다. 기존 회사도 스톡옵션을 임직원의 근로의욕을 높이는 동기 부여 수단으로 활용할 수 있다.

아웃소싱
Out Sourcing

기업에서 필요로 하는 주요 기능을 외부 기업에 하청을 주는 방식. 앞으로의 기업은 핵심기능을 제외한 거의 모든 기능을 아웃소싱에 의존하게 될 것으로 전문가들은 전망한다. 아웃소싱은 2가지 형태로 진행된다. 하나는 업무 분야가 전문화, 세분화되어 기업 내부의 인재로는 모든 일을 다 할 수 없을 경우 이를 외부 전문가에게 맡기는 방식이다.

소프트웨어 개발이나 시장조사 등이 그 예일 것이다. 다른 하나는 경비절감을 위해 외부에 하청을 주는 경우이다. 사무실 청소를 하청 회사에 맡기는 식이다.

연착륙
soft-landing
軟着陸

우주항공 분야에서 사용되는 말로 우주선이 달에 부드럽게 착륙할 수 있도록 하는 일련의 장치. 경제에서는 경기가 호황에서 불황으로 접어들 때 기업은 매출이 줄고 투자 심리가 위축돼 결국 감원으로 연결되고, 가계는 실질 소득이 감소해 소비를 줄이는 악순환으로 이어진다.

이같은 부작용을 최소화하기 위해서 경기하강이 시작되기 전부터 통화·재정·환율 등 정책 수단을 적절히 조합하여 탄력적으로 대응하는 노력이 필요하다. 이것이 연착륙이다. 요즘에는 정치적인 용어로도 사용한다. 예를 들면, 북한이 붕괴될 경우 이의 피해를 예상하여 분야 별로 미리 대비를 하자는 식이다.

열린 혁신
Open Innovation

혁신전략의 대가인 헨리 체스브로 UC버클리 하스 경영대학원 교수가 주창한 이론으로 진정한 혁신은 기업 내부의 자원뿐 아니라 외부 아이디어와 자원을 적극적으로 활용해야 한다는 주장. 그는 회사 밖으로 눈을 돌리면 유능한 인재, 즉 자원을 수없이 찾아낼 수 있다며 이들과 협력하여 가치를 창출할 수 있는 기업이 열린 혁신을 선도할 수 있다고 말한다. 이에 비해 기업 내부의 자원에만 의존하는 것을 닫힌 혁신(Closed Innovation)이라고 부른다.

기업의 R&D도 열린 혁신의 경우이다. 듀폰, IBM, GE, AT&T 등 거대 기업은 얼마 전까지만 해도 내부 기술만으로 제품을 개발하기 위해 막대한 예산을 R&D에 투자했지만 인텔, 마이크로소프트, 선, 오라클, 시스코 시스템즈 등은 다른 회사들이 개발한 연구기술로 놀라운 혁신을 끌어내고 있다. 바로 글로벌 지식 네트워크를 구축해 활용하고 있기 때문이다. 이것이 열린 혁신이다.

에코넷
EcoNet

Economy Network의 합성어로 다양한 분야의 인터넷 기업들이 연쇄 효과를 발휘하도록 구성된 인터넷 기업 네트워크. CMGI, ICG, 손정의 회장의 소프트뱅크 등을 대표적인 에코넷 그룹으로 꼽을 수 있다. 알타비스타, 라이코스, 켐덱스 등의 인터넷 회사들은 사실은 CMGI라는 하나의 회사가 육성한 것으로 모두 이 회사 네트워크 안에 소속돼 있다. 이와 같이 다수의 인터넷 기업들을 긴밀하게 연결해주는 새로운 비즈니스 모델이 바로 에코넷(EcoNet)이다.

엔젤 산업
Angel Business

유아부터 초등학교 어린이를 수요층으로 하는 신종 산업. 최근 아이를 하나 또는 둘만 낳아 정성을 들여 기르는 추세가 번지면서 어린이 전용백화점, 전용사진관, 놀이방체인 등이 호황을 누리고 있다. 평균수명이 대폭적으로 늘어나면서 노인들을 대상으로 하는 사업도 활발히 전개되고 있다. 이를 실버 산업(Silver Business)이라고 부른다.

엔젤지수
Angel Coefficient

가계 총지출에서 자녀를 위한 교육비가 차지하는 비율을 가리키는 용어. 최근 세계적인 불황 속에서도 엔젤지수는 계속 높아지는 추세를 보이고 있다. 부모들은 경제가 어려울수록 교육비를 미래에 대한 투자로 인식하기 때문에 가계비용에서 교육비 지출을 늘린다는 것이다. 우리나라처럼 교육열이 높은 나라에서는 더욱 가파르게 상승하고 있다.

엔젤지수는 가계 지출 중 식료품 비중을 나타내는 엥겔계수(Engel's Coefficient)와 비슷해서 혼동하는 경우가 많으므로 주의해야 한다.

옵션
Option

선물과는 달리 실제로 현물을 사고파는 것이 아니라 미래의 일정 시점에 특정 현물을 구입할 수 있는 권리를 사고파는 행위. 이때 물건을 살 수 있는 권리를 Call Option이라고 부른다. 예를 들면 현재의 과일가격이 100원이라고 할 때, 과일가격 상승이 예상된다면 1년 후에 120원에 일정 물량을 살 수 있는 권리를 100원에 구입하는 식이다.

만약 1년 후 권리행사 시점의 가격이 120원 이하라면 권리를 포기하는 대신 10원의 손해를 봐야 한다. 만약 권리행사

시점의 가격이 150원 이상이라면 옵션 구입대금 10원을 빼고도 20원이 남는다는 계산이 된다.

오염배출권

경제 발전은 환경과 모순의 관계에 있을 수 있다. 경제가 발전하면 오염은 그만큼 증가한다는 의미이다. 지구 온난화 등의 문제로 이 문제는 더 이상 미룰 수 없게 되었다. 이를 위해 각 업체마다 오염배출권을 배분하고 기업은 그 한도 내에서만 배출을 하게 함으로써 한 지역의 오염물질 배출총량을 일정수준으로 제한하자는 제도이다.

배출량을 초과하는 업체는 정부나 다른 기업으로부터 배출권을 사야하므로 오염관리 우수업체에 대한 간접적인 자금 지원책도 된다. 이 제도는 정부가 통화관리와 같은 공개 시장조작으로 상황에 따라 기업활동과 오염배출을 조절하는 이상적인 자유 시장 개념을 담고 있다.

워크아웃 Work-out

부실기업을 회생시키기 위해 채권, 금융 기관이 거래 기업의 재무 구조를 개선시켜 경쟁력을 높여 줌으로써 빚을 갚을 능력을 갖도록 하는 작업. 금융기관들로서는 거래하는 부실징후 기업을 아예 부도처리하는 것보다 빌려준 돈을 더 많이 회수할 수 있는 방법이다.

윔블던 효과

윔블던은 1877년에 시작된 오랜 역사의 테니스 대회 이름이다. 처음에는 영국인만 참여할 수 있다가 1968년부터는 프로 선수, 외국인 선수들도 참가할 수 있는 오픈 대회가 되었다. 그러자 우승 트로피는 거의 외국인 선수들이 휩쓸어 버렸다. 이제는 영국은 장소만 제공한다는 자조적인 말이 나올 정도이다.

경제 용어 중에도 윔블던 효과라는 말이 있다. 1986년 영국 정부가 대대적인 금융 시장 개방을 단행하자 자생력이 부족한 영국계 은행, 증권사들은 줄줄이 도산하고 SG 워벅, 베어링 등 대형은행들은 외국계 금융기관에 합병되는 처지가 되고 말았다. 이와 같이 시장을 개방하자 외국인들이 주인공이 되는 경우를 말한다.

윔블던 효과가 가장 나타나기 쉬운 분야가 금융이다. 우리나라의 경우에도 한미은행을 미국의 투자은행인 시티은행이, 제일은행은 영국계 투자은행인 스탠다드차타드 은행이 인수한 것에서 찾아볼 수 있다.

그러나 윔블던 효과가 나쁜 것만은 아니라는 주장도 만만치 않다. 국제적인 빅이벤트가 열리면 많은 관중들이 몰려 기꺼이 돈을 쓰기 때문에 이의 경제적 효과도 만만치 않다는 것이다. 마찬가지로 외국 기업들이 국내에 진출하면 이들이 창출하는 고용과 이들이 내는 세금이 경제에 나쁜 영향을 미치지만은 않는다는 주장이다.

의존 효과
依存效果

소비자 주권의 관점으로 보면 기업은 소비자들이 원하는 상품과 서비스를 생산해야 하는 것이지만 현대 사회에서는 기업 자체의 판단으로 새로운 상품을 만들어 광고 등의 수단으로 소비자의 욕망을 자극하는 방식으로 흘러간다. 이러한 현상을 미국의 경제학자 갈브레이스가 '의존 효과'라 부른 데서 비롯되었다.

이중가격

의류회사들이 즐겨 사용하는 세일도 이중가격이다. 의류는 기획단계서부터 이중, 삼중가격을 염두에 두고 있다. 즉 정상가격으로 30%, 세일로 40%, 그리고 나머지는 땡처리라는 것이다. 그렇게 될 경우가 손익 분기점이다.

만약 정상가격으로 판매한 수량이 전체 기획물량의 50%가 되었다면 짭짤한 수익을 올린다는 계산이다. 그게 아니어도 세일로 재고 전량을 소화할 수 있다면 그 역시 남는 장사가 된다는 것이다.

동일한 상품에 다른 가격을 책정하는 경우도 있다. IBM의 대중용 지가 프린터인 레이저라이터E는 실제로는 고가품인 레이저라이트와 동일한 제품이라고 한다. 그러면 누가 고가인 레이저라이트를 구입하겠는가? IBM 측은 고가 고객들의 이탈을 막기 위해 레이저라이트E 모델에 대해서 프린터 속도를 늦춰주는 모뎀 하나를 추가했다고 한다. 인텔의 반도체칩에도 그런 장치가 숨어 있다. 역시 저가품에는 속도를 늦추는 부품을 추가하면서 말이다.

적대적 M&A
敵對的 Merger and Acquisition

소유주의 의사와는 무관하게 기업을 인수하려는 사람이 주식을 사들여 경영권을 빼앗는 행위. 주식은 시장에서 직접 사거나 공개매수·위임장 대결 등을 통해 사 모을 수 있다. 적대적 M&A를 당하지 않기 위해 기업들은 자기 회사의 주가를 높게 유지하거나 정관개정 등을 통해 경영권이 쉽게 넘어가지 않도록 하고, 다른 기업에 도움을 청하기도 한다

정리해고제
整理解雇制

기업이 구조조정이나 기술혁신, 사업부문의 일부 폐지 및 기업 인수합병(M&A) 등 긴박한 경영상의 이유가 있는 경우 종업원을 해고할 수 있도록 합법화한 제도.

기업주는 정리해고에 앞서 근로자 보호를 위해 해고 회피 노력을 다하고, 합리적이고 공정한 기준에 따라 대상자를 선정해야 한다. 또 해고 60일 전에 해당자에게 통보하고 노동부에 신고해야 한다. 이 제도의 도입으로 연공서열식 고용구조가 파괴되고, 평생직장 개념이 사라지게 됐다.

지식격차
Knowledge Gap

21세기는 지식이 지배하는 시대이다. 소득격차의 가장 큰 이유가 바로 지식격차이다. 예를 들면 아프리카 기업의 생산성은 동일한 생산설비를 가지고도 선진국 기업의 66%에 불과하다. 이같은 생산성 차이가 곧 지식격차라는 것이다.

현재 전 세계 연구개발(R&D) 투자와 과학 관련 출간물의 80%는 선진국에서 나온다. 개발도상국으로서는 빠른 시일 내에 이 격차를 줄이는 것이 가장 큰 과제 중 하나이다.

지적자본
Intellectual Capital
知的資本

특허권, 상표권, 영업권, 기술과 같은 무형자산을 비롯해 무형자산을 운용하는 연구개발력, 조직원의 창의력과 노하우, 경영진의 관리능력, 회사의 이미지 등을 포괄하는 개념. 지적자본은 크게 인적자본, 구조적 자본, 고객자본으로 구분한다. 인텔, 마이크로소프트, 코카콜라 등 세계적인 기업들은 1,000억 달러가 넘는 지적자산으로 평가되고 있다.

최고경영자
CEO ; Chief Executive Officer

미국 대기업의 최고의사 결정권자. 우리나라의 대표이사와 같은 의미. 최고경영자는 보통 1명이나 복수의 최고경영자를 두는 기업도 있고, 최고경영자가 회장직을 겸하는 경우도 있으나 두 직책을 분리하는 경우도 있다.

카테고리 킬러
Category Killer

모든 생활용품을 취급하는 대형 할인점과는 달리 완구나 사무용품, 전자제품 등 특정품목을 한 매장에서 집중취급하는 곳. 카테고리 킬러 사업은 특정품목을 집중 취급하기 때문에 가격에서 유리하고 전문화된 서비스가 가능하기 때문에 앞으로 전망이 밝다. 한 발 더 나아가 상품 분야뿐 아니라 특정의 주제에 전념하는 형태의 테마 숍이 빠르게 성장하고 있다. 테마 숍도 일종의 카테고리 킬러이다.

컨소시엄

공·사채, 주식과 같은 유가증권의 발행액이 지나치게 커서 특정 증권사가 혼자 인수하기 어려울 때 이를 매수하기 위해 다수의 업자들이 공동으로 창설하는 인수조합. 정부나 공공기관이 추천하는 대규모 사업에 여러 업태가 한 회사의 형태로 참여하는 경우도 컨소시엄이라고 불린다.

컬트 마케팅

특정의 가치를 맹목적으로 숭배하는 종교집단(컬트)처럼 소비자들도 자신들이 좋아하는 상표, 브랜드를 무작정 추종한다는 의미. 미래의 시장은 컬트 마케팅이 지배하게 된다. 현대 마케팅에서 브랜드가 중요시되는 이유이기도 하다.

코스닥
KOSDAQ ; Korean Securities Dealers Automated Ouotation

매매를 위한 건물이나 매장 없이 컴퓨터 네트워크를 이용해 장외거래 주식을 매매하는 전자거래시스템. 일반적으로 증권 거래소 밖에서 증권이 거래되는 장외(場外) 시장을 지칭하는 말이다. 아직 거래소에서 주식을 거래하기에는 요건이 모자라는 기업들에게 쉽게 주식이나 채권을 팔아 자금을 조달하기 좋은 수단을 제공해주는 것이다.

파생금융상품

외환이나 예금, 채권, 주식 등의 기초자산으로부터 파생된 금융상품을 가리키는 용어. 경제여건 변화에 민감한 금리,

환율, 주가 등의 미래가격을 예상하여 만든 상품으로, 가격 변동에 따른 위험을 소액의 투자로 사전에 방지하여 위험을 최소화하는 목적에서 개발되었다. 일반적인 금융상품은 발행자가 자금조달을 목적으로 발행하지만 이들 파생상품은 거래당사자 사이에 직접 자금의 흐름이 일어나지 않는 거래를 특징으로 한다.

대표적인 상품이 선물, 옵션, 스왑이다. 선물옵션, 스왑선물, 스왑옵션 등으로 다시 가지를 칠 수 있어 이의 종류는 1,200여 종으로 알려지고 있다. 1980년 중반 이후 빠르게 규모가 늘어나 현재는 약 60조 달러에 이르는 것으로 추산된다. 미래 금융의 핵심적인 개념이다.

패리티 지수
parity index

물가상승과 연동하여 농산물가격을 산출하는 방법. 기준연도의 농가 총구입가격을 100으로 하여 비교연도의 가격 등락율을 지수로 표시한다.

포트폴리오
Portfolio

경제 주체가 자신의 효용을 극대화하기 위해 자신이 유리하다고 생각하는 분야를 파악하는 것. 개인이라면 어느 것이 가장 유리한가를 따져서 예금, 부동산, 주식 등의 형태로 자산을 분산시킬 수 있을 것이다.

이는 안전을 추구하느냐, 수익성을 추구하느냐에 따라서 구성비가 달라질 것이다. 주식투자를 하는 사람이라면 특성이 서로 다른 여러 주식에 몇 개의 주식으로 분산투자를 하는 것이 미래의 불확실한 위험을 미리 분산하면서도 투자수익을 극대화할 수 있는 이점이 있다.

피그말리온 효과

그리스 신화에는 피그말리온이라는 이름의 조각가가 나온다. 그는 아름다운 여인을 조각으로 만들었고 그 여인을 진심으로 사랑하게 되었다. 그러자 여신 아프로디테가 그의 사랑에 감동하여 조각에 생명을 불어넣어 준다는 이야기이다. 이처럼 다른 사람의 관심으로 인하여 좋은 결과가 나타나는 경우를 피그말리온 효과라고 부른다. 사람은 다른 사람의 기대에 부응하는 쪽으로 변한다는 것이다.

1968년 하버드 대학의 심리학 교수 로젠탈은 한 초등학교 학생들을 대상으로 심리실험을 실시하였다. 전교생을 대상으로 지능검사를 한 다음, 이의 결과와는 상관없이 무작위로 20%의 학생을 뽑았다. 그리고는 그 학생들의 명단을 담임선생에게 주면서 지적수준이나 학습능력이 향상될 가능성이 가장 높은 학생들이라는 언질을 주었다.

8개월 후에 다시 지능검사를 했을 때 그 명단에 속한 학생들의 지능이 훨씬 더 높게 나온 것으로 조사되었다. 학업성적도 크게 향상되었다. 이는 사람들의 긍정적인 관심이 성적향상에 영향을 미친다는 것을 입증한 사례이다. 이는 지성적 예언이라고도 부르는데, 이를테면 고사가 특정 학생을 우수할 것이라는 기대를 가지고 가르치면 실제로 그런 결과로 나타날 가능성이 훨씬 더 높다는 것이다.

헤지펀드
Hedge Fund

국제 외환 시장에서 단기투자로 이익을 올리는 투자자금을 지칭하는 용어. 통상 100명 미만의 개인 투자가들로부터 개별적으로 자금을 모아 파트너십을 결성한 후 조세회피(tax heaven) 지역에 위장거점을 설치하고 자금을 운영한다.

파생금융상품을 교묘하게 조합하여 투기성이 높은 신종상품을 개발하는데, 국제 금융 시장을 교란시키는 중요한 요인의 하나로 지적되어 지탄을 받기도 한다. 조지 소로스가 운영하는 퀀텀그룹이 특히 유명하며 1990년대 후반 신흥시장의 금융위기 주범으로 지목되기도 했다.

호프만식 계산법

독일의 경제학자 D. 호프만이 제시한 피해보상방식. 교통사고가 났다고 했을 때 피해자가 불구가 되었다면 어느 정도의 보상을 받는 것이 적당한가 하는 문제이다. 호프만이 제시한 방식의 핵심은 피해자가 앞으로 얻을 총수입에서 중간이자를 공제하는 금액으로 총수입 = 일할 수 있었을 연수×(연평균 근로소득−생활비·세금 등)이다.

B2B와 B2C

B2B는 Business To Business의 약자로 아라비아 숫자 2는 영어의 To를 가리킨다. 우리말로는 기업 간 전자상거래라

고 한다. B2C는 Business To Consumer를 가리키는 말로 보통 우리가 알고 있는 인터넷 쇼핑몰이 여기에 해당된다. 즉, 내가 거래의 주체가 되어 불특정 다수의 소비자를 대상으로 거래를 하는 경우를 말한다. 그 외에도 인터넷 거래에서는 C2B, C2C 등 다양한 형태가 있을 수 있다.

CDO
Chief Destruction Officer
최고 파괴자

경영 컨설턴트인 톰 피터스가 《혁신 경영》에서 쓴 용어로 최고경영자를 뜻하는 CEO를 대체하는 새로운 개념. 앞으로의 경영자는 더 이상 보호자가 아니라 파괴자의 역할을 해야 한다는 주장이다. '고정 관념을 파괴하는 혁신적인 사고의 경영자'를 의미한다.

CI 전략
Corporate Identity

기업 이미지의 통합전략, 기업문화 등을 가리키는 말. 이는 기업의 사회에 대한 사명, 역할, 비전 등을 명확히 하여 기업 이미지나 행동을 하나로 통일시키는 역할을 한다.

이에 따라 회사 외적으로는 동일 회사 제품 여부를 상대에게 식별시키고 내적으로는, 기업의 존재 의의를 인식시킨다. 좁게는 상호변경이나 새로운 마크 제정 등의 시각적 수단이지만 넓은 의미에서 기업 이념이나 사원 의식변화까지도 포함된다.

M&A Merger and Acpuition	기업의 인수 합병의 약칭. 경제의 성숙화, 여유 자금의 증가, 주가의 약세 등을 배경으로 미국에서는 80년대에 큰 붐을 일으켰다. M&A는 우호적인 매수와 비우호적인 매수로 나뉜다. 우리나라도 97년 4월 1일부터 주식 소유 한도가 완전히 폐지되고, 본격적인 M&A 시대로 접어들면서 대주주 스스로 기업 경영권을 보호해야 한다.
택스 헤이븐 Tax Haven	세금이 없거나 아주 저렴한 지역이나 국가. 역사적으로 오랫동안 세금이 없었거나 또는 저세율의 조세체계를 유지해 왔을 뿐 아니라 현재도 외국 기업들을 적극 유치하기 위해 전반적 또는 부분적으로 면세하거나 저율과세를 제도적으로 보장하고 있는 곳. 최근 다국적 기업의 활동이 활발해짐에 따라 택스 헤이븐에 형태만 갖춘 현지법인을 설립, 대외거래에서 얻은 이익을 탈세로 빼돌리는 사례가 많다.
X이론	인간은 철저한 관리로 성과를 올릴 수 있다는 주장. 인간은 본래 일을 싫어하며 될 수 있으면 일을 하지 않으려고 하므로 작업표준의 설정이나 자극 임금제의 이용 등 과학적 관리법이 필요하다고 보는 이론이다.
Y이론	인간은 자아의 욕구·자기실현의 욕구를 가지고 있어 동기부여만 해준다면 스스로 열심히 일을 하게 된다는 이론.

Z이론	일본 기업들의 경영성과를 설명하는 개념. 조직에 있어서 구성원의 자발적 협력을 이끌어내자는 이론이다. 노사 간의 협력적 인간관계를 형성하고, 근면중시의 풍토를 조성하며. 집단적 의사결정으로 자발적인 참여를 유도해야 한다는 주장이다.
3D 산업	더럽고(dirty), 힘들고(difficult), 위험스러운(dangerous) 분야의 산업. 일본은 1차 오일 쇼크가 일어났던 1973년 무렵부터 이 3D 산업을 기피하는 현상이 일어났다. 그러나 기술개발을 통한 자동화·로봇화 등으로 이를 극복했다. 우리나라에서는 88년 올림픽을 치른 이후부터 3D 산업을 기피하는 현상이 나타났다. 전체 노동력은 남아돌고 있는 가운데 섬유, 전자, 신발, 건설, 탄광, 원양어업이나 중소기업은 심각한 인력난에 부딪히고 있다. 3D기피 현상이 심화되면 인건비 상승·노동 생산력 저하로 인한 노동시장 왜곡, 원가상승·품질저하 등으로 상품의 국제경쟁력을 떨어뜨리게 된다.

**교실 밖,
펄떡이는 경제 이야기**

초판8쇄 펴낸 날 | 2020년 2월20일

지은이 | 이영직
펴낸이 | 이영남
편집 | 조민호, 이소현
디자인 | 박원석
용지 | 상산페이퍼
인쇄 | 예림인쇄
제본 | 예림바인딩
펴낸곳 | 스마트주니어
출판등록 | 2012년 06월 01일(제313-2012-192호)
주소 : 서울시 마포구 상암동 월드컵북로402 KGIT빌딩 925D호
메일 | thinkingdesk@naver.com
전화 | 02-338-4935(편집), 070-4253-4935(영업)
팩스 | 02-3153-1300

ISBN 978-89-92124-50-8 03320

※ 이 책은 저작권법에 따라 보호받는 저작물이므로, 저작자와 출판사 양측의 허락 없이는
  이 책의 일부 혹은 전체를 인용하거나 옮겨 실을 수 없습니다.